"¿Cuál es la impresora que más me conviene…?"

Antes de comprar, pasá por TecTimes

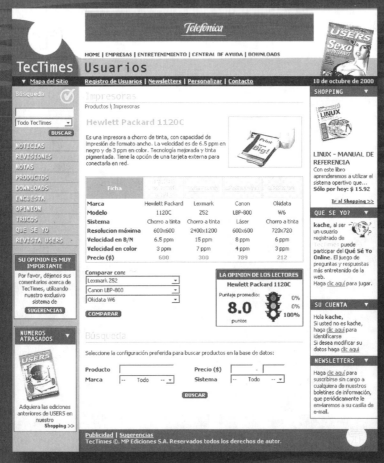

Ahora existe en la Web un portal donde podés encontrar la base de productos de tecnología y computación más completa de Latinoamérica.

En TecTimes podés comparar todas las marcas y modelos, compartir tus opiniones con otros usuarios y consultar las revisiones preparadas por nuestro equipo de expertos. Encontrá este y muchos otros servicios exclusivos en www.tectimes.com.

La biblia de Excel

Claudio Sánchez

Editado por MP Ediciones S.A. Moreno 2062 (C1094ABF) Buenos Aires, Argentina.
Tel.: (54-11) 4959-5000, Fax: (54-11) 4954-1791

ISBN 987-526-065-7

Copyright © MP Ediciones S.A. 2000. Hecho el depósito que marca la ley.
Reservados todos los derechos de autor. Prohibida la reproducción total o parcial de esta publicación por cualquier medio o procedimiento y con cualquier destino.

Primera impresión realizada en noviembre de 2000.
New Press Grupo Impresor S. A., Paraguay 264, Avellaneda, Pcia. de Buenos Aires, Argentina.

Todas las marcas mencionadas en este libro son propiedad exclusiva de sus respectivos dueños.

Para G.G.

Sobre el autor

Claudio Sánchez es ingeniero industrial y lleva más de quince años dedicado a la computación y a su enseñanza. Sus trabajos han aparecido en varias publicaciones de la Argentina y el exterior.
Actualmente es profesor de Física en la Universidad de Flores y conductor de "Los consejos de Superplanilla", una de las secciones más populares de la revista USERS.
También es el autor de *FísicaMente*, libro de divulgación y acertijos de reciente aparición.
Además de su dedicación a la computación, la enseñanza y la divulgación científica, es un gran aficionado a los viajes y un entusiasta maratonista.

Sobre la editorial

MP Ediciones S.A. es una editorial argentina especializada en temas de tecnología (computación, IT, telecomunicaciones). Entre nuestros productos encontrará: revistas, libros, fascículos, CD-ROMs, sitios en Internet y eventos.
Nuestras principales marcas son: USERS, PC Juegos, INSIDER, Aprendiendo PC y TecTimes.
Si desea más información, puede contactarnos de las siguientes maneras:
Sitio web: www.tectimes.com y mpediciones.tectimes.com.
E-mail: libros@tectimes.com.
Correo: Moreno 2062, (C1094ABF) Capital Federal, Argentina.
Tel.: 54-11-4959-5000
Fax: 54-11-4954-1791

En este libro

Capítulo 1. La primera planilla ya

Comenzando desde cero y en dos milímetros de papel, todo lo necesario para armar una planilla. Cómo se escriben los datos, cómo funcionan las fórmulas y las principales opciones de formato. También, cómo grabar, cerrar y volver a cargar una planilla.

Capítulo 2. Algunas planillas más avanzadas

Cálculos con porcentajes. Más opciones de formato. Direcciones absolutas y relativas. Un ejemplo complejo: presupuesto de ventas.

Capítulo 3. La cosmética

Cómo se mejora el aspecto de una planilla. Las principales opciones de formato. Tipografía, alineación de títulos, anchos de columna y alturas de fila sombreado de celdas.

Capítulo 4. Todas las opciones de formato

Una por una y sistemáticamente, todas las opciones que afectan el aspecto de una planilla: formatos numéricos, alineación, tipografía, bordes y relleno de celdas. Opciones para el manejo de filas y columnas: ancho y alto; insertar y eliminar; ocultar y mostrar.

Capítulo 5. Imprimir la planilla

Los tres pasos necesarios para imprimir una planilla: la vista preliminar, la configuración de página y las opciones de impresión. Todas las opciones de configuración de página, menú por menú. Algunos casos interesantes.

Capítulo 6. Gráficos

Cómo crear un gráfico. Los pasos del asistente. Cómo se modifica. Gráficos de columna y de torta. Impresión de gráficos.

Capítulo 7. Gráficos con estilo

Algunas opciones poco comunes y de mucho efecto. Uso de texturas y degradados. Gráficos con ilustraciones.

Capítulo 8. El puntero: táctica y estrategia

Los tres punteros básicos: la cruz gorda, la flecha y la cruz fina. Cómo y para qué se usa cada uno. La técnica de agarre con el mouse. Copiando y moviendo celdas, rangos u hojas. Generar series con el puntero de estirar. El puntero de estirar y el botón derecho del mouse. Copiar formatos.

Capítulo 9. Planillas de muchas hojas

Cómo se crea una planilla de muchas hojas. Viajando por una planilla de muchas hojas. Fórmulas tridimensionales. Cambiar el nombre a las hojas. Agregar y eliminar hojas. Acomodar las hojas. Mostrar todas las hojas al mismo tiempo. Referencias a otros archivos (fórmulas de cuatro dimensiones).

Capítulo 10. El formato condicional

Qué es y cómo se aplica. Distintos casos. Condiciones múltiples. Posibles errores. Extender un formato condicional. Eliminar un formato condicional. Formatos condicionales para fechas.

Capítulo 11. Operaciones con bases de datos

Qué son las bases de datos. Ordenamientos. Los botones rápidos y el menú. Ordenamiento por varios criterios. Búsquedas en bases de datos. Autofiltros. Autofiltros personalizados. Criterios combinados. Criterios sobre campos tipo texto. La función Subtotales: filtros avanzados. Extracción de sub-bases.

Capítulo 12. La seguridad

Protección de archivos con contraseña. Abrir un archivo protegido. Eliminar la contraseña. Protección de los datos. La metáfora del cerco electrificado. Activar y desactivar la protección global. Tender y retirar el cerco local.

Capítulo 13. El análisis

Tablas dinámicas. Cómo se crean y cómo se usan. Actualizar los datos. Filtros en una tabla dinámica. Distintas operaciones de sumarización. La barra de herramientas Tabla dinámica. Gráficos dinámicos. Cómo se crean y cómo se usan. Una planilla con subtotales. Los niveles de detalle. Expandiendo y contrayendo los grupos. Eliminar subtotales. Sub-subtotales.

Capítulo 14. Algunas funciones especiales

La función condicional SI. Un ejemplo de sueldos. La función de búsqueda en tablas BUSCARV. Cómo trabaja la función. Precauciones y casos especiales. Tabla con datos desordenados, tablas con datos faltantes, extender la fórmula. El asistente de funciones. Breve resumen de las funciones disponibles. Instalación de complementos.

Capítulo 15. Cálculos con fechas y horas

Operaciones con fechas. Sumas y restas. El número de serie. Cálculos con días hábiles. Algunos ejemplos especiales. Cáculos con horas. Resumen de funciones de fecha y hora.

Capítulo 16. Funciones financieras

Algunos ejemplos de cálculos financieros. Préstamos. Cálculo de la tasa o de la cuota. Sistemas alemán y francés. Seguro de retiro. Evaluación de proyectos. Cálculo de la tasa de retorno. Un portfolio de inversiones.

Capítulo 17. Validación

Opciones para controlar el ingreso de datos. Poner límites a los valores. Mensajes de entrada y de error. Tipos de error. Eliminar el criterio de validación. Criterios de lista, de fórmula, de longitud y de fecha. Círculo de validación.

Capítulo 18. Diálogos

Una planilla controlada por diálogos. Barras de desplazamiento, listas decolgables y casillas de verificación. Cómo se insertan y cómo se ajustan sus propiedades. Los cálculos necesarios.

Capítulo 19. Hablemos de macros

Creación de macros. El grabador. El código de las macros. Creando una macro desde el editor de VBA. Ejecución de macros. Teclazo y botones. Creación de funciones. El alcance de macros y funciones. Creación e instalación de complementos.

Apéndice A. Lo nuevo de Excel 2000

Nuevos menúes. Mostrando las tipografías. El portapapeles. La galería de imágenes. Sumatoria inteligente. Formateo por adyacencia. El ayudante de Office 2000.

Apéndice B. Organigramas

Microsoft Organization Chart. Creación de organigramas. Cargar los textos. Eliminar e insertar cuadros. El estilo de un organigrama. Cosmética de un organigrama. Manejar el organigrama en la planilla.

Apéndice C. WordArt

Textos de WordArt. Creación y modificación. Cosmética de los textos de WordArt: tipografía, sombra, alineación, perspectiva, color. Manejar el texto de WordArt en la planilla.

Servicios al lector

Sitios sobre Excel en Internet.
Atajos de teclado.
Excel 2000 Menú X menú.
Índice alfabético.

contenido

Sobre el autor 8
Sobre la editorial 8
En este libro 9
Contenido 11
Introducción 19

Capítulo 1. ¡La primera planilla ya!

¿Qué es Excel? 23
La primera planilla 24
   Algunas definiciones 26
   ¡No confundir el cursor con el puntero! 26
   Cómo se viaja por la planilla 26
   Cómo se escriben los datos 27
   ¡Me equivoqué! ¿Qué hago? 28
Modificando un dato 28
El puntero de estirar 30
Las fórmulas (ahora viene lo bueno) 31
Extendiendo la fórmula al resto de la columna 32
   Cómo es una fórmula estirada – direcciones relativas 33
Una fórmula especial: la Sumatoria 33
Lo que acabamos de hacer (un momento de meditación) 35
Intermezzo : grabando la planilla 36
   Tres decisiones 36
Regrabaciones 39
   Atención: Archivo/Guardar y Archivo/Guardar como 39
Cerrar una planilla 40
Recuperación de una planilla ya grabada 41
Continúa la acción: hacer funcionar la planilla 42
La cosmética 42
Para dar por terminado el trabajo con Excel 46

Capítulo 2. Algunas planillas más avanzadas

Cálculo de porcentajes 49
El formato de porcentaje 50
Extender las fórmulas 51
Otro caso 52
Extendiendo las fórmulas (se viene un problema) 54
Investigando el error 55
Cómo es una fórmula estirada – direcciones relativas y absolutas 55
   Convirtiendo una dirección en absoluta 56
   Las variedades de lo absoluto 57

contenido

Vamos de paseo 57
Otro caso de porcentaje 59
    Cálculo del crecimiento 61
Suficiente... 63

Capítulo 3. La cosmética

Una planilla simple 67
    Centrar un título – Una variante 69
    Doble título 71
    Títulos inclinados 73
El menú contextual 76
Copiar formatos 77

Capítulo 4. Todas las opciones de formato

El menú Formato/Celdas 81
Los formatos personalizados 87
Eliminar un formato personalizado 89
Hojas ilustradas 89
Opciones para el manejo de filas y columnas 91
    Ancho de columnas 91
    Otras opciones de ancho para el ancho de columna ... 92
    Altura de filas 94
Sobre ancho y alto automáticos 95
Inserción de filas y columnas 96
Insertar rangos 97
Supresión de filas y columnas 99
Ocultar filas o columnas 100
Esto es todo 100

Capítulo 5. Imprimir la planilla

La vista preliminar 103
Ajustes en la impresión 105
Opciones de página 105
Márgenes 106
Encabezados y pies de página 107
Opciones de hoja 109
El menú de impresión 110
Resumiendo... 111
Algunas tareas interesantes 112
    Corte de página manual 113
    Repetir las filas de títulos en todas las páginas 114
Personalizar los encabezados y pies de página 114

Establecer el rango de impresión 116
Imprimir rangos irregulares 117
Máximo aprovechamiento de la hoja 118
Suficiente con esto 120

Capítulo 6. Gráficos

Un gráfico simple 123
El Asistente para gráficos 124
Primer paso: el tipo de gráfico 124
Segundo paso: los datos 126
Tercer paso: las opciones del gráfico 127
Último paso: ubicación del gráfico 128
Ajustes en el gráfico 130
Objetos y propiedades: cómo funciona la modificación 131
Otras modificaciones; volver al Asistente 133
   Opciones de gráfico: Títulos 133
   Opciones de gráfico: Ejes 134
   Opciones de gráfico: Líneas de división 135
   Opciones de gráfico: Leyenda 136
   Opciones de gráfico: Rótulos de datos 137
   Opciones de gráfico: Tabla de datos 138
Gráficos de torta 139
   Opciones para el gráfico de torta 141
   Opciones de perspectiva 142
   ¿Más opciones? 143
Impresión de gráficos 144

Capítulo 7. Gráficos con estilo

Degradés, texturas y otros rellenos 147
   Aplicar una textura 148
   Degradés 150
   El relleno de los textos 152
Gráficos con ilustraciones 153
El gráfico base 154
Obtener la ilustración – La Galería de imágenes 155
Otra variante 158
Basta por ahora 160

Capítulo 8. El puntero: táctica y estrategia

Tres punteros 163
La cruz gorda 163
La flecha 163

Moviendo o copiando hojas 165
Copiando contenido o formato 166
La cruz fina **169**
Estirando un dato 170
Estirando una fórmula 171
Generando series 172
Series preestablecidas 174
Configurando otras series 175
Estirar con el botón derecho 176
Series cronológicas 179
Tres casos especiales **181**

Capítulo 9. Planillas de muchas hojas

Una planilla de muchas hojas **187**
Fórmulas tridimensionales **188**
Navegando por el libro **190**
Algunas operaciones en libros de muchas hojas 191
Mostrar varias hojas del mismo libro **193**
Organizar las ventanas **194**
La cuarta dimensión **196**
Algunas precauciones **198**
Al abrir un archivo con referencias externas 198
¿Nada más? 198

Capítulo 10. El formato condicional

¿Quién aprobó? **201**
Una variante **203**
Puede fallar **205**
Extender el formato condicional **205**
Múltiples formatos condicionales **206**
Eliminar un formato condicional **208**
Un par de ejemplos más **209**

Capítulo 11. Operaciones con bases de datos

Qué es una base de datos **215**
Cómo se ordena una base de datos **216**
El ordenamiento por dentro 217
El menú Ordenar 217
Ordenamiento por más de un criterio 219
Búsquedas en base de datos – Autofiltros **220**
Buscar con un autofiltro 221
Recuperar todos los registros 222

Autofiltros personalizados .... .222
Combinación de criterios .... .224
  Otra variante de criterios combinados .... .225
Criterios sobre campos tipo texto .... .227
La función SUBTOTALES .... .228
Filtros avanzados .... .229
  Crear un filtro avanzado .... .230
  Aplicar el filtro avanzado .... .230
Extracción de sub bases .... .232
Lo que nos queda en el teclado .... .234

Capítulo 12. La seguridad

Protección de archivos .... .237
Protección de los datos de una planilla .... .242
  Cómo funciona la protección de celdas: la metáfora del cerco electrificado .... .242
  Conectar la corriente .... .243
  Desconectar la corriente .... .244
  Limitar la protección a ciertas celdas .... .244
  Retirar el cerco de protección .... .244
Resumen de comandos .... .246

Capítulo 13. El análisis

Tablas dinámicas .... .249
Actualización de la tabla dinámica .... .253
  Modificación de la tabla .... .254
  Filtrar la tabla .... .255
  Cambiando la operación .... .256
La barra de herramientas tabla dinámica .... .257
  Un ejemplo de promedios .... .259
  La solución .... .260
Gráficos dinámicos .... .262
  Crear un gráfico dinámico .... .264
Subtotales .... .267
  Crear una planilla con subtotales .... .268
  Manejar una planilla con subtotales .... .269
Expandir o contraer grupos .... .271
Sub subtotales .... .273

Capítulo 14. Algunas funciones especiales

Un problema de sueldos y jornales .... .279
La función condicional .... .279
  Algunas observaciones sobre la función condicional .... .280

Recálculo automático	.281
Otro ejemplo de sueldos	.281
La función de búsqueda en tablas	.282
Cómo trabaja la función BUSCARV	.283
Un caso más complejo	.284
Cuando la columna de entrada está desordenada	.285
Una tabla "incompleta"	.286
Preparando la tabla	.287
Extendiendo la fórmula	.288
Más funciones: el Asistente	.289
Todas las funciones	.291
Instalación de complementos	.292

Capítulo 15. Cálculos con fechas y horas

Operar con fechas	.297
Restar fechas	.298
El número de serie	.299
Un ejemplo simple: vencimientos	.300
Duración de un trabajo: los días hábiles	.301
¿Y los feriados?	.302
Primer día hábil	.303
Próximo lunes	.303
Cálculos con horas	.305
Más problemas	.306
Las funciones de fecha y hora	.307

Capítulo 16. Funciones financieras

Un préstamo	.311
Otro préstamo	.312
Los sistemas alemán y francés	.313
Un seguro de retiro	.315
Evaluación de un negocio	.317
La tasa de retorno	.318
Un portfolio de inversiones	.320
Otras funciones	.321

Capítulo 17. Validación

El caso más simple	.325
Definir un mensaje de entrada	.326
Mensaje de error	.328
Tipos de error	.329
Otros criterios de validación	.331

Lista de valores 331
Fórmula de validación 333
Longitud de texto **334**
Validación de fechas **336**
Otros criterios de validación **338**
Los círculos de validación 338

Capítulo 18. Diálogos

Una planilla con objetos de diálogo **343**
Las barras de desplazamiento 343
La barra de herramientas Formularios 344
Insertando la barra de desplazamiento 345
Las propiedades de una barra de desplazamiento 345
Casillas de verificación **347**
Las propiedades de una casilla de verificación **349**
Listas descolgables **351**
Otros objetos **354**

Capítulo 19. Hablemos de macros

¿Qué son las macros? **357**
Cómo se crea una macro **357**
La macro por dentro **359**
El código **361**
Metiendo mano en el código 361
Creando una macro en el editor **362**
Una macro, dos operaciones **363**
Botón de muestra **364**
Cambiar el texto del botón 366
Funciones en VBA **367**
El alcance de macros y funciones - Bibliotecas **368**
Crear un complemento **369**
Instalación de la biblioteca **370**
Para profundizar... .... **371**

Apéndice A. Lo nuevo de Excel 2000

Los menúes "limitados" **375**
Configurando los menúes **376**
Mostrando las tipografías **377**
El Portapapeles **378**
Una incompatibilidad **379**
La galería de imágenes **380**
Sumatoria inteligente **381**

Puede fallar 382
Formateo por adyacencia 383
El ayudante 384
Más novedades 384

Apéndice B. Organigramas

Cómo crear un organigrama - Microsoft Organization Chart 387
Escribir los datos 388
Eliminar un cuadro 389
Insertar un cuadro 389
Insertar varios cuadros a la vez 390
Cambiar el estilo del organigrama 391
Entrar y salir de Chart 393
Atención al guardar 394
La cosmética 395
   Cambiar la tipografía 395
   Cambiar el tipo de los cuadros 397
   Efecto de sombra 398
Para eliminar un organigrama 399
El organigrama es un objeto 399

Apéndice C. WordArt

Los objetos de WordArt 403
Modificar un objeto de WordArt 405
La forma del objeto 407
Un punto especial 408
La tipografía 410
Otras opciones de formato 416
Eliminar un objeto de WordArt 417
Manipulaciones generales de los objetos de WordArt 418

Servicios al lector

Excel en Internet 421
Excel 2000 Menú X menú 431
Atajos de teclado 438
Índice alfabético 439

Introducción

En 1996 escribí mi primer libro de Excel, *Excel para todos*, para la (en esa época) flamante colección PC Users. Desde entonces llevo escritos otros diez, de distinta profundidad, con diferentes enfoques, para distintos públicos.

Esta obra condensa lo mejor de esos once libros: las opciones más útiles, los ejemplos más comprensibles, los comandos más interesantes. Es, por lo tanto, el libro más completo que podía concebir.

Creo no haber dejado afuera ningún tema de importancia. Por eso mismo, el tamaño y contenido de este libro pueden abrumar... "¿Tengo que saber todo esto?", se preguntará el lector.

Probablemente no. Acá está todo, pero organizado de menor a mayor. De modo que en las primeras páginas de cada capítulo se resumen los comandos y opciones principales que se profundizan más adelante. De hecho, el primer capítulo debería permitir al lector principiante armar una planilla de mediana complejidad. En algunos casos, un mismo tema se desarrolla a lo largo de varios capítulos con dificultad creciente.

Todas las explicaciones están organizadas en torno a ejemplos y aliento al lector a tratar de reproducirlos. Nadie puede decir que entendió un tema hasta no haber realizado por sí mismo los ejemplos propuestos.

Más que nunca, este libro es el resultado de varios años de interacción con los lectores de USERS en general, y de la sección de Superplanilla en particular. Decenas de mensajes recibidos semanalmente señalaron la línea didáctica que un libro como éste debe seguir.

A ellos, mi agradecimiento.

Claudio H. Sánchez
clasanchez@tectimes.com

A lo largo del libro encontrará estas viñetas con información complementaria:

CURIOSIDADES
Curiosidades, datos divertidos y locuras varias.

DEFINICIONES
No hay palabra que asuste después de leer su definición.

IDEAS
Trucos para realizar distintas tareas de manera más rápida. Consejos sabrosos de un usuario experimentado.

ATENCIÓN
Problemas típicos o metidas de pata frecuentes con los que se cruza el usuario y cómo evitarlos. ¡Guarda la tosca!

DATOS ÚTILES
Información valiosa, direcciones clave, respuestas a preguntas frecuentes...

SÓLO PARA GENIOS
Información y trucos para usuarios avanzados o inquietos. ¡Todos llevamos un genio adentro (el asunto es encontrarlo)!

CAPÍTULO 1

¡La primera planilla ya!

Excel tiene muchas opciones. Muchísimas. Ni siquiera estamos seguros de que este libro las cubra todas. Pero, para la mayoría de los casos, basta con saber un conjunto reducido de comandos.

En este capítulo nos ocupamos de ese conjunto de comandos. Comenzando por el principio, y después de haber leído unas pocas páginas, usted deberá estar en condiciones de crear y operar una planilla de mediana complejidad. En planillas de este tipo se ejecutan las operaciones típicas del programa:

- Viajar por la planilla.
- Escribir los datos.
- Definir fórmulas.
- Modificar un dato equivocado.
- Grabar la planilla y volverla a cargar.
- Determinar las principales opciones de formato.
- Dar por terminada la sesión de Excel.

Sujete con el pulgar y el índice todas las páginas que hay desde aquí hasta el final del capítulo. Son menos de dos milímetros de espesor, ¿verdad? Cuando haya leído esos dos milímetros, ya sabrá usar Excel.

¿Qué es Excel?	23
La primera planilla	24
Modificando un dato	28
El puntero de estirar	30
Las fórmulas (ahora viene lo bueno)	31
Extendiendo la fórmula al resto de la columna	32
Una fórmula especial: la Sumatoria	33
Lo que acabamos de hacer (un momento de meditación)	35
Intermezzo: grabando la planilla	36
Regrabaciones	39
Cerrar una planilla	40
Recuperación de una planilla ya grabada	41
Continúa la acción: hacer funcionar la planilla	42
La cosmética	42
Para dar por terminado el trabajo con Excel	46

Servicio de Atención al Lector
(011) 4959-5000
lectores@tectimes.com

¿Qué es Excel?

Excel es una **planilla electrónica de cálculo**: un programa que permite manejar en la computadora la información que habitualmente se maneja en planillas. Puede ser una planilla tan simple como una lista de cosas para hacer (**Figura 1**) o tan compleja como un cálculo técnico, con gráfico incluido (**Figura 2**).

	A	B	C
1	Comprar biblioteca		
2	Pagar el cable		
3	Retirar tarjeta		
4	Limpiar la cocina		
5	Inscripción carrera		
6	Llevar libro		
7	Cambiar tubo		
8	Preparar examen		
9			

Figura 1. Una planilla muy simple: una lista de "cosas para hacer".

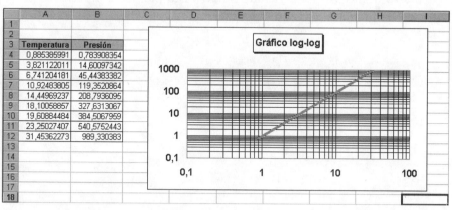

Figura 2. Una planilla mucho más compleja: un cálculo técnico, con un gráfico.

EL TAMAÑO DE LA PLANILLA

La planilla completa tiene 65536 filas y 256 columnas. ¿Qué letra designa la columna que sigue a la Z? Averígüelo usted mismo.

CELDAS

Los casilleros de la planilla.

En planillas como éstas la información está organizada en filas y columnas, como en un papel cuadriculado. Las columnas se designan con letras; y las filas, con números. Los casilleros de este cuadriculado se llaman celdas y se designan como en la batalla naval: mediante la letra de la columna y el número de la fila a las cuales pertenece. Por ejemplo, en la planilla de la **Figura 1**, la celda A4 contiene el dato **Limpiar la cocina**.

Armar una planilla como las anteriores implica varias operaciones. Básicamente:

- Escribir los datos.
- Definir algunas fórmulas (por algo hablamos de planillas "de cálculo").
- Mejorar el aspecto de la planilla.

En algún momento la planilla deberá ser grabada en un disco, para guardarla. Más tarde podremos imprimirla u obtener un gráfico a partir de sus datos. Cada una de estas operaciones se explica paso a paso y con detalle en los próximos capítulos. Pero, ahora mismo, vamos a echar una primera mirada a esas mismas operaciones creando una planilla desde cero.

La primera planilla

La **Guía Visual 1** muestra la planilla que queremos obtener. Se trata de un presupuesto a cuatro meses. Aunque es muy simple, esta planilla contiene los principales elementos de las planillas más complejas.

LOS PADRES DE LA CRIATURA

Las planillas de cálculo fueron inventadas en los años 70 por Daniel Bricklin y Robert Frankston. ¿Por qué estos nombres no son tan famosos como el de Bill Gates?

ASÍ COMENZÓ TODO

En el sitio www.heliosbeheer.com/sweb podemos ver una foto de la primera planilla de cálculo: el VisiCalc.

GUÍA VISUAL 1. Nuestra primera planilla

	A	B	C	D	E
1	Primer cuatrimestre				
2					
3	Período	Ventas	Costo	Margen	
4					
5	Enero	15000	11090	3910	
6	Febrero	12500	13130	-630	
7	Marzo	16000	7140	8860	
8	Abril	19500	14650	4850	
9					
10	Total	63000	46010	16990	
11					

❶ Los títulos se escriben directamente.
❷ Esta serie de meses puede obtenerse en forma automática.
❸ Las ventas y el costo son datos y también se escriben directamente.
❹ Los totales y el margen se calculan mediante fórmulas.
❺ Se aplicaron algunos efectos estéticos para mejorar el aspecto de la planilla.

Armar una planilla como ésta consiste en "viajar" por la pantalla escribiendo los datos que corresponda. Es decir:

1. Poner el cursor en una celda.
2. Escribir el dato en esa celda.

PLANILLAS TRIDIMENSIONALES

En realidad, las celdas deben individualizarse por tres coordenadas: la fila, la columna y la hoja. En el Capítulo 4, Todas las opciones de formato, hablamos de estas planillas de tres dimensiones.

Algunas definiciones

Ya hablamos de filas, columnas y celdas. Otras nociones importantes:

- **Celda actual**. Es la celda donde se encuentra el cursor y donde aparecerá el próximo dato que se escriba. En el lenguaje habitual se dice que es la celda "donde uno está parado".
- **Rango**. Es un conjunto rectangular de celdas. Se designa por las celdas de sus extremos. Por ejemplo, los nombres de los meses están en el rango `A5.A8`.
- **Cursor**. Es ese rectángulo que rodea a la celda actual. Su posición se controla mediante las teclas de flecha o con el puntero del mouse.
- **Puntero**. Es la flecha o cruz, según el caso, que se mueve por la pantalla al deslizar el mouse sobre la mesa.

¡No confundir el cursor con el puntero!

El que marca la celda actual es el cursor. No importa, en ese sentido, dónde se encuentre el puntero. Solamente cuando se hace un clic con el puntero apoyado en una celda, esa celda se convierte en celda actual.

El puntero, por otra parte, tiene distinta forma según en qué parte de la pantalla está apoyado. Generalmente es una cruz gorda o una flecha, pero puede tener otras formas y su comportamiento depende de esas formas. Dentro de un rato vamos a ver para qué otras cosas puede servir el puntero.

Cómo se viaja por la planilla

La forma más simple de ir saltando de celda en celda es usando el teclado. Cualquier teclado de computadora incluye cuatro teclas para mover el cursor en las cuatro direcciones.

- Flecha para arriba, sube una fila.
- Flecha para abajo, baja una fila.
- Flecha para la derecha, pasa a la siguiente columna.

KILÓMETRO CERO

La celda A1 representa el kilómetro cero de la planilla. El cursor salta inmediatamente a esa posición si apretamos la combinación CONTROL+INICIO.

COORDENADA DE LA CELDA ACTUAL

Un indicador arriba y a la izquierda de la planilla muestra las coordenadas de la celda actual.

- Flecha para la izquierda, pasa a la columna anterior.

Estas son las que llamamos "teclas de movimiento", "flechas" o "cursores".

Cómo se escriben los datos

Lo primero que hacemos es cargar los datos fijos, es decir, aquellos que no son resultado de cálculos y que pueden escribirse directamente.

Un ejemplo, el título principal (primer cuatrimestre) — PASO A PASO

1 Usamos las teclas de movimiento de cursor (las flechas) para ponernos en la celda **A1**.

2 Escribimos **Primer cuatrimestre**.

3 Apretamos la tecla ENTER.

Es decir, colocamos el cursor en la celda donde deba aparecer el dato, lo escribimos y apretamos la tecla ENTER. Hacemos lo mismo con los títulos de la fila 3 y con los valores de ventas y costo (pero no con los valores de Margen, Total, ni con los nombres de los meses). Debemos llegar a una planilla como la de la **Figura 3**.

	A	B	C	D
1	Primer cuatrimestre			
2				
3	Período	Ventas	Costo	Margen
4				
5		15000	11090	
6		12500	13130	
7		16000	7140	
8		19500	14650	
9				
10	Total			
11				

Figura 3. La planilla de la **Guía Visual 1**, una vez cargados sus primeros datos.

JOYSTICK POR MOUSE

En la prehistoria de la computación personal (fines de los 70) había un programa de administración de oficinas que controlaba el puntero con un joystick. En vez de cliquear había que "disparar".

OTRAS TECLAS

La tecla AV PÁG mueve el cursor una pantalla hacia abajo. La tecla RE PÁG mueve el cursor una pantalla hacia arriba. La combinación ALT+ AV PÁG lo mueve una pantalla a la derecha. La combinación ALT+ RE PÁG una pantalla a la izquierda.

¡Me equivoqué! ¿Qué hago?

Si metimos la pata, hay varias posibilidades.

1. Si descubrimos el error antes de apretar la tecla ENTER (o de abandonar la celda), podemos cancelar la carga del dato equivocado apretando la tecla ESCape.

2. Si, en cambio, ya le habíamos dado ENTER, simplemente lo escribimos de nuevo. El nuevo dato reemplazará al anterior.

3. Mientras estamos escribiendo un dato, antes de apretar ENTER, podemos borrar parte de lo que estamos escribiendo con la tecla RETROCESO (BACKSPACE, en inglés). Es la tecla alargada y con una flecha hacia la izquierda que está arriba y a la derecha del teclado).

4. Si tenemos que borrar un dato ya ingresado porque lo escribimos en una celda equivocada, ponemos el cursor en la celda y apretamos la tecla SUPRIMIR (DELETE, en inglés).

Al margen de las distintas posibilidades de corrección que ofrece el programa, siempre hay una forma de "dar marcha atrás", cuando nos arrepentimos de algo: tomar las opciones Edición/Deshacer. Esto deshace la última operación.

Modificando un dato

Queda dicho, entonces, que la forma básica de corregir un dato equivocado es escribiéndolo de nuevo. Pero ¿qué pasa si escribimos **"primer cuatrimestre"** y decidimos poner la inicial en mayúscula? ¿Hay forma de "meternos" en el dato y corregir solamente lo que está mal, dejando intacto lo demás?

DATOS MUY LARGOS
Si un dato es más largo que la celda, no importa. El "exceso" aparecerá sobre la celda siguiente.

LO NO ES 10
La computadora no es una máquina de escribir. El cero no es la O mayúscula y el 1 no es la L minúscula.

Corregir un dato — PASO A PASO

❶ Hacemos doble clic sobre la celda que contiene el dato a modificar. Con esto pasamos a la modalidad de Edición (**Figura 4**).

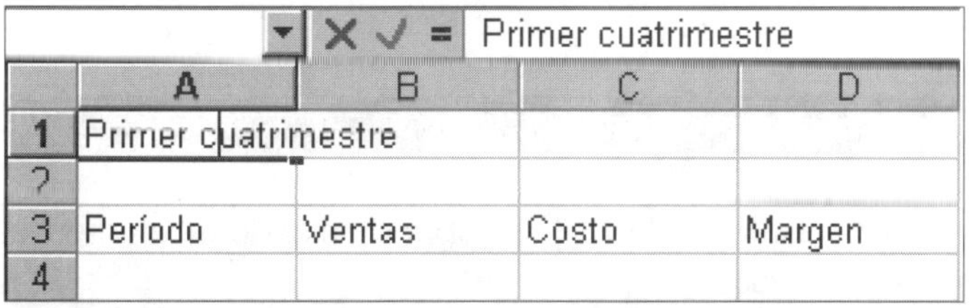

Figura 4. En la modalidad de Edición podemos movernos por el interior de una celda y modificar lo que está escrito en ella.

❷ Usamos las teclas de movimiento lateral (izquierda y derecha) para colocarnos inmediatamente después de la **p** de **primer**, es decir, a continuación del punto donde tenemos que hacer la corrección.

❸ Oprimimos la tecla RETROCESO (BACKSPACE) para borrar esa **p**.

❹ Escribimos la **P** mayúscula.

❺ Hecha la corrección, oprimimos ENTER para ingresar el dato modificado o...

❻ ...si nos arrepentimos, oprimimos ESCape para dejar el dato como estaba originalmente.

Lógicamente, usamos esta opción cuando tenemos que hacer una modificación parcial. Si tenemos que cambiar todo el dato, lo escribimos de nuevo encima del anterior.

USO DEL TECLADO
Podemos deshacer la última operación apretando la combinación CONTROL+Z.

TECLA SUPR
En algunos teclados la tecla SUPRIMIR se indica como SUPR. Si está en inglés, puede ser que aparezca DEL, en vez de DELETE.

El puntero de estirar

Los nombres de los meses que deben ir en las celdas **A5**, **A6**, **A7** y **A8** (el rango **A5:A8**, según quedó dicho) son un caso especial: forman una serie. Y Excel tiene una forma especial de armar series como ésta:

Armar series — PASO A PASO

❶ Ponemos el cursor en la celda **A5** y escribimos el primer elemento de la serie. Es decir, la palabra **Enero**.

❷ Apretamos **ENTER** para ingresar el dato.

❸ Ponemos otra vez el cursor en la celda **A5**.

❹ Apoyamos el puntero sobre el puntito que aparece en la esquina inferior derecha de la celda. El puntero se convierte en la cruz fina de la **Figura 5**. Lo llamamos el **puntero de estirar**.

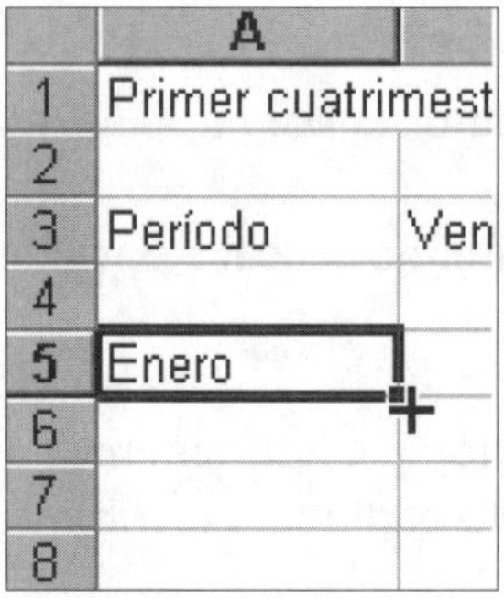

Figura 5. *La cruz fina o puntero de estirar.*

❺ Apretamos el botón del mouse y no lo soltamos.

IDEAS — USO DEL TECLADO

Podemos ingresar a la modalidad de edición apretando la tecla F2.

SÓLO PARA GENIOS — OTRA FORMA DE EDICIÓN

También podemos ingresar a la modalidad de edición haciendo un clic arriba de la planilla, en la barra de fórmulas.

❻ Bajamos con el mouse hasta la celda **A8**. Excel nos anuncia que continuará la serie de los meses **(Figura 6)**.

❼ Soltamos el botón.

*Figura 6. Excel, a punto de generar la serie de meses que comienza con **Enero**.*

Si todo salió bien, habremos obtenido la serie de cuatro meses que comienza en **Enero**. En las próximas páginas vamos a volver a usar este puntero.

Las fórmulas (ahora viene lo bueno)

Vamos a calcular el margen del mes de **Enero**, es decir, el dato que debe aparecer en la celda **D5**. No se trata de agarrar una calculadora, hacer la cuenta, y escribir el resultado en **D5**. Excel tiene una calculadora en cada celda.

1. Ponemos el cursor en **D5**, la celda donde queremos obtener el margen.
2. Escribimos **=B5-C5**.
3. Apretamos **ENTER**.

Si todo salió bien, aparecerá el resultado esperado: 3910.

MÁS SOBRE EL PUNTERO DE ESTIRAR

En el Capítulo 8, El puntero: táctica y estrategia, se cuentan otras funciones que cumple el puntero.

CARGANDO DATOS

Si usamos las teclas de movimiento de cursor para abandonar la celda donde estamos escribiendo un dato, le damos entrada a ese dato. No hace falta apretar ENTER.

Lo que escribimos en la **D5** es una fórmula. No debería ser difícil de entender:

- Las fórmulas comienzan con el signo igual (**=**). Eso le indica a Excel que debe hacer la cuenta.
- Los términos de la fórmula (en este caso, las ventas y el costo) se indican por las coordenadas de las celdas que los contienen.

Extendiendo la fórmula al resto de la columna

Lo que vamos a hacer ahora no es escribir fórmulas similares en **D6**, **D7** y **D8**. Acá también podemos usar el puntero de estirar:

Otro ejemplo interesante — PASO A PASO

① Colocamos el cursor en **D5**, que contiene la fórmula que será extendida.

② Apoyamos el puntero sobre el puntito que aparece en la esquina inferior derecha de la celda para que aparezca la cruz fina.

③ Apretamos el botón del mouse y no lo soltamos.

④ Bajamos con el mouse hasta la celda **D8**.

⑤ Soltamos el botón.

Con esto ya tenemos los valores del margen para todos los meses ¿Se entiende lo que pasó?

SIGNOS MATEMÁTICOS
El asterisco se usa para multiplicar, la barra oblicua para dividir y el ^ para la potenciación. 12^3 equivale a elevar 12 a la tercera potencia o "doce al cubo".

FÓRMULAS COMPLEJAS
En las fórmulas se pueden usar paréntesis en varios niveles, pero no corchetes ni llaves.

Cómo es una fórmula estirada – direcciones relativas

¿Por qué funciona esto? ¿Cómo es que podemos aplicar la fórmula escrita en **D5** al resto de la columna? Es muy fácil.

- La fórmula que escribimos en **D5** es **=B5-C5**.
- La fórmula que apareció en **D6**, después de estirar, es **=B6-C6**.

Ambas fórmulas tienen la misma "forma": la primera hace con los datos de la fila 5 lo mismo que la segunda hace con los datos de la fila 6. Para decirlo más técnicamente, los datos de la primera fórmula ocupan la misma **posición relativa** que los datos de la segunda. Cuando se estira una fórmula, Excel ajusta las referencias a las celdas para mantener estas posiciones relativas.

Solamente nos falta calcular los totales.

Una fórmula especial: la Sumatoria

Podemos obtener los totales escribiendo una suma. Por ejemplo, el total de ventas se obtiene con **=B5+B6+B7+B8**. Pero hay una forma mucho más simple:

Una sumatoria sencilla — PASO A PASO

① Apoyamos el puntero sobre la celda **B5**.

② Apretamos el botón del mouse y no lo soltamos.

③ Llevamos el puntero hasta la celda **D10**.

④ Soltamos el botón. Ahora tenemos seleccionado el rango **B5:D10** (**Figura 7**).

DIRECCIONES ABSOLUTAS

El mecanismo de direcciones relativas no siempre hace lo que queremos. En el próximo capítulo hay un ejemplo donde necesitamos "direcciones absolutas".

BARRA DE FÓRMULAS

Para ver la fórmula escrita en una celda, ponemos el cursor en esa celda. El contenido lo vemos en la barra de fórmulas, encima de la planilla.

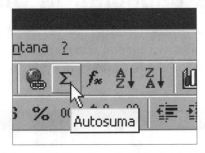

Figura 7. *El rango* `B5:D10` *está seleccionado. Es como si estuviéramos parados en todas sus celdas a la vez.*

❺ Apoyamos el puntero sobre el botón Autosuma (**Figura 8**).

❻ Hacemos un clic.

Figura 8. *El botón* Autosuma*. Permite calcular totales rápidamente.*

Excel calculará todos los totales en la fila 10.

SUMATORIA CON EL TECLADO

La combinación ALT+= equivale al botón Autosuma.

SUMATORIA INSTANTÁNEA

Habiendo seleccionado un rango de datos, el total aparece al pie de la planilla. Haciendo doble clic sobre este número podemos elegir la operación de sumarización (sumar, contar, promediar, etc.).

Lo que acabamos de hacer (un momento de meditación)

Como ya estamos sospechando, el botón **Autosuma** calcula los totales en forma rápida y automática. Para eso seleccionamos cierto rango (recordamos: un rango es un conjunto rectangular de celdas).

El rango seleccionado (pintado de negro como en la **Figura 7**) incluye las celdas cuyos valores se quieren sumar y una fila en blanco para alojar los totales.

Con esta operación Excel escribe fórmulas en la fila 10. Si colocamos el cursor en **B10**, veremos una de estas fórmulas arriba, en la parte de la pantalla llamada, justamente, **barra de fórmulas**.

GUÍA VISUAL 2. La función Suma

La barra de fórmulas muestra la función sumatoria obtenida en la celda B10 con el botón **Autosuma**.

❶ La fórmula comienza con el signo igual (como toda fórmula)
❷ La función usada se llama SUMA.
❸ Entre los paréntesis aparece el "argumento" de la función. Es el rango cuyos valores se están sumando.

Esta fórmula especial "dice" que se debe sumar los valores contenidos en el rango **B5:B9**. Se llama función **Sumatoria**.

Intermezzo: grabando la planilla

La planilla está casi lista; ya tiene toda la información. Solamente nos resta mejorar un poco su aspecto. Pero antes conviene grabarla.

Ocurre que la computadora tiene una memoria muy frágil: todo lo que le decimos lo recuerda mientras permanezca encendida. Al apagarla, se pierde (ni qué hablar si se corta la luz o si algún atolondrado patea el cable).

Podemos, sin embargo, conservar nuestro trabajo aunque la computadora se apague guardándolo en un lugar más seguro que la memoria. Esto se llama "grabar" la planilla. Si ya ha trabajado en algún programa, sabe de qué estamos hablando. En cualquier caso, siga leyendo.

Tres decisiones

En el momento de grabar una planilla hay que tomar tres decisiones:

- **El disco**

Ese lugar "más seguro" al que nos referimos antes es el disco. Por disco entendemos tanto el disco rígido de la computadora como un disquete que se pueda colocar en la disquetera.

Las computadoras tienen varias "unidades de disco", que se designan por letras. Por lo general, la disquetera es el disco A y el disco rígido es el C. Podría haber una segunda disquetera (B) o un segundo disco rígido (D), y así sucesivamente. Seguramente hay otra unidad de disco: la lectora de CD-ROM. Esta unidad también se designa con una letra pero no se puede grabar en ella.

- **La carpeta**

Normalmente, el disco rígido está organizado en "carpetas" o "directorios". Son simplemente subdivisiones dentro del disco para mantener la información más orde-

---

CURIOSIDADES

SIGNO DE LA SUMATORIA

El símbolo que aparece en el botón Autosuma es la letra griega sigma. Se usa en álgebra para denotar a una sumatoria.

SÓLO PARA GENIOS

GRABAR UNA PLANILLA

La operación de grabar una planilla en Excel es exactamente igual a la de grabar un documento en Word o, en general, un archivo en cualquier otro programa. Si ya sabe hacer esto, siga leyendo donde dice "Continúa la acción".

Intermezzo: grabando la planilla

nada. Si uno decide grabar en el disco rígido (o en un disquete organizado en carpeta) debe decidir también en qué carpeta hacerlo. Una carpeta puede a su vez incluir subcarpetas y así sucesivamente en una estructura jerárquica.

- **El nombre de la planilla**

Lo más probable es que uno grabe varias planillas en el mismo lugar (mismo disco y misma carpeta). Para diferenciarlas, hay que darle un nombre a cada una. El nombre puede ser cualquiera, pero se entiende que es conveniente elegir nombres descriptivos.

Todo esto (disco, carpeta y nombre) hay que tenerlo decidido antes de grabar la planilla.

Cómo grabamos — PASO A PASO

1. Tomamos las opciones `Archivo/Guardar`. Aparece el cuadro de la **Guía Visual 2**, donde debemos indicar las tres decisiones que acabamos de tomar.

2. Donde dice `Guardar en`, indicamos el disco donde se grabará la planilla.

3. Hacemos doble clic (dos clics rápidos con el mouse) sobre la carpeta elegida.

4. Donde dice `Nombre de archivo`, escribimos el nombre elegido para la planilla; por ejemplo, **Presupuesto**.

5. Si todo está bien, hacemos un clic en `Guardar`.

EXTENSIÓN DE LOS ARCHIVOS

Al nombre elegido para la planilla, el programa le agrega la extensión XLS. La extensión es como el "apellido" del archivo. La familia Excel lleva el apellido XLS.

GUÍA VISUAL 3. Guardar la planilla

En este cuadro tenemos qué indicar dónde vamos a grabar la planilla y qué le queremos dar.

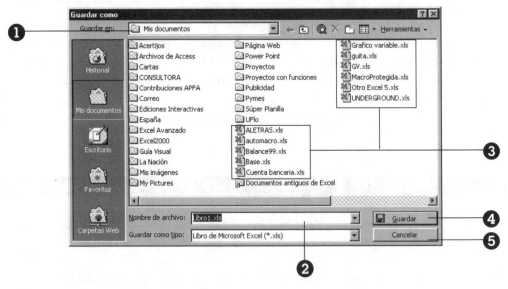

1. Ésta es la carpeta donde se está por guardar la planilla.
2. Acá escribimos el nombre de la planilla.
3. Ésta es la lista de planillas que ya están grabadas.
4. Un clic en **Guardar** procede con la grabación.
5. Si hacemos un clic en **Cancelar**, la planilla no queda guardada.

Pasarán algunos segundos, tras los cuales la planilla quedará a salvo guardada en el lugar especificado. En la parte superior de la pantalla aparecerá el nombre que le dimos a la planilla (**Figura 9**).

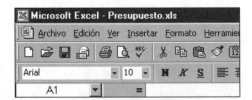

Figura 9. *El nombre de la planilla aparece en el borde superior de la pantalla.*

CUADROS DE DIÁLOGO

El cuadro de la Figura 8 se llama cuadro de diálogo. Este nombre está muy bien: es la forma en que Excel se comunica con nosotros preguntándonos qué queremos hacer. Estos cuadros aparecen a cada rato mientras trabajamos con Excel. Es importante que nos acostumbremos a ellos. Según cuáles opciones aparezcan y cómo las manejemos, Excel obedecerá nuestros deseos o hará lo que a él se le ocurra.

Regrabaciones

Una vez grabada, la planilla se encuentra a salvo. Si tenemos la mala suerte de que se corta la luz o algún atolondrado (uno mismo, por ejemplo) patea el cable, no importa: está la planilla grabada y más tarde la podemos recuperar. Pero si, a continuación, cambiamos o agregamos algo, la planilla grabada ya no será la misma que estamos viendo. Ha sufrido una modificación.

Conviene entonces hacer grabaciones periódicas de una planilla, a medida que vamos completándola; es decir que, dentro de un rato, cuando hayamos hecho algún cambio en la planilla, será el momento de volver a grabarla. De re-grabarla.

Cuando llegue ese momento, bastará con volver a tomar las opciones **Archivo/Guardar**. Excel se dará cuenta de que se trata de la misma planilla y no nos volverá a preguntar dónde la queremos guardar, con qué nombre, etc.

Atención: Archivo/Guardar y Archivo/Guardar como

En el submenú que se descuelga cuando hacemos un clic en la opción **Archivo**, aparecen dos opciones parecidas: **Guardar** y **Guardar como**. No son exactamente lo mismo y es importante conocer la diferencia.

Archivo/Guardar

Usamos esta opción cuando grabamos la planilla por primera vez y cuando regrabamos. La primera vez nos pide la información necesaria para guardar (disco, nombre, etc.). Si estamos haciendo una regrabación (es decir, ya habíamos grabado la planilla antes) procede con la grabación usando el mismo nombre, en el mismo disco, etc. La nueva planilla se graba sobre la anterior, es decir que se conserva la versión más reciente.

Archivo/Guardar como

Cuando usamos esta opción Excel siempre nos pregunta el nombre, el disco, etc. de la planilla, aunque estemos haciendo una regrabación de una planilla ya grabada.

USO DEL TECLADO

La combinación CONTROL+G equivale a Archivo/Guardar. La tecla F12 equivale a Archivo/Guardar como.

Justamente, la opción **Archivo/Guardar como** la usamos cuando queremos cambiar alguna de las decisiones que tomamos al guardarla primera vez:

- El nombre de la planilla
- El disco en donde la guardamos
- La carpeta

Cerrar una planilla

Hasta este momento sabemos cómo armar una planilla simple y cómo grabarla. No es poco. En realidad, en eso consiste la mayor parte del trabajo con Excel. Podríamos ya mismo ponernos a inventar otras planillas y a tratar de armarlas. Pero antes tenemos que cerrar la planilla anterior, es decir, dar por terminado el trabajo con ella.

Cerrar la planilla — PASO A PASO

① Tomamos las opciones **Archivo/Cerrar**. Si todo está en orden, la planilla desaparecerá de la pantalla. Si todavía no la habíamos grabado, aparecerá el cuadro de la **Figura 10** donde Excel nos pregunta si queremos grabar esta planilla antes de abandonarla.

② Como, en general, queremos conservar todas las modificaciones hechas a la planilla, hacemos un clic en **Sí**.

③ Si, en cambio, no queremos guardar la planilla en esta última versión, hacemos un clic en **No**.

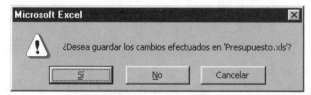

Figura 10. Estamos a punto de abandonar la planilla con la que veníamos trabajando. Excel nos advierte que todavía no la hemos grabado.

TECLA RÁPIDA PARA CERRAR UNA PLANILLA

 Podemos cerrar una planilla mediante la combinación CONTROL+F4.

TECLA RÁPIDA PARA ABRIR UNA PLANILLA

 El cuadro donde debemos indicar qué planilla queremos abrir aparece también mediante la combinación CONTROL+A.

Recuperación de una planilla ya grabada

Grabar es tomar la información que tenemos en la pantalla y guardarla en el disco. Lo contrario se llama **Abrir**: traer a la pantalla una planilla grabada anteriormente.

Abrir una planilla ya grabada — PASO A PASO

① Tomamos las opciones **Archivo/Abrir**. Aparecerá el cuadro de la **Figura 11**, bastante similar al que apareció cuando grabamos la primera vez.

② En este cuadro tenemos que actuar como hicimos en el momento de grabar, indicando el disco y directorio donde se encuentra la planilla.

③ En la lista de archivos grabados deberá aparecer la planilla que buscamos. Hacemos un clic sobre ella.

④ Hacemos un clic en **Abrir**.

Figura 11. *En este cuadro tenemos que indicar cómo se llama la planilla que queremos abrir y en qué disco y carpeta está grabada.*

Si todo salió bien, aparecerá en la pantalla la planilla elegida, tal cual como estaba en el momento de grabarla.

Continúa la acción: hacer funcionar la planilla

Nuestra planilla calcula márgenes y totales a partir de los datos de ventas y costo. Alguien podría preguntar: ¿qué pasa si las ventas de enero son, por ejemplo, de 12.000? ¿Cómo afecta esto la ganancia total del cuatrimestre?

Recálculo automático — PASO A PASO

❶ Ponemos el cursor en la celda B5, la que contiene las ventas de enero.

❷ Escribimos el nuevo valor (**12.000**).

❸ Apretamos la tecla ENTER.

Inmediatamente, Excel calcula los nuevos valores: el margen de enero baja a **910** y el total a **13.990**.

Esto es lo que se llama **recálculo automático** y es lo que hace de Excel una herramienta tan útil y poderosa. Podemos cambiar cualquier dato y ver, en forma inmediata, cómo incide el cambio sobre los resultados.

La cosmética

La planilla que obtuvimos hasta ahora (**Figura 12**) no es igual a la de la **Guía Visual 1**. Los datos y resultados que ofrece son correctos pero la planilla no es tan elegante. Vamos a aplicar, entonces, algunas opciones de "cosmética".

RECÁLCULO MANUAL

Llegado el caso, es posible "apagar" la opción de recálculo automático entrando por Herramientas/Opciones/Calcular. Si se establece recálculo manual, las fórmulas se actualizarán al oprimir la tecla F9.

	A	B	C	D	E
1	Primer cuatrimestre				
2					
3	Período	Ventas	Costo	Margen	
4					
5	Enero	15000	11090	3910	
6	Febrero	12500	13130	-630	
7	Marzo	16000	7140	8860	
8	Abril	19500	14650	4850	
9					
10	Total	63000	46010	16990	
11					

Figura 12. Nuestra planilla hasta este momento.

Por ejemplo, queremos que el título de la celda **A1** esté en letra más grande y en negrita:

Cambiando el estilo de una planilla — PASO A PASO

❶ Ponemos el cursor en **A1**, la celda que contiene el dato cuyo aspecto queremos cambiar.

❷ Hacemos un clic en el botón **Negrita** (**Figura 13**). Con esto, el título aparecerá en letra más oscura y gruesa.

*Figura 13. El botón **Negrita**. Hace que el dato seleccionado aparezca en letra más gruesa y oscura.*

❸ Hacemos un clic en la flechita que aparece a la derecha de la opción **Tamaño de fuente**. Se descolgará una lista de tamaños posibles (**Figura 14**).

❹ Hacemos un clic en el valor **14**.

Figura 14. El botón `Tamaño de fuente`. Hace que el dato seleccionado aparezca en letra más grande o más chica.

También podemos hacer que los títulos de la fila 3 aparezcan en negrita, más grandes, centrados, sobre un fondo gris y con bordes alrededor:

Otros cambios interesantes — PASO A PASO

❶ Apoyamos el puntero sobre la celda `A3`, extremo izquierdo del rango cuyo aspecto queremos cambiar.

❷ Apretamos el botón del mouse y lo mantenemos apretado.

❸ Llevamos el puntero hasta la celda `D3`, extremo derecho del rango.

❹ Soltamos el botón. Ahora tenemos seleccionado el rango `A3:D3`.

❺ Hacemos un clic sobre el botón `Negrita`.

❻ Hacemos un clic sobre el botón `Tamaño de fuente` y elegimos tamaño 12.

❼ Hacemos un clic sobre el botón `Centrado`.

❽ Hacemos un clic sobre el botón `Color de relleno`. Se descuelga una paleta de colores.

❾ Elegimos color `Gris`.

SELECCIONAR UN RANGO
Pintar, moviendo el mouse, un conjunto rectangular de celdas. Al seleccionar un rango, la próxima operación afectará todas sus celdas.

ALINEACIÓN
Si no cambiamos la alineación de los datos, los textos se acomodan contra la izquierda y los números contra la derecha.

La cosmética

⑩ Hacemos un clic sobre el botón **Bordes**. Se descuelga una lista de opciones de borde.

⑪ Elegimos el borde para todas las celdas.

Los principales botones para aplicar formato aparecen en la siguiente **Guía Visual**.

GUÍA VISUAL 4. La barra de herramientas Formato

En este cuadro tenemos qué indicar dónde vamos a grabar la planilla y qué le queremos dar.

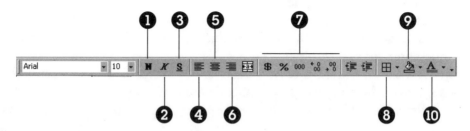

❶ Negrita.
❷ Cursiva (o itálica).
❸ Subrayado.
❹ Alineado a la izquierda.
❺ Centrado.
❻ Alineado a la derecha.
❼ Formatos numéricos.
❽ Bordes.
❾ Color de relleno.
❿ Color de letra.

Jugando con estas opciones podemos hacer todos los ajustes estéticos que queramos.

Ajustar el aspecto de una planilla puede ser más complejo que lo que acabamos de hacer, pero por ahora podemos arreglarnos con esto. Hablaremos más sobre las opciones de cosmética en los **Capítulos 3** y **4**.

COMANDOS DE FORMATO

Los botones que estamos usando para cambiar el aspecto de los datos representan atajos a comandos del menú. Esos comandos se explican en el Capítulo 3, La cosmética.

FORMATOS NUMÉRICOS

Los botones para aplicar formatos numéricos se explican en el próximo capítulo.

Para dar por terminado el trabajo con Excel

Ya sabemos:
- cómo armar una planilla con datos fijos, fórmulas y series.
- cómo cambiar algunos datos.
- cómo mejorar el aspecto de la planilla.
- cómo guardarla, cerrarla y volver a abrirla.

No es poco. En los próximos capítulos vamos a ver cómo hacer planillas más complejas. Veamos entonces cómo dar por terminado el trabajo. Antes cerramos la planilla para dar por terminado el trabajo con ella, pero no cerramos el programa porque se suponía que íbamos a trabajar con alguna otra planilla. Entonces, lo que tenemos que aprender es a cerrar el programa:

Tomamos las opciones **Archivo/Salir**. Puede ser que aparezca un cuadro como el de la **Figura 15**, si es que aún no habíamos grabado las últimas modificaciones de la planilla. En tal caso hacemos un clic en **Sí**. Segundos después, Excel desaparecerá de la pantalla.

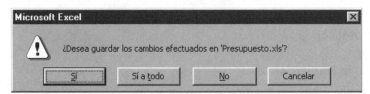

Figura 15. *Estamos a punto de dar por terminada la sesión de trabajo con Excel. El programa nos advierte que todavía no hemos grabado la planilla.*

Para entender el sentido de los cuadros de advertencia como los de las **Figuras 10** y **15** hay que recordar que, si la planilla fue grabada, pero luego se le hizo alguna modificación, hay que volver a grabarla; de lo contrario no se conservarán las modificaciones hechas luego de la última grabación.

Si la planilla ya había sido grabada, el programa terminará directamente. Ya podemos pasar al próximo capítulo.

CERRAR ARCHIVO Y CERRAR PROGRAMA

Las opciones Archivo/Cerrar y Archivo/Salir son comunes a la mayoría de los programas que usamos en la computadora personal.

TECLA RÁPIDA PARA SALIR DE EXCEL

Podemos dar por terminada la sesión de Excel mediante la combinación ALT+F4.

CAPÍTULO 2

Algunas planillas más avanzadas

La planilla que hicimos en el capítulo anterior era muy sencilla. Casi podría considerarse que la hicimos manejando Excel como si fuera un procesador de textos que, en vez de escribir sobre papel rayado, lo hace sobre papel cuadriculado; un procesador de textos con formato de tablas y planillas, podríamos decir.

En este capítulo vamos a ver unas cuantas planillas un poco más complejas para saber hasta dónde podemos llegar con nuestros cálculos.

Algunos conceptos de los que hablaremos:

- Cálculos con porcentajes
- Direcciones relativas y absolutas

y algún otro ejemplo interesante.

Cálculo de porcentajes	49
El formato de porcentaje	50
Extender las fórmulas	51
Otro caso	52
Extendiendo las fórmulas (se viene un problema)	54
Investigando el error	55
Cómo es una fórmula estirada – direcciones relativas y absolutas	55
Vamos de paseo	57
Otro caso de porcentaje	59
Suficiente...	63

Cálculo de porcentajes

La planilla de la **Figura 1** muestra una lista de pedidos de mercadería. En la columna B figuran las cantidades prometidas; en la columna C figuran las cantidades efectivamente entregadas. Queremos calcular el porcentaje de cumplimiento de cada pedido: cuánto de lo prometido se entregó.

	A	B	C	D	E
1	Artículo	Pedido	Entregado	Cumplido	
2	Aros	15	8		
3	Tapas	60	55		
4	Cajas	45	30		
5	Líneas	88	53		
6	Bielas	25	20		
7	Bujes	80	50		
8	Ejes	90	65		
9					
10					

Figura 1. Queremos calcular qué porcentaje de las cantidades pedidas representan las efectivamente entregadas.

Los porcentajes se calculan mediante una división:

1. Ponemos el cursor en **D2**, para calcular el primer porcentaje.
2. Escribimos **=C2/B2**.
3. Apretamos **ENTER**.

Esta fórmula divide el primer gasto por el gasto total. Recordemos que:

- Las fórmulas siempre comienzan con el signo =.
- Los términos de la fórmula se indican mediante las coordenadas de las celdas que los contienen.

Entonces, **C2** representa la cantidad entregada y **B2**, la prometida. El resultado (**Figura 2**) equivale al 53,33 %.

DIVIDIR
La barra oblicua se usa para dividir.

LA BIBLIA DE EXCEL

	A	B	C	D	E
			=	=C2/B2	
1	Artículo	Pedido	Entregado	Cumplido	
2	Aros	15	8	0,53333333	
3	Tapas	60	55		
4	Cajas	45	30		
5	Líneas	88	53		
6	Bielas	25	20		
7	Bujes	80	50		
8	Ejes	90	65		
9					
10					

Figura 2. El valor devuelto por la fórmula en **D2** equivale al 53,33%.

El formato de porcentaje

Si queremos que el valor de la celda **D2** se vea realmente como 53,33%, tenemos que aplicar a la celda el formato de porcentaje:

Aplicar el formato de porcentaje   PASO A PASO

❶ Ponemos el cursor en la celda **D2**.

❷ Hacemos un clic en el botón `Estilo porcentual` (**Figura 3**).

Figura 3. El botón para aplicar el formato de porcentaje.

Queda como número entero. Para ponerle los decimales:

❸ Hacemos dos clics en el botón `Aumentar decimales` (**Figura 4**).

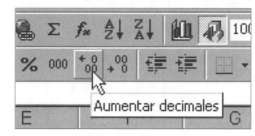

Figura 4. Cada clic en este botón le agrega un decimal al valor seleccionado.

Si se nos va la mano, también tenemos el botón que hace el trabajo opuesto (**Figura 5**).

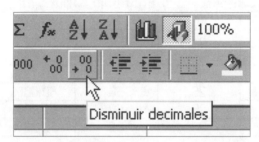

Figura 5. Cada clic en este botón le quita un decimal al valor seleccionado.

Extender las fórmulas

El siguiente paso es extender a toda la lista la fórmula que acabamos de escribir para el primer pedido. Esto ya lo sabemos hacer:

Extender la fórmula anterior — PASO A PASO

① Colocamos el cursor en **D2**, la celda que contiene la fórmula a extender.

② Apoyamos el puntero sobre el puntito que hay en la esquina inferior derecha de la celda. Aparece la cruz fina, el puntero de estirar.

DECIMALES

Podemos jugar con los botones Aumentar decimales y Disminuir decimales hasta lograr la cantidad adecuada de cifras.

FORMATO AUTOMÁTICO

Si escribimos un porcentaje, Excel le da a la celda el formato adecuado según cómo hayamos escrito el dato.

❸ Apretamos el botón del mouse y no lo soltamos.

❹ Bajamos hasta la celda **D8**.

❺ Soltamos el botón del mouse.

Si todo salió bien, la planilla ahora deberá mostrar los porcentajes de entrega correspondientes a todos los pedidos. Si queremos, podemos aplicar a las celdas algunos efectos de formato para que se vean como en la **Figura 6**.

	A	B	C	D	E
1	Artículo	Pedido	Entregado	Cumplido	
2	Aros	15	8	53,33%	
3	Tapas	60	55	91,67%	
4	Cajas	45	30	66,67%	
5	Líneas	88	53	60,23%	
6	Bielas	25	20	80,00%	
7	Bujes	80	50	62,50%	
8	Ejes	90	65	72,22%	
9					
10					

*Figura 6. La planilla de la **Figura 1**, con las fórmulas extendidas y con algunos efectos de cosmética.*

Otro caso

La planilla de la **Figura 7** muestra una lista de gastos. En la celda **B8** hay una sumatoria (ya sabemos cómo se obtiene) que calcula el total de gastos.

ESTIRAR DATOS CON FORMATO
Cuando usamos el puntero de estirar, extendemos el contenido de la celda y el formato que ella tenga.

HAY QUE GRABAR LA PLANILLA
Si queremos conservar las planillas, tenemos que grabarlas. Las instrucciones están en el Capítulo 1. ¡La primera planilla ya!

Otro caso

	A	B	C	D
		=SUMA(B2:B7)		
1	Rubro	Importe		
2	Alquiler	370		
3	Luz	25		
4	Gas	13		
5	Teléfono	64		
6	Expensas	55		
7	Agua	12		
8	Total	539		

Figura 7. Esta planilla calcula el total de gastos mediante una sumatoria en B8. En la columna C queremos calcular qué porcentaje del total representa cada gasto.

Ahora que sabemos calcular porcentajes, podríamos averiguar qué porcentaje del total representa cada gasto:

1. Ponemos el cursor en **C2**, para calcular el primer porcentaje.
2. Escribimos **=C2/B8**.
3. Apretamos **ENTER**.

Ahora sabemos que el alquiler representa, aproximadamente, el 68% de todos los gastos, como dice la planilla de la **Figura 8**.

	A	B	C	D
	C2		=B2/B8	
1	Rubro	Importe		
2	Alquiler	370	0,6864564	
3	Luz	25		
4	Gas	13		
5	Teléfono	64		
6	Expensas	55		
7	Agua	12		
8	Total	539		

Figura 8. La planilla de la Figura 7, con el primer porcentaje calculado.

USO DEL MOUSE

Para darle entrada a un dato o a una fórmula, podemos hacer un clic en el botón Introducir, a la izquierda de la barra de fórmulas.

Extendiendo las fórmulas (se viene un problema)

Habiendo calculado en **C2** el porcentaje correspondiente al primer rubro, el siguiente paso consiste en extender el cálculo a toda la columna **C**. Usamos el puntero de estirar:

Un caso especial — PASO A PASO

1. Colocamos el cursor en **C2**, la celda que contiene la fórmula a extender.

2. Apoyamos el puntero sobre el puntito que está en la esquina inferior derecha de la celda. Aparece la cruz fina, el puntero de estirar.

3. Apretamos el botón del mouse y no lo soltamos.

4. Bajamos hasta la celda **C8**.

5. Soltamos el botón del mouse. El resultado aparece en la **Figura 9**. ¡¿Eso?!

	A	B	C	D
1	Rubro	Importe		
2	Alquiler	370	0,6864564	
3	Luz	25	#¡DIV/0!	
4	Gas	13	#¡DIV/0!	
5	Teléfono	64	#¡DIV/0!	
6	Expensas	55	#¡DIV/0!	
7	Agua	12	#¡DIV/0!	
8	Total	539	#¡DIV/0!	
9				

C2 = =B2/B8

Figura 9. Luego de estirar la fórmula de la celda *C2*, la planilla muestra estos valores. Algo salió mal.

EL PUNTERO DE ESTIRAR

En el Capítulo 8, El puntero: táctica y estrategia, se explican los distintos usos del puntero de estirar.

Investigando el error

Cuando en una celda aparece un resultado sospechoso, tenemos que ver qué clase de cálculo hace (o pretende hacer) Excel que produce ese resultado. Si ponemos el cursor en **C3** (la primera celda con resultado raro), la barra de fórmulas muestra el contenido de esa celda, como se ve en la **Figura 10**.

	A	B	C	D
1	Rubro	Importe		
2	Alquiler	370	0,6864564	
3	Luz	25	#¡DIV/0!	
4	Gas	13	#¡DIV/0!	

C3 = =B3/B9

Figura 10. *La barra de fórmulas muestra el contenido de la celda actual.*

Esta fórmula divide el contenido de la celda **B3** (segundo importe gastado) por el contenido de la celda **B9**. Como esta última celda está vacía, Excel no puede hacer la división.

Cómo es una fórmula estirada – direcciones relativas y absolutas

¿Por qué pasó esto? ¿Por qué cambian los términos de la fórmula escrita en **C2**? Ya deberíamos sospecharlo.

- La fórmula que escribimos en **C2** es **=B2/B8**.
- La fórmula que apareció en **C3**, luego de estirar, es **=B3/B9**.

En el capítulo anterior hablamos de **direcciones relativas**: en esos términos, la fórmula que escribimos en **C2** es igual a la que obtuvimos en **C3**. Excel ajusta las referencias a los términos de la fórmula de modo que, si la copia está una fila más abajo, las referencias también apuntan una fila más abajo.

MENSAJES DE ERROR

Cuando una celda muestra el valor #¡DIV/0! es porque Excel trata de hacer una división por cero o por una celda vacía, lo que es equivalente.

- Que cambie la referencia a la celda **B2** está bien: estamos calculando el porcentaje al segundo gasto.
- Que cambie la referencia a la celda **B8** está mal: todos los porcentajes se calculan respecto al mismo total.

Algo deberíamos hacer para que Excel se dé cuenta de que no debe cambiar la referencia a la celda del total: que en todas las copias diga **B8**. Si antes hablamos de direcciones relativas, ahora podríamos decir que la referencia a **B8** debe ser una dirección absoluta.

Convirtiendo una dirección en absoluta

La fórmula correcta a escribir en **C2** es **=B2/B$8**. Ese signo **$** delante del **8** es lo que le indica a Excel que la referencia a la fila **8** debe mantenerse fija.

Podemos escribir esta nueva fórmula aprovechando lo que ya sabemos modificar datos:

Convertir una dirección en absoluta — PASO A PASO

❶ Hacemos un doble clic en celda **C2**. Con esto ingresamos a la modalidad de edición.

❷ Usamos las teclas de movimiento de cursor (las flechas) para ubicarnos entre la **B** y el **8**.

❸ Escribimos un signo **$** (está en la tecla del **4**).

❹ Apretamos ENTER.

Con esto no resolvemos el problema: las demás celdas siguen mostrando alegremente su mensaje de error. Ahora tenemos que extender la fórmula modificada a las demás celdas, usando el puntero de estirar, como ya sabemos. El resultado, correcto, lo vemos en la **Figura 11**.

DIRECCIONES ABSOLUTAS

Esta cuestión de direcciones relativas y absolutas es lo más difícil que tiene Excel. Si usted entendió esto, ya no tendrá mayores problemas con el programa.

FÓRMULA A CORREGIR

La celda C2 no mostraba ningún error, pero corregimos esa porque era la que, al estirar su contenido, producía errores en las demás celdas.

	C2	▼	=	=B2/B$8	
	A	B	C	D
1	Rubro	Importe		
2	Alquiler	370	0,6864564	
3	Luz	25	0,04638219	
4	Gas	13	0,02411874	
5	Teléfono	64	0,1187384	
6	Expensas	55	0,10204082	
7	Agua	12	0,02226345	
8	Total	539	1	
9				

*Figura 11. La planilla de la **Figura 9**, con el problema resuelto.*

Las variedades de lo absoluto

Con todo rigor, la referencia a la celda **B8**, tal como la acabamos de escribir, es **parcialmente** absoluta: se fija la referencia a la fila **8**, pero no a la columna **B**. Hay varias combinaciones posibles:

- **B$8** fija la fila.
- **$B8** fija la columna.
- **$B$8** fija la fila y la columna.
- y, por supuesto, en **B8** no se fija ninguna coordenada.

Según cómo haya que extender la fórmula luego (a lo largo de una fila o de una columna) será la coordenada que haya que fijar para que permanezca igual. Veamos un ejemplo más complejo.

Vamos de paseo

La planilla de la **Figura 12** permite calcular el precio de un viaje según el destino y según el vehículo empleado. El precio de cada viaje se obtiene multiplicando la distancia al lugar de destino por el precio por kilómetro correspondiente al vehículo elegido.

USO DEL TECLADO
Mientras escribimos o modificamos una fórmula podemos insertar los signos $ apretando la tecla F4.

EL SIGNO $
El uso del signo $ para fijar las coordenadas en una dirección absoluta se remonta a las primeras versiones de planillas de cálculo.

	A	B	C	D	E	F
1			Precio por kilómetro			
2			Bergantín	Di Tella 1500	Carabela	
3	Destino	Distancia	0,6	0,8	1,2	
4	Morón	22				
5	Ezeiza	33				
6	La Plata	57				
7	Fcio. Varela	28				
8	Cañuelas	66				
9	Luján	69				
10	Lobos	99				
11						

Figura 12. ¿Cuánto me cuesta viajar a La Plata en un Kaiser Carabela? Hay que multiplicar la extensión del viaje en **B6** por el precio por kilómetro en **E3**.

Aunque en esta planilla hay siete destinos y tres autos, no se trata de escribir veintiún (siete por tres) fórmulas. Tendríamos que arreglarnos con una sola fórmula escrita en **C4** y extenderla luego a todo el rango **C4:E10**. Antes de seguir leyendo, trate de pensar cómo debe ser esa fórmula.

La fórmula correcta debe ser **=$B4*C$3**. Los signos pesos deben estar exactamente así como están y de ninguna otra manera. Nos explicamos:

- Cuando extendamos esta fórmula hacia la derecha (para abarcar todos los vehículos), debe mantenerse la referencia a la columna **B** porque ahí está la distancia a Morón; por eso el signo **$** delante de la **B**. En cambio, no debe ponerse un signo **$** delante de la **C** porque el precio por kilómetro está en una columna distinta en cada vehículo.
- Cuando extendamos esta fórmula hacia abajo (para abarcar todos los destinos), debe cambiar la referencia a la fila **4** porque la distancia a cada destino está en una fila distinta; por eso no se pone un signo **$** delante del **4**. En cambio, hay un signo **$** delante del **3** porque el precio por kilómetro está en esa fila para todos los vehículos.

EXTENDER A LO LARGO DE UN RANGO

Para extender un dato o fórmula a un rango de varias filas y columnas hay que hacerlo en dos pasos: primero a lo ancho y luego a lo largo, o al revés. Pero no se puede estirar en las dos dimensiones en un solo paso.

Otro caso de porcentaje

	A	B	C	D	E	F
	C4		=	=C$3*$B4		
	A	B	C	D	E	F
1			Precio por kilómetro			
2			Bergantín	Di Tella 1500	Carabela	
3	Destino	Distancia	0,6	0,8	1,2	
4	Morón	22	$ 13,20	$ 17,60	$ 26,40	
5	Ezeiza	33	$ 19,80	$ 26,40	$ 39,60	
6	La Plata	57	$ 34,20	$ 45,60	$ 68,40	
7	Fcio. Varela	28	$ 16,80	$ 22,40	$ 33,60	
8	Cañuelas	66	$ 39,60	$ 52,80	$ 79,20	
9	Luján	69	$ 41,40	$ 55,20	$ 82,80	
10	Lobos	99	$ 59,40	$ 79,20	$ 118,80	
11						

Figura 13. *La fórmula que resuelve el problema de la planilla de la **Figura 12**. Luego hay que extenderla a todo el rango **C4:E10**.*

También lo podemos ver así: se fija la referencia a la columna de distancias porque todas las distancias están en la misma columna; se fija la referencia a la fila de los precios por kilómetro porque todos están en la misma fila.

En cualquier caso, solamente la que mostramos podrá extenderse correctamente hacia todo el rango. En la **Figura 13** se ve la planilla terminada con la fórmula en acción. Las cuestiones de formato quedan para el lector.

Otro caso de porcentaje

La planilla de la **Figura 14** calcula un presupuesto de ventas. Conocemos los valores de las ventas iniciales ($ 400) y el crecimiento mes a mes (los porcentajes de la fila **4**). Un dato más: en cada mes, el costo es el 40% de las ventas.

	A	B	C	D	E	F	G
1	Presupuesto de ventas						
2							
3			Enero	Febrero	Marzo	Abril	Total
4	Crecimiento			12%	10%	14%	
5							
6	Ventas		400				
7	Costo						
8	Margen						
9							

Figura 14. *Un presupuesto de ventas. Tenemos que definir fórmulas adecuadas en las celdas en blanco para calcular los valores que faltan.*

Comencemos calculando el costo en enero PASO A PASO

❶ Colocamos el cursor en **B7**.

❷ Escribimos **=0,4*B6**.

❸ Apretamos **ENTER**.

Efectivamente, 0,4 es lo mismo que 40%.

Ahora calculamos el margen PASO A PASO

❶ Colocamos el cursor en **B8**.

❷ Escribimos **=B6-B7**.

❸ Apretamos **ENTER**.

Obviamente, el margen se calcula por diferencia entre ventas y costo.

Las dos fórmulas que acabamos de definir para enero podemos extenderlas para el resto de los meses. Y también para el total: el costo total será el 40% de las ventas totales y el margen total será igual a ventas totales menos costo total.

Usamos el puntero de estirar PASO A PASO

❶ Seleccionamos, arrastrando el mouse, el rango **B7:B8** que contiene las fórmulas a extender.

❷ Apoyamos el puntero en la esquina inferior derecha del rango seleccionado, para que aparezca el puntero de estirar de la **Figura 15**.

COMA DECIMAL
Para escribir un número decimal usamos la coma o el punto, según la configuración regional de Windows.

EL PUNTERO DE ESTIRAR
Más sobre el uso del puntero en el Capítulo 8, El puntero: táctica y estrategia.

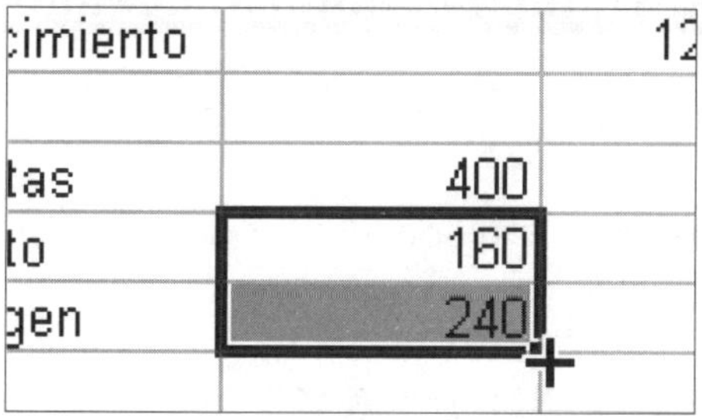

Figura 15. El puntero de estirar, a punto de extender las dos fórmulas de enero al resto de las columnas.

❸ Apretamos el botón del mouse y no lo soltamos.

❹ Movemos el puntero hasta la columna **F** (la del total).

❺ Soltamos el botón.

Con esto ya tenemos las fórmulas que calculan costo y margen en todos los meses (y en el total). Pero los valores que calculan no son correctos porque todavía no tenemos las ventas.

Cálculo del crecimiento

Vamos a escribir la fórmula que calcula las ventas de febrero sabiendo que crecen un 12% respecto de los 400 de enero:

Calculamos las ventas — PASO A PASO

❶ Colocamos el cursor en **C6** (ventas de febrero).

❷ Escribimos =B6+B6*C4.

❸ Apretamos **ENTER**.

La fórmula que acabamos de escribir suma dos valores:

- **B6** son las ventas iniciales.
- **B6*C4** es el crecimiento (el 12% de 400).

Es decir, las ventas de febrero son iguales a las de enero, más el crecimiento.

Extendemos esta fórmula como hicimos antes — PASO A PASO

❶ Colocamos el cursor en C6.

❷ Apoyamos el puntero en la esquina inferior derecha para obtener el puntero de estirar.

❸ Apretamos el botón del mouse y no lo soltamos.

❹ Movemos el puntero hasta la columna E (abril).

❺ Soltamos el botón.

Ahora solamente falta el total.

Usamos el botón Autosuma — PASO A PASO

❶ Seleccionamos, arrastrando el mouse, el rango A6:F6.

❷ Hacemos un clic en el botón de la **Figura 16**.

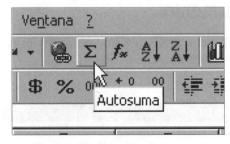

Figura 16. El botón Autosuma.

Listo. Luego de aplicar algunos formatos, la planilla deberá verse como en la **Figura 17**.

RANGO A SUMAR

El rango seleccionado para obtener el total incluye las celdas de los valores que se suman, más una celda en blanco para alojar el total.

USO DEL TECLADO

La combinación ALT+= equivale al botón Autosuma.

	A	B	C	D	E	F	G
1	**Presupuesto de ventas**						
2							
3		Enero	Febrero	Marzo	Abril	Total	
4	Crecimiento		12%	10%	14%		
5							
6	Ventas	$ 400,00	$ 448,00	$ 492,80	$ 561,79	$ 1.902,59	
7	Costo	$ 160,00	$ 179,20	$ 197,12	$ 224,72	$ 761,04	
8	Margen	$ 240,00	$ 268,80	$ 295,68	$ 337,08	$ 1.141,56	
9							
10							

Figura 17. El presupuesto de ventas, ya terminado.

Suficiente...

Éstos son unos cuantos ejemplos de planillas de mediana complejidad. El paso siguiente es aprender a mejorar la "pinta" de las planillas. De eso nos ocuparemos en el siguiente capítulo.

CAPÍTULO 3

La cosmética

En los capítulos anteriores nos ocupamos, principalmente, del contenido de una planilla: cómo funciona, qué datos tenemos que poner, qué información obtenemos, cómo hacemos los cálculos. Ahora nos vamos a ocupar del aspecto exterior de la planilla:

- Cómo cambiar el tipo de letra.
- Cómo acomodar mejor un título.
- Manejar los anchos de columna y alturas de fila.
- Aplicar sombreados sobre las celdas.

Y otras operaciones parecidas.

Algunas de estas opciones ya las vimos en las planillas de los primeros capítulos; acá vamos a ver más ejemplos. En el capítulo siguiente, explicamos sistemáticamente todas las opciones de cosmética.

Una planilla simple   67

El menú contextual   76

Copiar formatos   77

Servicio de Atención al Lector
(011) 4959-5000
lectores@tectimes.com

Una planilla simple

La **Figura 1** muestra una planilla como las que ya sabemos hacer (¿las sabemos hacer?). (En todo caso, repasen los dos primeros capítulos). La **Guía Visual 1** muestra la misma planilla, pero "más linda".

	A	B	C	D	E
1	Ferretería LEÓN				
2	Nonogasta 6457				
3					
4	Artículo	Cantidad	Precio	Total	
5	Tapas	12	5,25	63	
6	Aros	6	0,6	3,6	
7	Cajas	3	3,4	10,2	
8	Llaves	5	7	35	
9	TOTAL			111,8	
10					

Figura 1. Una planilla sencilla.

GUÍA VISUAL 1. Algunos efectos cosméticos

	A	B	C	D	E
1	*Ferretería LEÓN*				
2	Nonogasta 6457				
3					
4	Artículo	Cantidad	Precio	Total	
5	Tapas	12	$ 5,25	$ 63,00	
6	Aros	6	$ 0,60	$ 3,60	
7	Cajas	3	$ 3,40	$ 10,20	
8	Llaves	5	$ 7,00	$ 35,00	
9	TOTAL			$ 111,80	
10					

❶ Título más grande, en negrita y cursiva.
❷ Valores en formato monetario.
❸ Total con dos líneas por encima y por debajo.
❹ Encabezamientos más grandes, centrados, con bordes y sobre fondo gris.

La diferencia entre estas dos planillas se alcanza a través de diversas opciones "de cosmética". Ya vimos unas cuantas de estas opciones: alineación, tipografía, etc. Vamos a verlas de nuevo.

Aumentar el tamaño del título, ponerle efectos de negrita y cursiva — PASO A PASO

① Colocamos el cursor en la celda del título.

② Hacemos un clic sobre la flechita a la derecha del botón **Tamaño de fuente**. Se descuelga una lista de tamaños posibles.

③ Hacemos un clic sobre el valor 18.

④ Hacemos un clic sobre el botón **Negrita**.

⑤ Hacemos un clic sobre el botón **Cursiva**.

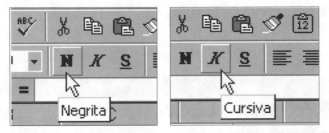

Figura 2. Los botones para aplicar estilos de negrita y de cursiva.

Poner los valores en formato monetario — PASO A PASO

① Seleccionamos, arrastrando el mouse, el rango con los precios y totales.

② Hacemos un clic sobre el botón **Estilo moneda**.

TAMAÑO ACTUAL
En el botón Tamaño de fuente, aparece el tamaño de letra de la celda actual.

PUNTOS
El tamaño de la letra se mide en Puntos. Hay 72 puntos en una pulgada (2,54 cm); 10 o 12 puntos es lo que se obtiene en una máquina de escribir.

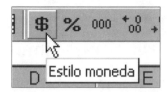

Figura 3. El botón `Estilo moneda`.

Aplicar un borde simple por encima del total y uno doble por debajo — PASO A PASO

① Colocamos el cursor sobre la celda del total.

② Hacemos un clic sobre el botón **Bordes**. Se descuelga una lista de combinaciones de líneas.

③ Hacemos un clic sobre el botón **Borde superior e inferior doble** (**Figura 4**).

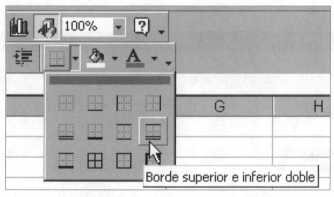

Figura 4. Distintas opciones para aplicar a una celda o rango de celdas.

Centrar un título – Una variante

La planilla de la **Figura 5** tiene su título centrado sobre todo el ancho de la misma. Conocemos la opción para centrar un dato dentro de su celda. Esto es algo diferente.

USO DEL TECLADO

La combinación CTRL+N aplica el efecto de Negrita. La combinación CTRL+K aplica el efecto de *cursiva* (o *itálica*).

CURSIVA

El efecto que acá llamamos cursiva se llama realmente itálica o bastardilla. Podemos obtener letra realmente con aspecto de cursiva cambiando el tipo de fuente. Por ejemplo, con la tipografía Brush Script.

	A	B	C	D
1	Primer cuatrimestre			
2				
3	Período	Ventas	Costo	Margen
4				
5	Enero	15000	11090	3910
6	Febrero	12500	13130	-630
7	Marzo	16000	7140	8860
8	Abril	19500	14650	4850
9				
10	Total	63000	46010	16990

Figura 5. *El título de esta planilla está centrado respecto de todo el ancho de la hoja.*

En primer lugar, el título debe estar escrito en la columna **A**. Es decir, en la primera columna de la planilla.

Centrar un título — PASO A PASO

❶ Seleccionamos las celdas **A1:D1**, rango respecto del cual queremos centrar el título.

❷ Tomamos las opciones **Formato/Celdas** y seleccionamos la ficha **Alineación**.

❸ Dentro de **Horizontal**, descolgamos las opciones y hacemos clic en **Centrar en la selección** (**Figura 6**).

❹ Hacemos un clic en **Aceptar**.

DEFINICIONES

RANGO

Cualquier conjunto rectangular de celdas.

DATOS ÚTILES

USO DEL TECLADO

La combinación CTRL+& aplica un borde todo alrededor de la celda actual.

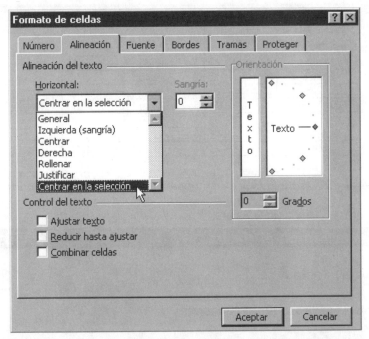

Figura 6. La ficha **Alineación**, dentro de las opciones **Formato/Celdas**. La opción señalada centra un título respecto de todo un rango seleccionado.

El nombre de la opción es descriptivo: centra el dato, no respecto de una celda, sino de un rango seleccionado.

Doble título

La celda A1 de la planilla de la **Figura 7** tiene otro efecto muy interesante para un título. Funciona muy bien en tablas de doble entrada. Vamos a ver cómo lograrlo.

COMBINAR CELDAS

No confundir la opción Centrar en de la selección con la opción Combinar celdas, que también aparece en la ficha Alineación.

	A	B	C	D	E
1	Auto / Destino	Bergantín	Di Tella 1500	Kaiser Carabela	
2	Morón	$ 13,20	$ 17,60	$ 26,40	
3	Ezeiza	$ 19,80	$ 26,40	$ 39,60	
4	La Plata	$ 34,20	$ 45,60	$ 68,40	
5	Fcio. Varela	$ 16,80	$ 22,40	$ 33,60	
6	Cañuelas	$ 39,60	$ 52,80	$ 79,20	
7	Luján	$ 41,40	$ 55,20	$ 82,80	
8	Lobos	$ 59,40	$ 79,20	$ 118,80	
9					

Figura 7. Un título muy elegante para una tabla de doble entrada.

Primero escribimos el título — PASO A PASO

❶ Escribimos la palabra **Auto**.

❷ Oprimimos la tecla ALT junto con ENTER.

❸ Escribimos **Destino**.

❹ Oprimimos ENTER.

La combinación Alt+Enter separa el título en dos renglones dentro de la misma fila.

Ahora obtenemos la línea diagonal — PASO A PASO

❶ Con el cursor en la celda del título, tomamos las opciones Formato/Celdas y seleccionamos la ficha Bordes.

❷ Indicamos una línea diagonal que baje de izquierda a derecha (**Figura 8**).

EJEMPLOS DE APLICACIÓN

Algunas de las planillas que aparecen en este libro presentan diversas aplicaciones de las opciones de formato. Queda para el lector el desafío de tratar de reproducir esos efectos.

Figura 8. *Para lograr la línea divisoria en el título de la **Figura 7** indicamos una línea diagonal que baja de izquierda a derecha.*

❸ Indicamos, también, `Contorno`.

❹ Hacemos clic en `Aceptar`.

Finalmente, tenemos que ajustar un poco el título (insertando algunos espacios antes de la palabra `Auto`) hasta que quede perfectamente acomodado. Esto se hace en la forma habitual: "editando" el contenido de la celda.

Títulos inclinados

Si un texto es demasiado largo podemos ensanchar la columna para hacerle lugar. Pero no siempre tenemos espacio para eso. Otra opción es acomodar los títulos como en la planilla de la **Figura 7**.

	A	B	C	D	E	F	G	H
1								
2			Enero	Febrero	Marzo	Abril	Mayo	
3		Alquiler	$350	$350	$350	$350	$350	
4		Expensas	$ 65	$ 65	$ 48	$ 60	$ 71	
5		Gastos	$228	$194	$256	$187	$231	
6								

Figura 9. *¿Cómo hicimos para que estos títulos aparezcan inclinados?*

Inclinar los títulos — PASO A PASO

① Seleccionamos, arrastrando el mouse, el rango de los títulos.

② Tomamos las opciones **Formato/Celdas**. Aparece un cuadro formado por distintas fichas.

③ Hacemos clic en la solapa correspondiente a la ficha **Alineación** (**Figura 10**).

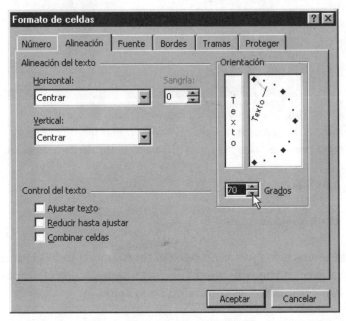

Figura 10. Esta ficha controla todas las opciones relacionadas con la alineación de los datos dentro de sus celdas. En particular, podemos disponer el dato en forma vertical u oblicua.

④ Dentro de **Orientación**, indicamos **70 grados**.

⑤ Hacemos un clic en **Aceptar**.

Con esto los títulos aparecerán inclinados como en la **Figura 9**. Ahora podemos angostar un poco las columnas.

Aprovechar el espacio aún mejor — PASO A PASO

① Apoyamos el puntero sobre el encabezamiento de la columna **C**, en la zona gris (**Figura 11**).

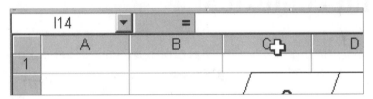

Figura 11. Haciendo un clic acá, se selecciona toda la columna.

❷ Hacemos un clic y mantenemos apretado el botón.

❸ Movemos el puntero hasta la columna G.

❹ Soltamos el botón del mouse.

❺ Tomamos las opciones `Formato/Columna/Ancho`. Aparece el cuadro de la **Figura 12**, donde podemos indicar el ancho.

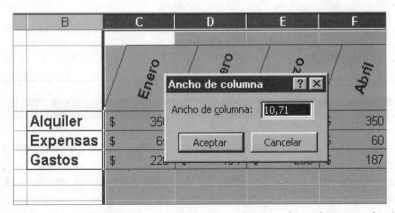

Figura 12. En este cuadro podemos indicar un ancho para las columnas seleccionadas.

❻ Escribimos un ancho adecuado. Por ejemplo, 6.

❼ Hacemos un clic en `Aceptar`.

ARRASTRAR EL MOUSE	USO DEL TECLADO
Mover el puntero por la pantalla, mientras mantenemos apretado el botón. Entre otras cosas, este movimiento sirve para seleccionar un rango.	También podemos seleccionar una columna apretando la combinación CONTROL+BARRA ESPACIADORA.

El menú contextual

A estas opciones de formato (y a muchas otras) podemos llegar por una vía que todavía no mencionamos: el **menú contextual**.

Por ejemplo, en la planilla de la **Figura 13** queremos insertar una columna entre la B y la C.
Hay un comando para eso en el menú (`Insertar/Columnas`). Éste es otro camino:

	A	B	C	D	E
1	*Presupuesto de ventas*				
2					
3		Enero	Marzo	Mayo	
4					
5	Ventas	$ 400,00	$ 450,00	$ 510,00	
6	Costo	$ 160,00	$ 180,00	$ 204,00	
7	Margen	$ 240,00	$ 270,00	$ 306,00	
8					
9					

Figura 13. Queremos insertar una columna entre la B y la C.

Otra variante para insertar columnas — PASO A PASO

1 Apoyamos el puntero del mouse sobre la columna C, en su borde superior.

2 Hacemos un clic pero usando el botón derecho del mouse. Aparece el menú de la **Figura 14**.

3 Tomamos la opción `Insertar`.

MENÚ CONTEXTUAL

El menú de la Figura 14 se llama contextual porque muestra distintas opciones según donde apoyemos el puntero en el momento de hacer el clic; es decir: depende del contexto. Es una vía generalmente más directa que el menú principal.

USO DEL TECLADO

También podemos insertar una columna seleccionando con la combinación CONTROL+BARRA ESPACIADORA y apretando luego la combinación CONTROL+.

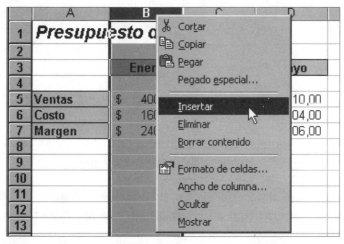

Figura 14. El menú contextual. Aparece al hacer un clic con el botón derecho del mouse.

Este procedimiento es equivalente al uso de la opción **Insertar/Columnas**. ¿Es mejor? ¿Es más rápido? No lo sabemos, pero es otra opción, a disposición del que quiera usarla.

Copiar formatos

Un problema muy común consiste en aplicar en una celda o rango de celdas el formato de otra u otro. Es lo que se llama **copiar formatos**. El procedimiento es muy simple:

Copiar formatos — PASO A PASO

❶ Seleccionamos el rango cuyo formato se quiera aplicar en otro.

❷ Hacemos un clic en el botón **Copiar formato** (**Figura 15**). El puntero adoptará la forma de un pincel (**Figura 16**).

❸ Seleccionar el rango al que se le quiera aplicar el formato.

*Figura 15. El botón **Copiar formato**.*

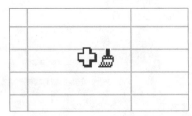

Figura 16. El pincel indica que el puntero tiene "adherido" un formato que puede aplicarse a otro rango.

Podemos pensar que, al hacer el clic en el botón de la **Figura 15**, el formato queda "adherido" al puntero. Cuando seleccionamos el segundo rango "soltamos" el formato sobre él.

Una vez seleccionado el segundo rango y aplicado el formato, el puntero recupera su forma habitual y "pierde" el formato que llevaba. Si necesitamos aplicar el mismo formato varias veces, sobre distintos rangos, hay que hacer que el puntero retenga el formato tras cada aplicación. Esto se logra haciendo doble clic sobre el botón `Copiar formato`, luego de seleccionado el rango original.

Todas las opciones de formato
Así se llama el próximo capítulo. Ahí mostramos todas las opciones de esta familia.

COPIAS MÚLTIPLES
Si queremos aplicar un formato varias veces, hacemos doble clic en el botón de la Figura 15. El formato se aplicará a cada celda donde hagamos un clic. Al terminar, apretamos la tecla `Escape`.

COPIAR FORMATOS CON EL PUNTERO
En el Capítulo 8, El puntero: táctica y estrategia, se explican otras formas de copiar formatos de una celda a la otra.

CAPÍTULO 4

Todas las opciones de formato

En el capítulo anterior vimos distintos ejemplos de aplicación de las opciones de cosmética. En este capítulo vamos a explorar sistemáticamente todas las opciones que ofrece Excel en esta materia:

- Opciones de formato de celdas: tipografía, colores, formatos numéricos, alineación, bordes.
- Ancho de columnas y altura de filas.
- Inserción de filas y columnas.
- Eliminación de filas y columnas.
- Ocultar y mostrar filas y columnas.

Muchas de estas opciones ya las vimos en el capítulo anterior.

El menú Formato/Celdas	81
Los formatos personalizados	87
Eliminar un formato personalizado	89
Hojas ilustradas	89
Opciones para el manejo de filas y columnas	91
Sobre ancho y alto automáticos	95
Inserción de filas y columnas	96
Insertar rangos	97
Supresión de filas y columnas	99
Ocultar filas o columnas	100
Esto es todo	100

El menú Formato/Celdas

Al margen de los muchos casos específicos que vimos en el capítulo anterior hay un procedimiento general para establecer las opciones de cosmética sobre una celda o rango de celdas:

Establecer los formatos de las celdas — PASO A PASO

❶ Seleccionamos la celda o el rango de celdas donde queremos aplicar la opción.

❷ Tomamos las opciones **Formato/Celdas**. Aparece un menú formado por varias fichas. Cada ficha controla un grupo especial de opciones.

❸ Seleccionamos la ficha que contenga las opciones que nos interesen.

❹ Establecemos las opciones elegidas.

❺ Hacemos un clic en **Aceptar**.

Veamos qué ofrece cada una de las fichas del menú **Formato/Celdas**.

FORMATOS PERSONALIZADOS

Seleccionando la categoría Personalizada podemos crear nuevos formatos. Lo explicamos más adelante.

GUÍA VISUAL 1. El formato de los números

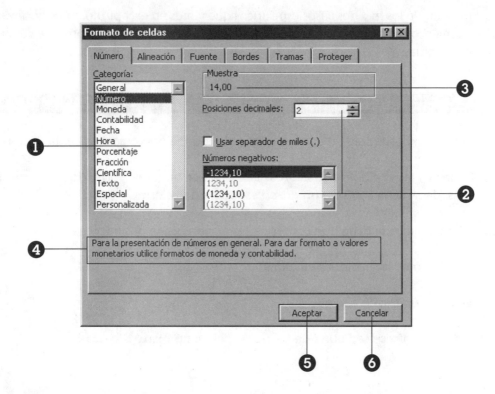

❶ Los distintos formatos aparecen separados en **Categorías**.
❷ Según el formato seleccionado podemos indicar otras opciones, como la cantidad de decimales.
❸ Acá aparece un avance de cómo se verá el valor de la celda actual con el formato seleccionado.
❹ Aquí aparece una breve descripción de la categoría seleccionada.
❺ Haciendo un clic en **Aceptar** se asigna el formato elegido al rango seleccionado.
❻ Haciendo un clic en **Cancelar** se dejan sin efecto los cambios de formato realizados.

FORMATOS PERSONALIZADOS

Seleccionando la categoría Personalizada podemos crear nuevos formatos. Lo explicamos más adelante.

El menú Formato/Celdas

GUÍA VISUAL 2. Las opciones de alineación

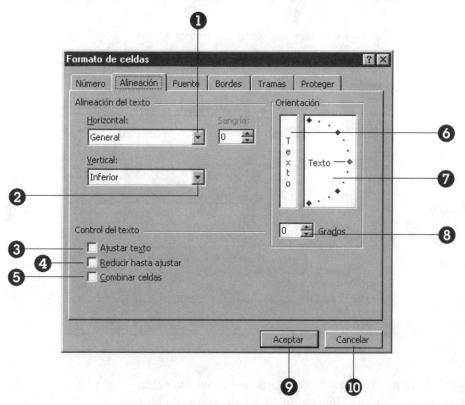

❶ Con un clic acá, descolgamos una lista de opciones para la alineación horizontal.
❷ Con un clic acá, descolgamos una lista de opciones para la alineación vertical. Permite alinear el dato a lo alto de la celda.
❸ Marcando esta opción, la celda se abre en tantos renglones como sean necesarios para acomodar un dato demasiado largo.
❹ Marcando esta opción, el tamaño de la letra se reduce hasta entrar en la celda.
❺ Marcando esta opción, las celdas seleccionadas se unen en una sola.
❻ Con esta opción, el dato queda dispuesto en forma vertical.
❼ Moviendo esta flecha podemos especificar la inclinación del dato dentro de la celda.
❽ También podemos especificar la inclinación indicando directamente el valor en grados.
❾ Haciendo un clic en **Aceptar** se asigna el formato elegido al rango seleccionado.
❿ Haciendo un clic en **Cancelar** se dejan sin efecto los cambios de formato realizados.

USO DEL TECLADO

Las fichas correspondientes a Formato/Celdas aparecen también apretando la combinación CONTROL+1 (el número 1).

COMBINAR CELDAS

En muchos casos, es preferible usar la opción Centrar en la selección en vez de Combinar celdas. Más adelante hay algún ejemplo.

GUÍA VISUAL 3. La tipografía

❶ Acá podemos seleccionar el tipo de letra para la celda.
❷ Dentro de la tipografía podemos aplicar distintos efectos.
❸ Acá indicamos el tamaño de la letra, medida en Puntos. Hay 72 puntos en una pulgada (2,54 cm).
❹ Haciendo un clic acá, descolgamos una lista de opciones para el subrayado.
❺ Haciendo un clic acá, descolgamos una paleta de colores para las letras. La opción **Automático** establece el color estándar.
❻ Marcando esta opción restablecemos los estilos normales.
❼ Esta opción aplica efecto de tachado.
❽ Esta opción aplica efecto de subíndice.
❾ Esta opción aplica efecto de superíndice.
❿ Aquí aparece el aspecto de la letra según las opciones seleccionadas.
⓫ Haciendo un clic en **Aceptar** se asigna el formato elegido al rango seleccionado.
⓬ Haciendo un clic en **Cancelar** se dejan sin efecto los cambios de formato realizados.

FUENTE
Proviene de la traducción de la palabra inglesa Font, que se usa para designar el tipo de letra.

TIPOGRAFÍAS MÁS USADAS
Son Times New Roman (más elegante) y Arial (más sencilla y legible).

GUÍA VISUAL 4. Los bordes

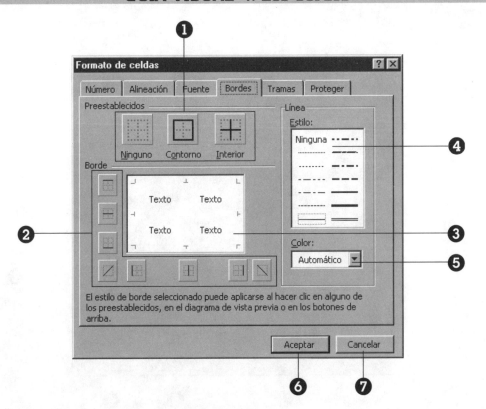

❶ Los estilos Preestablecidos nos dan tres opciones estándares para el borde: sin borde, alrededor del rango, alrededor de las celdas interiores del rango; es dedir, respectivamente: **Ninguna**, **Contorno**, **Interior**.
❷ Con estos botones podemos aplicar o eliminar ciertas líneas en el rango.
❸ Acá vemos el aspecto del rango seleccionado con los bordes elegidos.
❹ Esta es la lista de tipos de línea disponibles.
❺ Haciendo un clic acá, descolgamos una paleta de colores para las líneas. La opción **Automático** establece el color estándar.
❻ Haciendo un clic en **Aceptar** se asigna el formato elegido al rango seleccionado.
❼ Haciendo un clic en **Cancelar** se dejan sin efecto los cambios de formato realizados.

LA GRILLA

Las líneas que apliquemos con las opciones de la ficha Bordes se agregan a la grilla natural de la planilla. Esta la podemos suprimir tomando las opciones Herramientas/Opciones/Ver y desmarcando la opción Líneas de división.

USO DEL TECLADO

La combinación CONTROL+& aplica un borde todo alrededor de la celda actual.

GUÍA VISUAL 5. El relleno de las celdas

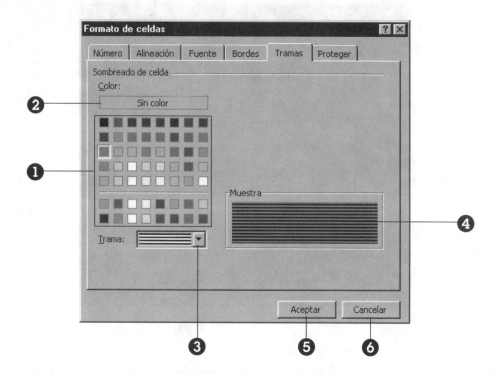

❶ Esta paleta contiene los colores disponibles.
❷ La opción **Sin color** elimina el relleno.
❸ Haciendo un clic acá, descolgamos una paleta con distintas opciones de rayado: vertical, en diagonal, cuadriculado, etc.
❹ Aquí podemos ver el aspecto del relleno establecido hasta el momento.
❺ Haciendo un clic en **Aceptar** se asigna el formato elegido al rango seleccionado.
❻ Haciendo un clic en **Cancelar** se dejan sin efecto los cambios de formato realizados.

Estas son todas las fichas de **Formato/Celdas**. Antes de ver otras opciones, veamos qué es eso de los formatos personalizados.

APLICAR UN FONDO

Con la opción Formato/Hoja/Fondo podemos aplicar una ilustración como foindo para toda la planilla.

PROTECCIÓN

La ficha Proteger aparece junto con las demás opciones de formato, pero no tiene nada que ver con el aspecto de las celdas.

Los formatos personalizados

Habíamos dicho que los formatos numéricos se dividían en distintas categorías. Una de esas categorías se llama **Personalizada** y nos permite definir nuevos formatos.

Por ejemplo, en la planilla de la **Figura 1**, los valores de la columna B aparecen acompañados del símbolo **kg**. Se trata, justamente, de un formato personalizado.

	A	B	C
1	Apellido y nombre	Peso	
2	AVELEYRA, Ángel	56,750 kg	
3	GRATTON, Carlos	84,100 kg	
4	RICCIARDI, Luis	72,300 kg	
5	CALDERON, César	53,000 kg	
6	REVUELTO, Julio	62,250 kg	
7	VEGA, Aldo	91,000 kg	
8			

Figura 1. *A los valores de la columna **B** se les aplicó un formato personalizado para que aparezca el símbolo **kg**.*

Crear un formato personalizado — PASO A PASO

❶ Seleccionamos las celdas donde queremos aplicar el formato.

❷ Tomamos las opciones **Formato/Celdas** y seleccionamos la ficha **Número**.

❸ Dentro de **Categoría** hacemos un clic en **Personalizada**.

❹ Dentro de **Tipo**, escribimos # kg.

❺ Hacemos un clic en **Aceptar**.

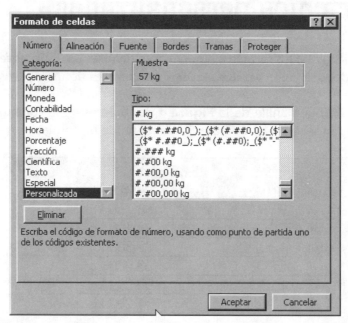

Figura 2. El tipo a especificar para el formato personalizado de la *Figura 1*.

Ahora el símbolo kg aparecerá junto a los valores. Podemos cambiar la cantidad de decimales actuando sobre los botones de la **Figura 3**.

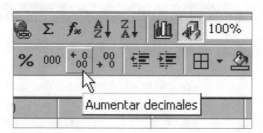

Figura 3. Los botones para aumentar o disminuir la cantidad de decimales en el rango seleccionado.

Lo que escribimos dentro de Tipo es el **código** del formato. Los símbolos # representan posiciones numéricas. En este caso estamos especificando parte entera (a la izquierda de la coma) con dos decimales, todo acompañado del símbolo del kilogramo.

ALCANCE DE LOS FORMATOS PERSONALIZADOS

Los formatos personalizados solamente valen para la planilla donde fueron definidos.

Eliminar un formato personalizado

Si nos arrepentimos de haber definido uno de estos formatos, simplemente lo cambiamos por otro. Pero también lo podemos eliminar.

Eliminar un formato personalizado — PASO A PASO

❶ Tomamos las opciones **Formato/Celdas** y seleccionamos la ficha **Número**.

❷ Dentro de **Categoría** hacemos un clic en **Personalizada**.

❸ Buscamos el formato a eliminar dentro de la lista de la derecha y lo seleccionamos con un clic.

❹ Hacemos un clic en **Eliminar**.

❺ Hacemos un clic en **Aceptar**.

Con esto, el formato quedará eliminado y desaparecerá de todas las celdas donde lo hayamos usado.

Hojas ilustradas

La planilla de la **Figura 4** tiene un "relleno" aplicado a toda la hoja. Podría entenderse como un caso especial de relleno de celdas, pero se obtiene por otro camino:

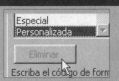

ELIMINAR

Si el botón **Eliminar** no aparece o está atenuado (más clarito) es porque el formato seleccionado no puede eliminarse.

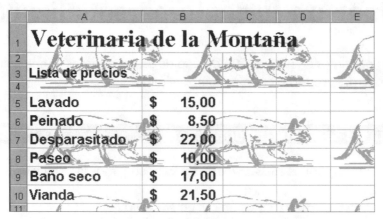

Figura 4. Un fondo aplicado a toda la hoja.

Aplicar un fondo a la planilla PASO A PASO

❶ Tomamos las opciones **Formato/Hoja/Fondo**. Aparece un cuadro como el que se usa para abrir un archivo (**Figura 5**).

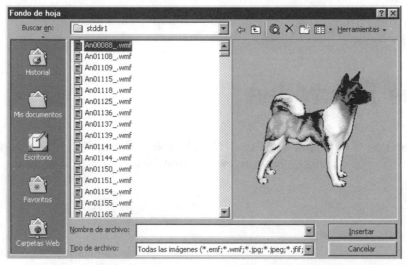

Figura 5. En este cuadro buscamos la imagen más adecuada para aplicar como fondo sobre nuestra planilla.

FONDO

Hay que elegir con mucho cuidado la ilustración de fondo. Es muy probable que impida ver lo que hay en la planilla.

TAMAÑO DE LA PLANILLA

El fondo ocupa mucho lugar. Según la imagen elegida, el tamaño de la planilla puede aumentar en varias decenas de kilobytes.

❷ Navegamos en este cuadro hasta localizar el archivo que contenga la imagen deseada.

❸ Hacemos un clic en la imagen elegida.

❹ Hacemos un clic en **Aceptar**.

Si no nos gusta el fondo lo podemos eliminar con las opciones **Formato/Hoja/Eliminar Fondo**.

Opciones para el manejo de filas y columnas

Lo que vimos hasta hora en este capítulo trata del formato de las celdas o rangos de celdas. Hay otro grupo de opciones relacionadas con el formato de columnas y filas completas.

Ancho de columnas

Otra forma de actuar sobre el aspecto de una planilla es ajustar el ancho de las columnas. Por ejemplo, en la planilla de la **Figura 6**, podemos ensanchar la columna **A** para poder ver bien los nombres y apellidos. Para eso:

	A	B	C
1	Alumno	Ingreso	
2	AVELEYRA,	12/12/1999	
3	GRATTON, C	21/12/1999	
4	RICCIARDI, S	08/01/2000	
5	CALDERON,	20/02/2000	
6	REVUELTO,	15/04/2000	
7	QUEL, Maria	12/05/2000	
8	LOPEZ, Liliar	30/06/2000	
9	CASTRO, En	22/07/2000	
10			

Figura 6. Los datos de la columna **A** son demasiado largos. Para poder verlos bien tenemos que ensanchar la columna.

Ajustar el ancho de las columnas   PASO A PASO

❶ Nos paramos en cualquier celda de la columna cuyo ancho vamos a cambiar. Por ejemplo, hacemos un clic en **A3**.

❷ Tomamos las opciones **Formato/Columna/Ancho**. Aparece el cuadro de la **Figura 7**.

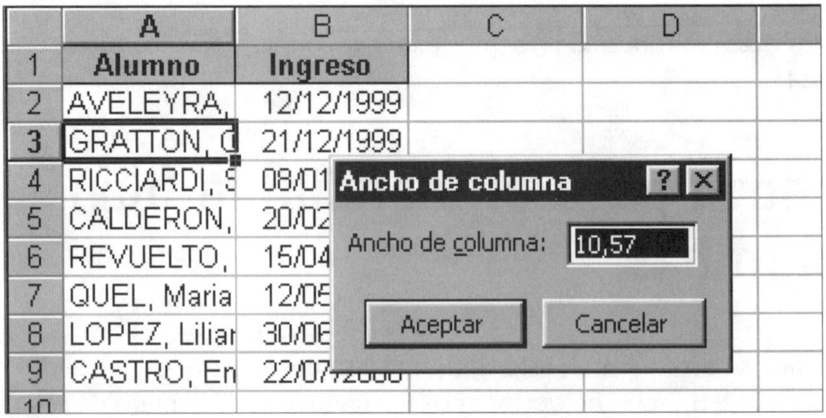

Figura 7. Acá escribimos el nuevo ancho para la columna.

❸ Escribimos **20** (el valor del nuevo ancho).

❹ Hacemos un clic en **Aceptar**.

Con este procedimiento se ensancha la columna **A**, porque es la columna donde se encuentra el cursor. Podemos establecer el ancho de varias columnas a la vez si, previamente, las seleccionamos.

Otras opciones de ancho para el ancho de columna

En el menú correspondiente a las opciones de columna (**Figura 8**) aparecen otras opciones. Hay dos especialmente interesantes:

ANCHO

El valor especificado para el ancho de las columnas se mide en caracteres. 20 unidades representa el ancho necesario para datos de hasta veinte letras aproximadamente.

Opciones para el manejo de filas y columnas

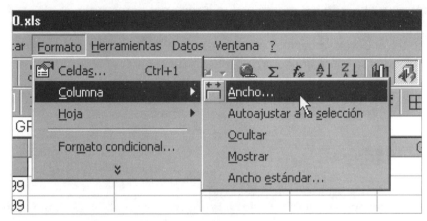

Figura 8. *Distintas opciones para las columnas.*

- **Autoajustar a la selección**: Excel asigna automáticamente el ancho necesario para visualizar todos los datos de esa columna; o sea, elige el ancho del dato más largo de la columna. A esta opción también se la llama **Ancho automático**.
- **Ancho estándar**: establece el ancho estándar para todas las columnas de la planilla.

Cambiar el ancho con el mouse — PASO A PASO

① Llevamos el puntero a la parte superior de la columna, en la zona gris, sobre la separación entre esa columna y la siguiente. El puntero cambia de forma y se convierte en una doble fecha, como se ve en la **Figura 9**.

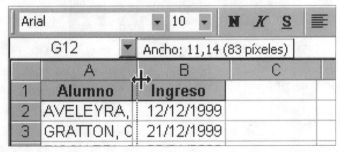

Figura 9. *El puntero para cambiar el ancho de una columna. Aparece cuando apoyamos el puntero sobre la separación entre columnas, en el encabezado de la planilla (la zona gris).*

ANCHO AUTOMÁTICO CON EL MOUSE

Podemos establecer rápidamente el ancho mínimo necesario para una columna haciendo doble clic con el puntero de la Figura 9.

② Apretamos el botón del mouse y lo mantenemos apretado.

③ Sin soltar el botón, movemos el puntero hacia la derecha (para ensanchar) o hacia la izquierda (para angostar).

④ Cuando tenemos la columna con el ancho adecuado, soltamos el botón.

Altura de filas

Así como podemos cambiar el ancho a las columnas, también podemos cambiar la altura a las filas. El procedimiento es muy similar:

Cambiar las alturas de las filas — PASO A PASO

① Hacemos un clic en cualquier celda de la fila cuya altura se quiera cambiar.

② Tomamos las opciones **Formato/Fila/Alto**. Aparece el cuadro de la **Figura 10**.

Figura 10. Acá escribimos el nuevo alto para la fila.

③ En este cuadro escribimos 15 (o el valor que le queramos asignar al alto).

④ Hacemos un clic en **Aceptar**.

VARIOS RENGLONES POR FILA

Cuando estamos escribiendo un dato muy largo podemos apretar la combinación ALT+ENTER para abrir la fila en dos renglones. El efecto es similar a Ajustar texto de las opciones de Alineación. Ver el ejemplo del capítulo anterior.

| Cambiar las alturas con el mouse | PASO A PASO |

① Llevamos el puntero a la parte izquierda de la fila, en la zona gris, sobre la separación entre esa fila y la siguiente. El puntero cambia de forma y se convierte en una doble fecha. Como se ve en la **Figura 11**.

Figura 11. El puntero para cambiar la altura de una fila. Apoyado en este punto, permite cambiar la altura de la fila **7** (la superior).

② Apretamos el botón del mouse y lo mantenemos apretado.

③ Sin soltar el botón, movemos el puntero hacia abajo (para aumentar la altura) o hacia arriba (para reducirla).

④ Cuando tenemos la fila con la altura adecuada, soltamos el botón.

Sobre ancho y alto automáticos

Hay una diferencia muy importante a tener en cuenta cuando manejamos el ancho de las columnas y la altura de las filas.

Las filas tienen **alto automático**: cuando agrandamos la letra, o usamos la opción de ajustar texto, la altura cambia para hacer lugar para los datos. Pero cuando usamos alguno de los comandos para ajustar el alto a voluntad, se pierde la "automaticidad": la fila conserva el alto indicado, independientemente de los datos que contenga.

Para restituir la automaticidad del alto de filas hay dos opciones:

> **ALTO**
> El valor adecuado para la altura de las filas es un poco mayor al tamaño de la letra. Para letra tamaño 10, corresponde un alto de 12,57.

- Tomamos las opciones **Formato/Fila/Ajustar a la selección**.
- Apoyamos el puntero en la separación entre filas de modo de obtener la doble flecha de la **Figura 16** y hacemos doble clic.

Inserción de filas y columnas

A las filas y columnas le podemos cambiar el tamaño. Pero también podemos insertar nuevas. Por ejemplo, en la planilla de la **Figura 12** queremos insertar una columna entre la **C** y la **D**. Entonces:

	A	B	C	D	E
1	*Presupuesto de ventas*				
2					
3		Enero	Marzo	Mayo	
4					
5	Ventas	$ 400,00	$ 450,00	$ 510,00	
6	Costo	$ 160,00	$ 180,00	$ 204,00	
7	Margen	$ 240,00	$ 270,00	$ 306,00	
8					

Figura 12. *En esta planilla vamos a insertar una columna entre la **C** y la **D**.*

Insertar una columna — PASO A PASO

❶ Colocamos el cursor cualquier celda de la columna **D**. Las columnas se insertan a la izquierda de la columna actual.

❷ Tomamos las opciones **Insertar/Columnas**. La planilla se abre, haciendo lugar a la nueva columna.

Si fuera el caso de insertar una fila, el procedimiento es similar.

REFERENCIAS TRAS LA INSERCIÓN

Al hacer la inserción, toda fórmula que hubiera en la planilla ajusta sus referencias de modo de mantener los cálculos inalterables. Esto ocurre independientemente de que haya referencias relativas o absolutas (el tema de los signos $). Siempre Excel hace las cosas "como es debido".

Insertar una fila — PASO A PASO

1. Colocamos el cursor cualquier celda de la fila donde se hará la inserción. Las filas se insertan por encima de la fila actual.

2. Tomamos las opciones **Insertar/Filas**. La planilla se abre, haciendo lugar a la nueva columna.

Insertar rangos

Recién vimos cómo insertar filas o columnas completas. También podemos insertar un rango de celdas. Eso es lo que se hizo, por ejemplo, en la planilla de la **Figura 13**. En seguida lo explicamos:

	A	B	C	D	E
1	*Presupuesto de ventas*				
2					
3		Enero	Marzo	Mayo	
4					
5	Ventas			$ 510,00	
6	Costo			$ 204,00	
7	Margen	$ 400,00	$ 450,00	$ 306,00	
8		$ 160,00	$ 180,00		
9		$ 240,00	$ 270,00		
10					

*Figura 13. El efecto de insertar el rango **B5:C6** en la planilla de la **Figura 12**, desplazando las celdas hacia abajo.*

Insertar un rango de celdas — PASO A PASO

1. Seleccionamos el rango que queremos insertar.

2. Tomamos las opciones **Insertar/Celdas**. Aparece el cuadro de la **Figura 14**.

LA BIBLIA DE EXCEL

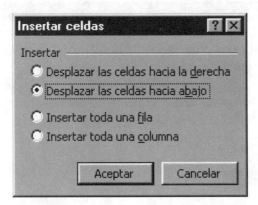

Figura 14. Las opciones de `Insertar/Celdas`.

❸ Marcamos la opción `Desplazar las celdas hacia abajo`.

❹ Hacemos un clic en `Aceptar`.

¿Cómo se entienden las distintas opciones del cuadro de la **Figura 14** Las dos últimas están más o menos claras y son equivalentes a lo que ya sabíamos: permiten insertar columnas o filas enteras.

Pero en el caso de insertar solamente un rango, el resto de la columna (o la fila) deberá desplazarse hacia la derecha (o hacia abajo) para hacer lugar a las nuevas celdas. Para esto se usan las dos primeras opciones. El ejemplo visto es el de desplazar las celdas hacia abajo. La **Figura 15** muestra el resultado de la inserción de un rango de celdas desplazando las celdas hacia la derecha.

	A	B	C	D	E	F
1	*Presupuesto de ventas*					
2						
3		Enero	Marzo	Mayo		
4						
5	Ventas			$ 400,00	$ 450,00	$ 510,00
6	Costo			$ 160,00	$ 180,00	$ 204,00
7	Margen	$ 240,00	$ 270,00	$ 306,00		
8						

Figura 15. El efecto de insertar el rango **B5:C6** en la planilla de la **Figura 12**, desplazando las celdas hacia la derecha.

INSERCIÓN RÁPIDA
Podemos obtener el cuadro con las opciones de inserción de filas, columnas o rangos oprimiendo la combinación CONTROL + (el signo más).

IMPRESIÓN DE DATOS OCULTOS
Los datos de filas o columnas ocultas no aparecen al imprimir la planilla.

Para insertar varias filas o columnas se pinta previamente un bloque con varias filas o columnas. En el ejemplo de las **Figuras 13** y **15**, pintando el rango `B5:C6` podemos insertar dos columnas, dos filas, o un rango de dos columnas de ancho y dos filas de alto.

Supresión de filas y columnas

Si podemos insertar filas, columnas o rangos también podemos suprimirlos. Es algo muy parecido al anterior:

Eliminar filas y columnas — PASO A PASO

1 Colocamos el cursor en cualquier celda de la fila a eliminar.

2 Tomar las opciones `Edición/Eliminar`. Aparece el cuadro de la **Figura 16**.

3 Marcamos `Eliminar toda la fila`.

4 Hacemos un clic en `Aceptar`.

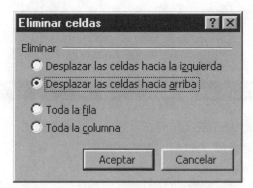

Figura 16. *Las opciones de* `Edición/Eliminar Celdas`*.*

Las opciones del cuadro de la **Figura 16** son muy parecidas a las del cuadro de la **Figura 14**: las dos últimas opciones permiten eliminar toda una fila o toda una columna. Pero, de nuevo, podríamos eliminar solamente un rango. En este caso el res-

SUPRESIÓN RÁPIDA

Podemos obtener el cuadro con las opciones de supresión de filas, columnas o rangos oprimiendo la combinación CONTROL- (el signo menos).

EL CAMINO DEL ARREPENTIMIENTO

Eliminar una fila o una columna no es solamente una cuestión de estética; podríamos perder datos. Si metemos la pata, es posible dar marcha atrás con las opciones Edición/Deshacer o apretando la combinación CONTROL+Z.

to de la columna (o la fila) deberá desplazarse hacia la izquierda (o hacia arriba) ocupando el hueco que dejan las celdas eliminadas. Para esto se usan las dos primeras opciones del cuadro de la **Figura 16**.

Ocultar filas o columnas

A veces queremos eliminar una columna para que no se vea, pero conservando los datos. Esto se llama "ocultar" la columna. El procedimiento es el siguiente:

| Ocultar una columna | PASO A PASO |

❶ Colocamos el cursor sobre cualquier celda de la columna a ocultar.

❷ Tomamos las opciones `Formato/Columna/Ocultar`.

Con esto desaparece la columna actual. Pero los datos que contiene siguen estando; la columna solamente está oculta. Y podemos volver a sacarla a la luz.

La historia debería comenzar con "seleccionamos la columna a mostrar". Pero ¿cómo la seleccionamos, si está oculta? Bien, supongamos que la columna **D** está oculta:

| Volver a mostrar la columna | PASO A PASO |

❶ Seleccionamos, arrastrando el mouse, el rango `C1:E1`. De esta forma, inevitablemente, la columna D quedará incluida en la selección.

❷ Tomamos las opciones `Formato/Columna/Mostrar`.

El manejo de las filas es similar: usamos `Formato/Fila/Ocultar` y `Formato/Fila/Mostrar`, según el caso.

Esto es todo

Y éstas fueron todas las opciones que ofrece Excel para mejorar el aspecto de una planilla. Puede ser una buena idea volver a leer el capítulo anterior para entender mejor cómo se aplican.

CAPÍTULO 5

Imprimir la planilla

Éste es uno de los capítulos más fáciles de este libro. Por lo pronto, se trata de conocer solamente tres grupos de opciones:

- Obtener la "vista preliminar".
- Cambiar las opciones de formato de página.
- Efectuar la impresión propiamente dicha.

El procedimiento de impresión es más o menos el mismo, cualquiera sea la planilla que se imprima; de modo que podemos abrir cualquier planilla que tengamos a mano y comenzar.

La vista preliminar	103
Ajustes en la impresión	105
Opciones de página	105
Márgenes	106
Encabezados y pies de página	107
Opciones de hoja	109
El menú de impresión	110
Resumiendo...	111
Algunas tareas interesantes	112
Personalizar los encabezados y pies de página	114
Establecer el rango de impresión	116
Imprimir rangos irregulares	117
Máximo aprovechamiento de la hoja	118
Suficiente con esto	120

Servicio de Atención al Lector
(011) 4959-5000
lectores@tectimes.com

La vista preliminar

En principio, para imprimir una planilla basta hacer un clic en el botón de la **Figura 1**: todo lo que tengamos en la hoja actual comenzará a aparecer en el papel.

Figura 1. Con un clic en este botón imprimimos inmediatamente la planilla actual.

Es muy probable que, con la hoja impresa en la mano, descubramos algún detalle que no nos guste. Por ejemplo, que haya que cambiar los márgenes. Hacemos los cambios correspondientes y volvemos a imprimir. Entonces nos damos cuenta que la planilla quedaría mejor si la imprimiéramos en forma apaisada. Cambiamos esto, imprimimos y descubrimos otro problema. Y así sucesivamente hasta que terminamos con una hoja impresa en la mano y cincuenta papeles arrugados en el cesto.

Para ahorrar tiempo (y ayudar a la conservación de los bosques) podemos pedirle a Excel que nos muestre en la pantalla una "foto" de lo que vamos a obtener más tarde en el papel. Esta foto es lo que se llama la `Vista preliminar`. Ahí podremos ver el aspecto de la hoja impresa sin tener que esperar a la impresora ni gastar tanto papel.

Para obtener la vista preliminar tomamos las opciones `Archivo/Vista preliminar`. Aparecerá una ventana como la de la **Guía Visual 1**.

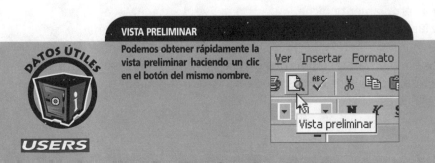

VISTA PRELIMINAR

Podemos obtener rápidamente la vista preliminar haciendo un clic en el botón del mismo nombre.

GUÍA VISUAL 1. La vista preliminar

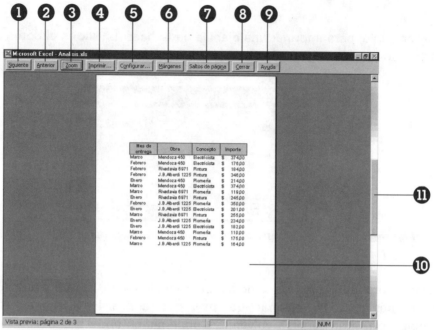

❶ Siguiente. Pasa a la siguiente página de la impresión. Si este botón está atenuado, es porque ya estamos en la última página de la impresión.
❷ Anterior. Pasar a la página anterior de la impresión. Si este botón está atenuado, es porque ya estamos en la primera página de la impresión.
❸ Zoom. La vista preliminar tiene dos niveles de zoom: página completa o tamaño normal. Este botón cambia entre los dos niveles "acercando" o "alejando" la impresión.
❹ Imprimir. Muestra el menú de impresión.
❺ Configurar. Muestra el menú de configuración de página.
❻ Márgenes. Hace aparecer topes móviles con los cuales ajustar las posición de los márgenes y los anchos de columna.
❼ Saltos de página. Pasa a una pantalla especial desde donde se pueden ajustar a mano los cortes de página.
❽ Cerrar. Sale de la presentación preliminar.
❾ Ayuda. Conduce al programa de ayuda.
❿ Vista preliminar propiamente dicha.
⓫ Barra de desplazamiento para moverse a lo largo de la vista preliminar.

Si lo que vemos en la vista preliminar nos parece bien, podemos proceder a la impresión propiamente dicha. Pero lo más probable es que tengamos que hacer algunos ajustes.

Ajustes en la impresión

Con la vista preliminar ante los ojos, decidimos hacer algunos ajustes: cambiar márgenes, incluir un pie de página, optar por la impresión apaisada. Todo esto lo hacemos a través de las opciones de configuración de página. Tomamos entonces las opciones **Archivo/Configurar página**. Aparece un menú formado por cuatro fichas. Cada una de estas fichas controla un grupo especial de opciones relacionadas con el aspecto de la hoja impresa. Veamos cada ficha por separado.

Opciones de página

Esta ficha controla opciones globales tales como el tamaño de la hoja o la orientación. Las opciones completas aparecen en la **Guía Visual 2**.

GUÍA VISUAL 2. Las opciones de página

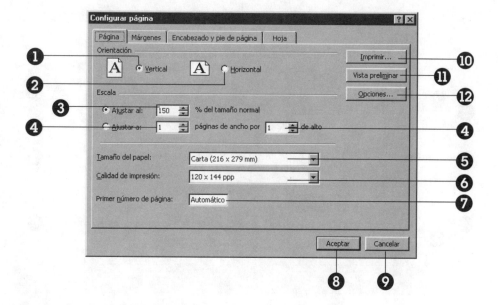

❶ Marcando la opción **Vertical** obtenemos la orientación normal.
❷ Marcando la opción **Horizontal** obtenemos una impresión con orientación apaisada.
❸ En esta opción indicamos el factor de escala. Indicando un factor superior al 100% obtenemos una impresión de tamaño mayor al normal. Indicando un factor inferior al 100% obtenemos una impresión de tamaño menor al normal.
❹ En estas dos opciones podemos determinar la cantidad de páginas que insumirá la impresión. Excel se encargará de calcular el factor de escala necesario.

❺ En esta lista descolgable elegimos el tamaño de la hoja.
❻ En esta lista descolgable elegimos la calidad de impresión, en puntos por pulgada.
❼ En el caso de numerar las páginas, indicamos el valor con el que se inicia la numeración.
❽ Haciendo un clic en `Aceptar` se aceptan todas las opciones indicadas.
❾ Haciendo un clic en `Cancelar` se anulan todas las opciones modificadas en este menú.
❿ Este botón conduce al menú de impresión.
⓫ Este botón conduce a la vista preliminar.
⓬ Este botón conduce a las propiedades de configuración de la impresora.

Márgenes

Además de controlar los márgenes, en esta ficha se puede centrar la impresión dentro de la hoja, a lo ancho y/o a lo alto. Las opciones completas son:

GUÍA VISUAL 3. Márgenes

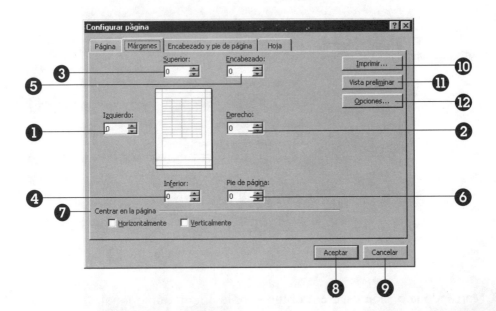

DE UN MENÚ A OTRO

En el cuadro de opciones de `Configurar página` pueden aparecer los botones `Vista preliminar` e `Imprimir` para pasar rápidamente a otro menú. Que aparezcan o no depende de si hemos llegado a esas opciones.

MÁRGENES

Hay que tener cuidado con el botón `Márgenes`. Modificar manualmente los anchos de columna puede hacer que nuestra planilla pierda prolijidad.

❶ **Margen izquierdo**. Desde el borde izquierdo de la hoja hasta el borde izquierdo de la impresión.
❷ **Margen derecho**. Desde el borde derecho de la hoja hasta el borde derecho de la impresión.
❸ **Margen superior**. Desde el borde superior de la hoja hasta el borde superior de la impresión.
❹ **Margen inferior**. Desde el borde inferior de la hoja hasta el borde inferior de la impresión.
❺ **Margen de encabezado**. Desde el borde superior de la hoja hasta el encabezado.
❻ **Margen de pie de página**. Desde el borde inferior de la hoja hasta el pie de página.
❼ **Centrar en la página**. Permite centrar la impresión dentro de la hoja. Tanto en sentido **Horizontal** como **Vertical**.
❽ Haciendo un clic en **Aceptar** se aceptan todas las opciones indicadas.
❾ Haciendo un clic en **Cancelar** se anulan todas las opciones modificadas en este menú.
❿ Este botón conduce al menú de impresión.
⓫ Este botón conduce a la vista preliminar.
⓬ Este botón conduce a las propiedades de configuración de la impresora.

Encabezados y pies de página

El encabezado es un texto (generalmente, una línea) que se imprime en la parte superior de la hoja, en todas las hojas. El pie de página es lo mismo, pero en la parte inferior de la hoja.

La ficha **Encabezado y pie de página**, dentro del menú de configuración de página, permite configurar el encabezado y el pie en forma personalizada o elegir entre una serie de encabezados y pies estándares.

UNIDADES DE MEDIDA	TAMAÑO DE LA HOJA
La medida de los márgenes se expresa en las unidades establecidas en la configuración regional de Windows (centímetros o pulgadas).	El papel carta mide 8,5 por 11 pulgadas. El oficio mide 8,5 por 12. El A4 mide 210 por 297 milímetros.

GUÍA VISUAL 4. Encabezados y pies de página

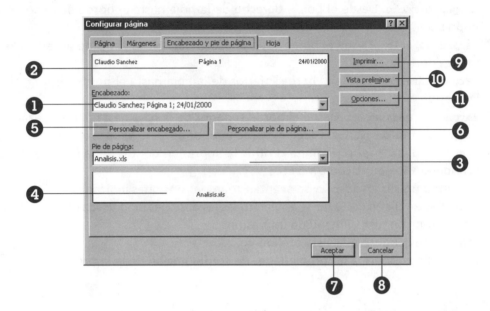

① Lista descolgable desde donde seleccionar un encabezado estándar. La primera opción de la lista es "ninguno", que elimina el encabezado.
② Vista previa de la parte superior de la hoja con el encabezado actualmente establecido.
③ Lista descolgable desde donde seleccionar un pie de página estándar. La primera opción de la lista es ninguno, que elimina el pie de página.
④ Vista previa de la parte inferior de la hoja con el pie de página actualmente establecido.
⑤ Acceso al menú de configuración de encabezados no estándares.
⑥ Acceso al menú de configuración de pies de página no estándares.
⑦ Haciendo un clic en **Aceptar** se aceptan todas las opciones indicadas.
⑧ Haciendo un clic en **Cancelar** se anulan todas las opciones modificadas en este menú.
⑨ Este botón conduce al menú de impresión.
⑩ Este botón conduce a la vista preliminar.
⑪ Este botón conduce a las propiedades de configuración de la impresora.

La personalización de encabezados y pies no estándares tiene sus cosas. Más adelante vemos unos cuantos ejemplos.

POSICIÓN DEL ENCABEZADO

La posición del encabezado y el pie de página puede controlarse en las opciones Margen de encabezado y Margen de pie de página dentro de la ficha Márgenes.

Opciones de hoja

Esta ficha controla el aspecto general de la impresión. Las opciones completas son las siguientes:

GUÍA VISUAL 5. Opciones de hoja

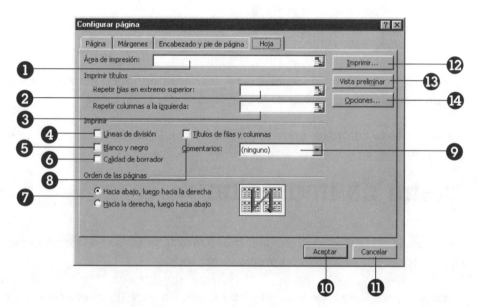

❶ Acá se puede indicar el rango de impresión. Si no se indica nada, Excel imprime toda la información de la hoja.
❷ Aquí se puede indicar una o más filas que se repetirán, a modo de encabezamiento de tablas, al comienzo de todas las hojas.
❸ Acá se puede indicar una o más columnas que se repetirán, a modo de referencia de tablas, en la parte izquierda en todas las hojas.
❹ Marcando esta opción se imprime la grilla de la planilla.
❺ Si se marca esta opción, la planilla se imprime en blanco y negro, aunque se use una impresora color.
❻ Marcando esta opción, baja la calidad de impresión, con el consecuente ahorro de tóner o tinta.

OPCIONES INACTIVAS

Las opciones área de impresión e Imprimir títulos no están disponibles si se llega a las opciones de configurar página desde la presentación preliminar.

- ❼ Acá se puede indicar el orden en el que se imprimen las hojas, si hubiera más de una.
- ❽ Marcando esta opción se imprimirán los bordes de la planilla, donde están los números de fila y letras de columna.
- ❾ Acá es posible indicar dónde se imprimirán los comentarios eventualmente insertados en las celdas.
- ❿ Haciendo un clic en **Aceptar** se aceptan todas las opciones indicadas.
- ⓫ Haciendo un clic en **Cancelar** se anulan todas las opciones modificadas en este menú.
- ⓬ Este botón conduce al menú de impresión.
- ⓭ Este botón conduce a la vista preliminar.
- ⓮ Este botón conduce a las propiedades de configuración de la impresora.

En la mayoría de los casos, no es necesario usar estas opciones. Pero más adelante veremos un ejemplo de aplicación de la opción de **Repetir títulos**.

Ahora sí, con todo en orden, podemos proceder con la impresión.

El menú de impresión

Una vez que la presentación preliminar muestra la hoja tal como la queremos, podemos proceder a la impresión propiamente dicha.

Para eso tomamos las opciones **Archivo/Imprimir**. Aparece un nuevo cuadro de opciones:

GUÍA VISUAL 6. El menú de impresión

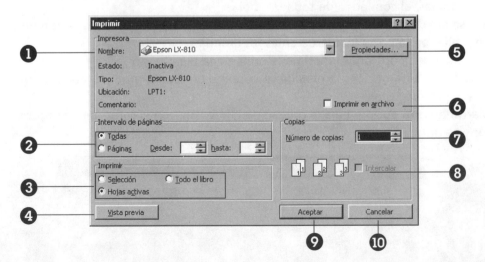

❶ En esta lista descolgable podemos seleccionar la impresora donde se realizará la impresión, si tuviéramos configurada más de una.
❷ Acá podemos indicar las páginas que se imprimirán. Esto no tiene que ver con las hojas del libro sino con las páginas propiamente dichas.
❸ Normalmente se imprime la hoja actual. También podemos especificar que se imprima cierto rango o todas las hojas del libro.
❹ Este botón conduce a la vista preliminar.
❺ Este botón conduce a las propiedades de configuración de la impresora.
❻ Marcando esta opción, la planilla no se imprime en el papel sino en otro archivo que luego puede transportarse a otro equipo.
❼ Acá podemos indicar la cantidad de copias.
❽ Si indicamos más de una copia, podemos hacer que los juegos impresos sean emitidos en forma compaginada.
❾ Con un clic en **Aceptar** se procede a la impresión propiamente dicha.
❿ Con un clic en **Cancelar** se abandona el menú sin imprimir.

Resumiendo...

Imprimir una planilla — PASO A PASO

❶ Tomar las opciones **Archivo/Vista preliminar** para ver en la pantalla lo que vamos a obtener en el papel.

❷ Tomar las opciones **Archivo/Configurar página** para hacer los ajustes necesarios en la impresión.

❸ Volver a obtener una vista preliminar para ver el efecto de los ajustes.

❹ Si todavía hay que ajustar algo en la impresión, volver al punto 2.

❺ Si la vista preliminar está en orden, proceder con la impresión tomando las opciones **Archivo/Imprimir**.

USO DEL TECLADO:
El menú de impresión puede obtenerse también mediante la combinación de teclas CONTROL+P.

Como ya dijimos, estas opciones pueden ejecutarse a través de teclas o de botones rápidos. En las próximas páginas explicaremos algunos ejemplos de aplicación de todas estas opciones.

Algunas tareas interesantes

La vista preliminar que aparece en la **Figura 2** corresponde a la planilla que mostramos al principio del capítulo. Pero, en este caso, la impresión se ha hecho en dos páginas y la fila de títulos aparece en cada una de ellas. Esto se logra a través de dos operaciones:

Mes de entrega	Obra	Concepto	Importe
Marzo	Mendoza 450	Electricista	$ 374,00
Febrero	Mendoza 450	Electricista	$ 176,00
Febrero	Rivadavia 6971	Pintura	$ 184,00
Febrero			
Enero			
Marzo			
Marzo			
Enero			

Mes de entrega	Obra	Concepto	Importe
Febrero	J.B.Alberdi 1225	Plomería	$ 350,00
Enero	J.B.Alberdi 1225	Electricista	$ 201,00
Marzo	Rivadavia 6971	Pintura	$ 255,00
Enero	J.B.Alberdi 1225	Plomería	$ 234,00
Enero	J.B.Alberdi 1225	Electricista	$ 182,00
Marzo	Mendoza 450	Plomería	$ 110,00
Febrero	Mendoza 450	Pintura	$ 175,00
Marzo	J.B.Alberdi 1225	Plomería	$ 164,00

Figura 2. *La fila de títulos aparece repetida en todas las hojas que demande la impresión.*

- Cortar la impresión en una fila determinada, para que salga en dos hojas.
- Hacer que una o más filas de títulos se impriman a modo de encabezamiento en cada una de las páginas.

Veamos cada operación.

MENÚES INTERCONECTADOS

Tanto en los menúes de configurar página e impresión como en la vista preliminar hay botones que permiten pasar de una opción a otra rápidamente.

Corte de página manual

En las opciones de impresión constan el largo de la página y el tamaño de los márgenes; de modo que Excel sabe cuál es el espacio disponible y, cuando llega el momento, pasa a la siguiente página. Esto es lo que se llama **corte de página automático**.

Pero también podemos forzar el corte en otro lugar; es lo que se llama **corte de página manual**. Para producir el corte de página manual:

Corte de página manual — PASO A PASO

❶ Colocamos el cursor en la primera columna de la planilla y en primera fila de la segunda hoja. En el ejemplo cuya impresión aparece en la **Figura 2**, se debe colocar el cursor en `A10`. Es la fila correspondiente a la obra de J.B. Alberdi, rubro Plomería e importe $ 350.

❷ Tomamos las opciones `Insertar/Salto de página`.

Aparecerá una línea horizontal todo a lo ancho de la planilla, indicando la separación entre páginas, tal como se ve en la **Figura 3**.

	A	B	C	D	E
1	Mes de entrega	Obra	Concepto	Importe	
2	Marzo	Mendoza 450	Electricista	$ 374,00	
3	Febrero	Mendoza 450	Electricista	$ 176,00	
4	Febrero	Rivadavia 6971	Pintura	$ 184,00	
5	Febrero	J.B.Alberdi 1225	Pintura	$ 346,00	
6	Enero	Mendoza 450	Plomería	$ 214,00	
7	Marzo	Mendoza 450	Electricista	$ 374,00	
8	Marzo	Rivadavia 6971	Plomería	$ 119,00	
9	Enero	Rivadavia 6971	Pintura	$ 245,00	
10	Febrero	J.B.Alberdi 1225	Plomería	$ 350,00	
11	Enero	J.B.Alberdi 1225	Electricista	$ 201,00	
12	Marzo	Rivadavia 6971	Pintura	$ 255,00	
13	Enero	J.B.Alberdi 1225	Plomería	$ 234,00	
14	Enero	J.B.Alberdi 1225	Electricista	$ 182,00	
15	Marzo	Mendoza 450	Plomería	$ 110,00	
16	Febrero	Mendoza 450	Pintura	$ 175,00	
17	Marzo	J.B.Alberdi 1225	Plomería	$ 164,00	

Figura 3. Esta línea de puntos indica la separación entre las dos páginas.

QUITAR EL CORTE DE PÁGINA

Para eliminar un corte de página manual hay que colocar el cursor inmediatamente debajo o a la derecha del salto y tomar las opciones `Insertar/Quitar salto de página`.

Repetir las filas de títulos en todas las páginas

Cuando la impresión de una lista es demasiado larga y ocupa más de una hoja, conviene que las filas de encabezamiento se repitan en todas las hojas, tal como aparece en la **Figura 2**. Para lograr este efecto:

Repetir los encabezamientos en todas las páginas   PASO A PASO

❶ Tomamos las opciones **Archivo/Configurar página** y seleccionamos la ficha **Hoja**.

❷ Donde dice **Repetir filas en extremo superior** escribimos **1:1** (**Figura 4**). Esta referencia corresponde a la fila 1, que es la fila donde están los títulos en la planilla del ejemplo.

❸ Hacemos un clic en **Aceptar**.

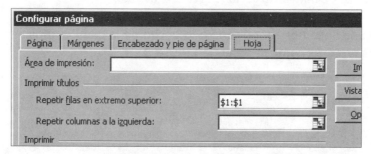

Figura 4. Así indicamos que la fila uno de la planilla debe repetirse en todas las páginas.

Personalizar los encabezados y pies de página

La **Figura 5** muestra la vista preliminar de la impresión de una planilla. En la esquina inferior derecha de la hoja aparece el nombre de la planilla.

COLUMNAS DE ENCABEZAMIENTO

La opción Repetir columnas a la izquierda, dentro de Imprimir títulos se usa cuando la impresión ocupa varias hojas, por ser demasiado ancha.

IMPRIMIR TÍTULOS

La opción Imprimir títulos no está disponible si se llega al menú de configurar página desde la presentación preliminar.

Mes de entrega	Obra	Concepto	Importe
Marzo	Mendoza 450	Electricista	$ 374,00
Febrero	Mendoza 450	Electricista	$ 176,00
Febrero	Rivadavia 6971	Pintura	$ 184,00
Febrero	J.B.Alberdi 1225	Pintura	$ 346,00
Enero	Mendoza 450	Plomería	$ 214,00
Marzo	Mendoza 450	Electricista	$ 374,00
Marzo	Rivadavia 6971	Plomería	$ 119,00
			Análisis.xls

Figura 5. Un pie de página personalizado.

Ésta es una sana costumbre: si nos encontramos con esta hoja entre nuestros papeles, sabremos al instante a qué planilla corresponde. Esto puede obtenerse con un pie de página personalizado:

Personalizar el pie de página de una planilla — PASO A PASO

① Tomamos las opciones **Archivo/Configurar página** y seleccionamos la ficha **Encabezado y pie de página**.

② Hacemos un clic en **Personalizar pie de página**. Aparece el cuadro de la **Figura 6**, que permite configurar el pie de página.

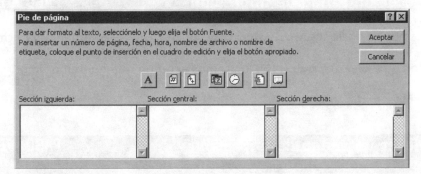

Figura 6. Las opciones para definir un pie de página personalizado.
Un clic en el penúltimo botón inserta el nombre de la planilla.

ELIMINAR ENCABEZADO O PIE

Los elementos de un encabezado o pie personalizado se eliminan como en un procesador de textos: borrándolos con las teclas SUPRIMIR (DELETE) O RETROCESO (BACKSPACE).

❸ Borramos todo pie de página que pudiera haber.

❹ Hacemos un clic en la sección derecha.

❺ Hacemos un clic en el penúltimo botón, que inserta el nombre del archivo.

❻ Hacemos un clic en **Aceptar**. Con esto queda establecido el pie de página personalizado.

❼ Hacemos un clic en **Aceptar**, para aceptar los cambios hechos en la configuración de página.

Después de esto, al imprimir la planilla aparecerá el nombre del archivo en el pie de página, como en la **Figura 5**.

Establecer el rango de impresión

Cuando procedemos a la impresión, en principio, Excel pretende imprimir todo lo que hay en la hoja. Esto puede coincidir con nuestros deseos, o no. Si queremos especificar cierto rango de impresión, existen por lo menos dos posibilidades:

Establecer un rango de impresión — PASO A PASO

❶ Tomamos las opciones **Archivo/Configurar página** y seleccionamos la ficha **Hoja**.

❷ Donde dice **Área de impresión** indicamos el rango que queremos imprimir.

❸ Hacemos un clic en **Aceptar**.

Establecer un rango de impresión de manera más rápida — PASO A PASO

❶ Seleccionamos, arrastrando el mouse, el rango que queremos imprimir.

ÁREA DE IMPRESIÓN

La opción área de impresión **no** está disponible si llegamos al menú de configurar página desde la presentación preliminar.

INDICAR RANGO

Para indicar el rango de impresión podemos escribir sus coordenadas o seleccionarlo arrastrando el mouse.

❷ Tomamos las opciones **Archivo/Área de impresión/Establecer área de impresión**.

En cualquier caso, cuando procedamos con la impresión, solamente se imprimirá el rango que hayamos establecido.

Imprimir rangos irregulares

A veces hay que imprimir rangos "que no encajan"; por ejemplo, las dos planillas de la **Figura 7**. Queremos imprimir ambas planillas en la misma hoja, una al lado de la otra.

Figura 7. Queremos imprimir estas dos planilla en la misma hoja.

El problema no consiste en la impresión propiamente dicha, sino en cómo acomodar ambos rangos, siendo que tienen distintos anchos de columna y altos de fila. Pero hay una forma de hacerlo:

Acomodar rangos   PASO A PASO

❶ Seleccionamos el rango de la segunda planilla.

❷ Tomamos las opciones **Edición/Copiar**.

BOTÓN RÁPIDO

Podemos configurar las barras de herramientas para disponer de un botón Establecer área de impresión.

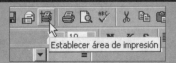

❸ Ponemos el cursor a la derecha de la primera planilla.
  ❹ Apretamos la tecla SHIFT y no la soltamos.

❺ Hacemos un clic en la opción **Edición**. Aparecerán nuevas opciones en el submenú (ya podemos soltar SHIFT).

❻ Hacemos un clic en **Pegar vínculos de imagen**.

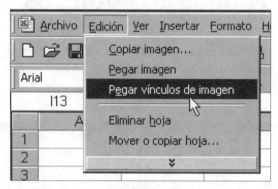

Figura 8. Si llamamos al menú **Edición** mientras mantenemos apretada la tecla SHIFT, aparecen nuevas opciones.

Lo que acabamos de hacer es pegar al costado de la primera planilla una "foto" de la segunda. Ahora podemos imprimir el conjunto en la forma habitual.

Máximo aprovechamiento de la hoja

Cuando imprimimos una planilla, podemos jugar con las opciones disponibles para aprovechar al máximo la hoja de papel. Por ejemplo, en la planilla de la **Figura 9** se ha recurrido a varias opciones:

- Dado que la planilla a imprimir es más ancha que larga, se indicó orientación horizontal o apaisada.
- Se estableció un "factor de expansión" para llenar toda la hoja, aumentando la legibilidad.

VÍNCULO DINÁMICO

La foto que se pega con la opción Pegar vínculos de imagen es "viva": si modificamos algún dato en el rango original, se modificará también la imagen pegada.

- Se centró la impresión dentro de la hoja.

Mes de entrega	Obra	Concepto	Importe
Marzo	Mendoza 450	Electricista	$ 374,00
Febrero	Mendoza 450	Electricista	$ 176,00
Febrero	Rivadavia 6971	Pintura	$ 184,00
Febrero	J.B.Alberdi 1225	Pintura	$ 346,00
Enero	Mendoza 450	Plomería	$ 214,00
Marzo	Mendoza 450	Electricista	$ 374,00
Marzo	Rivadavia 6971	Plomería	$ 119,00
Enero	Rivadavia 6971	Pintura	$ 245,00
Febrero	J.B.Alberdi 1225	Plomería	$ 350,00
Enero	J.B.Alberdi 1225	Electricista	$ 201,00
Marzo	Rivadavia 6971	Pintura	$ 255,00
Enero	J.B.Alberdi 1225	Plomería	$ 234,00

Figura 9. *Para hacer esta impresión se recurrió a varias opciones a fin de aprovechar al máximo la hoja.*

Las opciones que usamos aparecen en la **Figura 10**.

Opciones avanzadas — PASO A PASO

1 Tomamos las opciones `Archivo/Configurar página` y seleccionamos la ficha `Página`.

2 Marcamos la opción `Horizontal`.

3 Donde dice `Ajustar al` indicar un porcentaje superior a 100 (en el ejemplo se usó 180%).

4 Seleccionamos la ficha `Márgenes`.

5 Dentro de `Centrar en la página` marcamos las opciones `Horizontalmente` y `Verticalmente`.

6 Hacemos un clic en `Aceptar`.

DATOS ÚTILES

GRÁFICOS
Para instrucciones sobre la impresión de gráficos, ver el Capítulo 6, Gráficos.

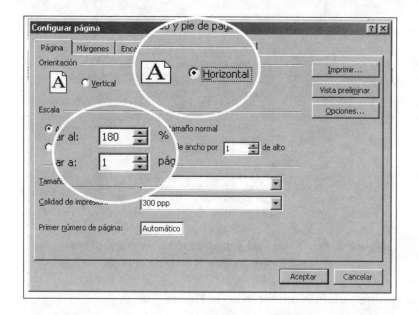

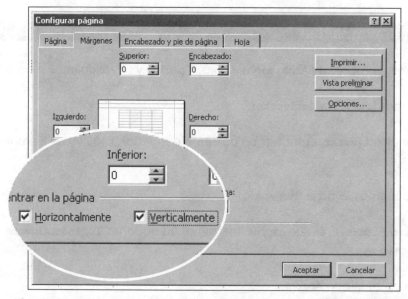

Figura 10. Las opciones usadas para obtener la impresión de la *Figura 9*.

Suficiente con esto

Ya tenemos bastantes ejemplos de cómo usar las opciones de impresión. Pasemos a otro tema.

CAPÍTULO 6

Gráficos

Si hay una opción a la que Excel debe su popularidad, esa opción es la posibilidad de crear gráficos. De modo que vamos a dedicarle unas cuantas páginas al tema:

- Crear gráficos.
- Modificarlos.
- Los distintos tipos de gráficos.
- Impresión de gráficos.

Es posible que éste sea el capítulo más divertido.

Un gráfico simple	123
El Asistente para gráficos	124
Primer paso: el tipo de gráfico	124
Segundo paso: los datos	126
Tercer paso: las opciones del gráfico	127
Último paso: ubicación del gráfico	128
Ajustes en el gráfico	130
Objetos y propiedades: cómo funciona la modificación	131
Otras modificaciones; volver al Asistente	133
Gráficos de torta	139
Impresión de gráficos	144

Un gráfico simple

El de la **Figura 1** es un gráfico muy simple. Un juego de columnas o barras verticales indica la cantidad de entrevistas acordadas y la de ventas concretadas por cada una de las vendedoras de un equipo. Cuantas más entrevistas o ventas haya, más alta será la columna.

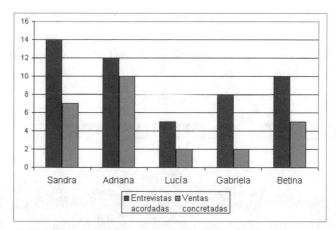

Figura 1. Un gráfico simple. La escala vertical indica la cantidad de entrevistas acordadas y ventas concretadas por cada una de las vendedoras que aparecen en el eje horizontal.

Como todo gráfico, el de la **Figura 1** se obtiene a partir de una tabla de valores. En este caso, es la planilla de la **Figura 2**.

	A	B	C	D
1	Nombre	Entrevistas acordadas	Ventas concretadas	
2	Sandra	14	7	
3	Adriana	12	10	
4	Lucía	5	2	
5	Gabriela	8	2	
6	Betina	10	5	
7				

Figura 2. Éstos son los datos del gráfico de la **Figura 1**.

Obtener el gráfico de la **Figura 1** es muy simple. Hay un Asistente que se encarga de ello.

ASPECTO DEL GRÁFICO

Desde ya avisamos que no obtendremos inmediatamente un gráfico como el de la Figura 1. Vamos a tener que hacer algunos ajustes posteriores.

El Asistente para gráficos

Podemos obtener gráficos muy rápidamente, pero es mejor ir paso a paso. Lo primero es llamar al Asistente:

1. Ponemos el cursor en cualquier celda de la tabla cuyos datos vamos a graficar (la de la **Figura 2**).
2. Tomamos las opciones **Insertar/Gráfico**.

Aparecerá el Asistente para gráficos (**Guía Visual 1**). A lo largo de cuatro pasos nos preguntará lo necesario para crear el gráfico.

Primer paso: el tipo de gráfico

Acá tenemos que decirle qué tipo de gráfico queremos.

GUÍA VISUAL 1. El primer paso del Asistente para gráficos

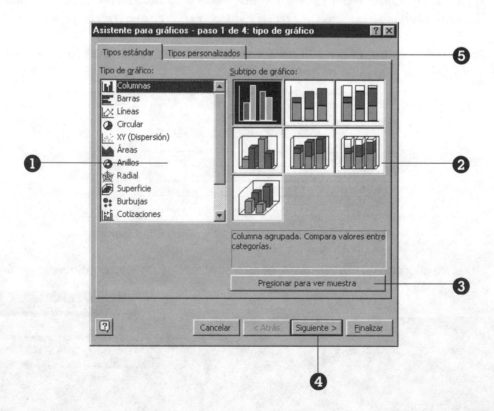

Primer paso: el tipo de gráfico

❶ Los tipos de gráfico están agrupados en distintas categorías.
❷ Para cada tipo hay varios subtipos, como se observa en la **Figura 3**.
❸ Manteniendo apretado este botón podemos ver cómo quedarán los datos de la tabla con el tipo de gráfico actualmente seleccionado.
❹ Una vez elegido tipo y subtipo, hacemos un clic en `Siguiente` para continuar con la creación del gráfico.
❺ El cuadro tiene una segunda ficha: `Tipos personalizados`. Contiene, simplemente, más tipos.

En el primer paso tenemos que elegir qué tipo de gráfico queremos. El de la **Figura 1** es un gráfico de `Columnas` y el subtipo es el primero de arriba y a la izquierda:

Elegir el tipo de gráfico — PASO A PASO

❶ Marcamos tipo y subtipo elegido.

❷ Hacemos un clic en el botón `Siguiente`.

Pasemos al segundo paso.

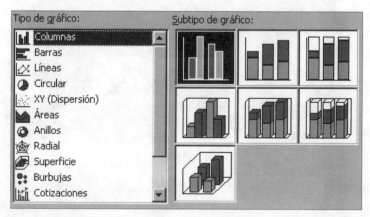

Figura 3. *El tipo y el subtipo correspondientes al gráfico de la **Figura 1**.*

ASISTENTES
Los asistentes aparecieron en estos programas hacia 1990. En esos tiempos ganaron el premio a la mejor innovación en materia de software.

TIPOS DE GRÁFICO
Hay un tipo de gráfico adecuado para cada fin. Más adelante mostramos gráficos de otros tipos.

125

Segundo paso: los datos

En este paso (**Guía Visual 2**) tenemos que indicar dónde están los datos a graficar.

GUÍA VISUAL 2. El segundo paso del Asistente para gráficos

Acá tenemos que decirle qué tipo de gráfico queremos.

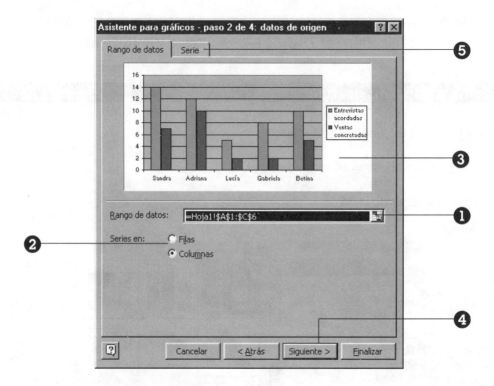

❶ Acá indicamos el rango de los datos. Podemos escribir sus coordenadas o seleccionarlo con el mouse.
❷ El mismo rango de datos puede graficarse "por filas" o "por columnas". El gráfico de la **Figura 1** es por columnas.
❸ Aquí vemos el gráfico correspondiente a las opciones seleccionadas hasta el momento.
❹ La ficha **Series** permite manejar opciones adicionales. No las vemos por el momento.
❺ Indicadas las opciones deseadas, pasamos al tercer paso.

En el caso del gráfico que nos ocupa, las cosas son muy simples. El Asistente toma las decisiones por nosotros y no tenemos más que hacer un clic en **Siguiente** para pasar al tercer paso.

Tercer paso: las opciones del gráfico

El tercer paso del asistente (**Guía Visual 3**) consiste en un juego de seis fichas, cada una de las cuales controla un tipo especial de opciones.

GUÍA VISUAL 3. Las opciones del gráfico - Títulos

Cada una de estas fichas controla un grupo especial de opciones.

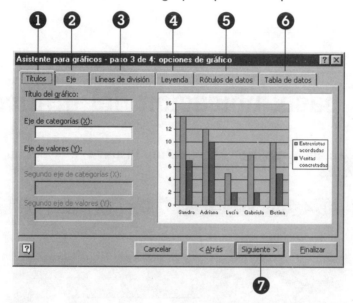

❶ Al gráfico podemos ponerle títulos: un título para el gráfico propiamente dicho y títulos en los ejes.
❷ En esta ficha indicamos qué ejes aparecerán.
❸ Esta ficha controla las líneas que forman la grilla del gráfico.
❹ La leyenda es el cuadro de referencias que indica qué representa cada serie de datos. En esta ficha indicamos la posición de ese cuadro.
❺ Actuando sobre las opciones de esta ficha podemos pedir que los valores a graficar aparezcan junto a cada barra.
❻ También podemos incluir la tabla de valores junto al gráfico.
❼ Como siempre, indicadas las opciones deseadas, pasamos al siguiente paso.

MARCHA ATRÁS

En todos los pasos del asistente hay un botón llamado Atrás que permite volver a un paso anterior, por si nos equivocamos.

FINALIZAR

En todos los pasos del asistente hay un botón Finalizar, para obviar los pasos intermedios.

Todas estas opciones tienen que ver con el aspecto del gráfico. Vamos a hablar de ellas más adelante. En todo caso, podemos indicar el título que aparece en el gráfico de la **Figura 1**:

Escribir el título — PASO A PASO

❶ Hacemos un clic dentro de la opción `Título del gráfico`.

❷ Escribimos **Informe de ventas**.

❸ Hacemos un clic en `Siguiente`.

Último paso: ubicación del gráfico

En el cuarto y último paso del Asistente (**Guía Visual 4**) tenemos que indicar dónde poner el gráfico.

GUÍA VISUAL 4. Último paso del Asistente – Dónde lo ponemos

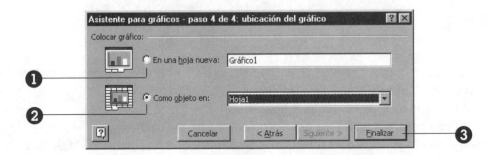

❶ Marcando esta opción el gráfico aparecerá en una nueva hoja, dentro del libro.
❷ Marcando esta opción el gráfico quedará sobre la planilla actual.
❸ Haciendo un clic en `Finalizar`, obtenemos el gráfico.

ASISTENTES

En los programas en inglés, el Asistente se llama Wizard (mago o hechicero). Es un nombre mucho más simpático.

Último paso: ubicación del gráfico

Solamente para trabajar un poco más cómodos, vamos a pedir que el gráfico quede insertado en una hoja nueva:

Insertar el gráfico — PASO A PASO

❶ Marcamos la opción **En una hoja nueva**.

❷ Hacemos un clic en **Finalizar**.

Si hicimos todo lo indicado deberá aparecer una nueva hoja dentro del libro, con un gráfico como el de la **Figura 4**.

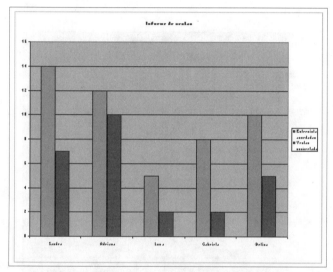

Figura 4. *El gráfico, tal como lo brinda el Asistente. Hay que hacer algunos ajustes.*

¿No quedó tan lindo como el de la **Figura 1**? A no desesperar, enseguida lo mejoramos.

UBICACIÓN DEL GRÁFICO

Si se ubica el gráfico en la misma hoja, suele quedar demasiado chico; pero depende del efecto que queramos lograr.

NOMBRE DE LA HOJA

La hoja insertada para el libro recibe el nombre Gráfico, seguido de un número de orden. Este nombre puede ser cambiado luego, doblecliqueando la solapa de la hoja.

Ajustes en el gráfico

El Asistente hace muchas cosas, pero no es perfecto; hay ciertos ajustes que debemos hacerlos nosotros. Por ejemplo, supongamos que queremos eliminar el fondo gris sobre el cual están dibujadas las barras:

Ajustes manuales   PASO A PASO

1 Hacemos un clic sobre el fondo gris. Aparecerán unos **puntos de agarre** indicando que el fondo está seleccionado.

2 Tomamos las opciones `Formato/Área de trazado seleccionada`. Aparece el cuadro de la **Figura 5**.

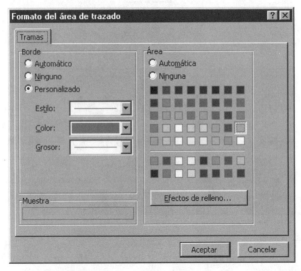

Figura 5. *Esta ficha controla el aspecto del fondo del gráfico.*

3 Dentro de **Área**, marcamos la opción **Ninguna**.

4 Hacemos un clic en **Aceptar**.

El gráfico, antes con fondo gris, aparecerá sobre fondo blanco.

PUNTOS DE AGARRE

Ciertos puntos que aparecen en los bordes y en las esquinas de los objetos sobre los que hacemos un clic. Indican que el objeto está seleccionado.

USO DEL TECLADO

Podemos obtener el cuadro de la Figura 5 oprimiendo la combinación CONTROL+1 (el número uno).

Objetos y propiedades: cómo funciona la modificación

Detengámonos un momento a entender lo que acabamos de hacer.

- El gráfico lo podemos imaginar como formado por distintos **objetos**: el fondo, las barras, el título, el cuadro de leyendas son todos objetos.
- Cada objeto tiene **propiedades**: el color de las barras, la posición del cuadro de leyendas, el tamaño del título son propiedades.

Recién cambiamos el color del fondo del gráfico. En otras palabras, al objeto **Fondo** le cambiamos la propiedad **Color**. Así son todas las modificaciones o ajustes que hacemos en un gráfico:

Cambiar una propiedad a un objeto — PASO A PASO

❶ Hacemos un clic sobre el objeto al que le queramos cambiar una propiedad.

❷ Tomamos la opción `Formato` y luego la primera subopción. Aparece un cuadro con las distintas propiedades del objeto seleccionado.

❸ Modificamos las propiedades según queramos.

❹ Hacemos un clic en `Aceptar`.

Lo mismo vale para cualquier tipo de modificación que queramos hacerle al gráfico. Por ejemplo, vamos a aumentar el tamaño y la posición del cuadro de leyendas:

Aumentar el tamaño y la posición de un cuadro de leyendas — PASO A PASO

❶ Hacemos un clic sobre el cuadro de leyendas. Aparecen en sus esquinas los puntos de agarre (**Figura 6**).

DATOS ÚTILES

FORMATO
La primera opción del submenú formato corresponde siempre al objeto actualmente seleccionado.

Figura 6. *Los puntos de agarre indican que el objeto ha sido seleccionado.*

❷ Tomamos las opciones **Formato/Leyenda seleccionada**. Aparece un menú de varias fichas con las propiedades del objeto seleccionado.

❸ En la ficha **Fuente** indicamos **Tamaño 20**.

❹ En la ficha **Posición** marcamos **Inferior**.

❺ Hacemos un clic en **Aceptar**.

Ahora, el cuadro de leyendas aparecerá más grande y ubicado en la parte inferior del gráfico, como en la **Figura 1**.

De la misma forma, podemos hacer las demás modificaciones que hagan que nuestro gráfico se parezca al de la **Figura 1**:

• Cambiar el color de las barras.
• Cambiar el tamaño del título.
• Cambiar el tamaño de los rótulos de los ejes.

Pero lo dejamos para que lo haga usted.

BARRA DE HERRAMIENTAS FORMATO
La mayoría de las modificaciones en el aspecto del gráfico pueden efectuarse con los botones de la barra de herramientas Formato.

GRABAR LA PLANILLA
El gráfico pertenece a la planilla. Grabando el archivo, grabamos el gráfico.

Otras modificaciones; volver al Asistente

Otra forma de modificar el gráfico es pedirle al asistente que "nos repita la pregunta", es decir, que vuelva a mostrarnos las fichas donde aparecen las opciones que elegimos en su momento y que queramos cambiar. Podemos.

- Tomando las opciones **Gráfico/Tipo de gráfico** reaparece el primer paso del asistente.
- Tomando las opciones **Gráfico/Datos de origen** reaparece el segundo paso del asistente.
- Tomando las opciones **Gráfico/Opciones de gráfico** reaparece el tercer paso del asistente.
- Tomando las opciones **Gráfico/Ubicación** reaparece el cuarto y último paso del asistente.

Ya hablamos antes de los distintos pasos del Asistente. Vamos a contar en detalle las opciones que nos ofrece el tercer paso.

Opciones de gráfico: Títulos

La ficha **Títulos** controla qué títulos se incluirán en el gráfico.

GUÍA VISUAL 5. La ficha Títulos

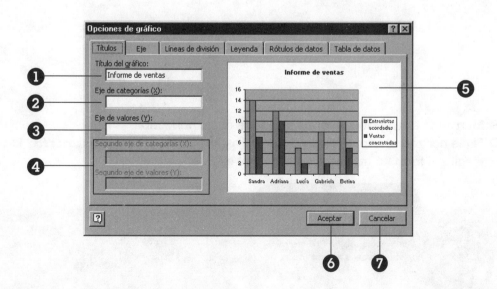

❶ Aquí indicamos el título del gráfico propiamente dicho.
❷ Aquí indicamos el título para el eje vertical.
❸ Aquí indicamos el título para el eje horizontal.
❹ Estas opciones no están activas porque el gráfico no tiene ejes secundarios.
❺ Ésta es una vista previa del gráfico, con las opciones actualmente establecidas.
❻ Haciendo un clic en **Aceptar**, conservamos las modificaciones hechas al gráfico.
❼ Haciendo un clic en **Cancelar**, dejamos sin efecto las modificaciones.

Opciones de gráfico: Ejes

La ficha **Ejes** controla qué ejes se incluirán en el gráfico.

GUÍA VISUAL 6. La ficha Ejes

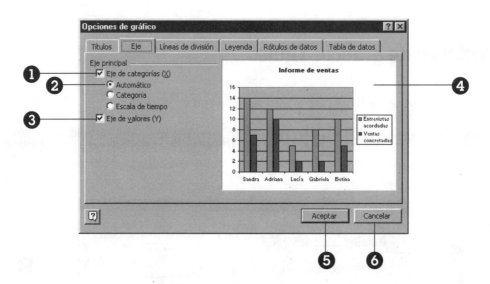

❶ Marcando esta opción, el gráfico incluirá el eje horizontal.
❷ El eje horizontal admite distintos formatos. Marcando la opción **Automático**, Excel elegirá el formato más adecuado para el eje.

OPCIÓN GRÁFICO

La opción Gráfico aparece en el menú de Excel solamente si estamos sobre una hoja de gráfico o con un gráfico seleccionado.

❸ Marcando esta opción, el gráfico incluirá el eje de valores. Normalmente (peor no siempre) el eje de valores es el vertical.
❹ Ésta es una vista previa del gráfico, con las opciones actualmente establecidas.
❺ Haciendo un clic en **Aceptar**, conservamos las modificaciones hechas al gráfico.
❻ Haciendo un clic en **Cancelar**, dejamos sin efecto las modificaciones.

Opciones de gráfico: Líneas de división

La ficha **Líneas de división** controla qué líneas aparecerán en la grilla del gráfico.

GUÍA VISUAL 7. La ficha Líneas de división

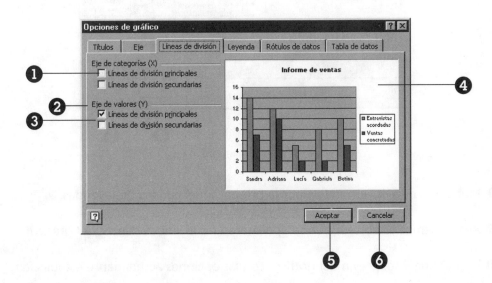

❶ Las líneas del **Eje de categorías** son las líneas verticales (que nacen en las divisiones del eje horizontal).
❷ Las líneas del **Eje de valores** son las líneas horizontales (que nacen en las divisiones del eje vertical).
❸ En ambos casos, las líneas pueden estar asociadas a las graduaciones principales o secundarias de cada eje.
❹ Ésta es una vista previa del gráfico, con las opciones actualmente establecidas.
❺ Haciendo un clic en **Aceptar**, conservamos las modificaciones hechas al gráfico.
❻ Haciendo un clic en **Cancelar**, dejamos sin efecto las modificaciones.

Opciones de gráfico: Leyenda

La ficha **Leyendas** controla la presencia y posición del cuadro de referencias que identifica cada serie de datos.

GUÍA VISUAL 8. La ficha Leyendas

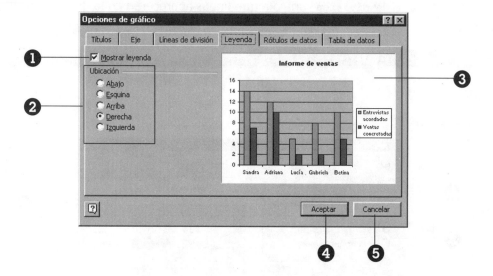

❶ Marcando esta opción indicamos la presencia del cuadro de leyendas.

❷ Acá podemos establecer donde aparecerán las leyendas dentro del gráfico.

❸ Ésta es una vista previa del gráfico, con las opciones actualmente establecidas.

❹ Haciendo un clic en **Aceptar**, conservamos las modificaciones hechas al gráfico.

❺ Haciendo un clic en **Cancelar**, dejamos sin efecto las modificaciones.

Opciones de gráfico: Rótulos de datos

La ficha **Rótulos de datos** controla la presencia de los valores que se grafican.

GUÍA VISUAL 9. La ficha Rótulos de datos

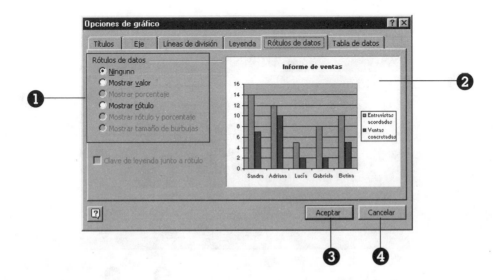

❶ Los tipos de rótulos que podemos incluir dependen del tipo de datos graficados.

❷ Ésta es una vista previa del gráfico, con las opciones actualmente establecidas.

❸ Haciendo un clic en **Aceptar**, conservamos las modificaciones hechas al gráfico.

❹ Haciendo un clic en **Cancelar**, dejamos sin efecto las modificaciones.

Opciones de gráfico: Tabla de datos

La ficha **Tabla de datos** controla la presencia de la tabla de valores junto al gráfico. No son muchas las posibilidades.

GUÍA VISUAL 10. La ficha Tabla de datos

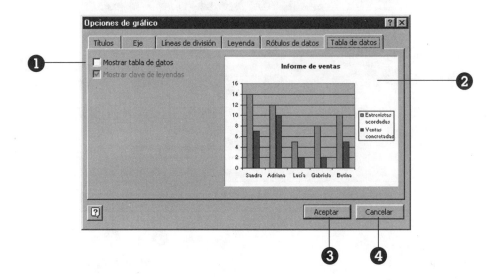

❶ Marcando esta opción aparecerá la tabla junto al gráfico.

❷ Ésta es una vista previa del gráfico, con las opciones actualmente establecidas.

❸ Haciendo un clic en **Aceptar**, conservamos las modificaciones hechas al gráfico.

❹ Haciendo un clic en **Cancelar**, dejamos sin efecto las modificaciones.

OPCIONES DE GRÁFICO

Las opciones que muestran estas fichas dependen del tipo de gráfico que se esté modificando. Un gráfico de torta, por ejemplo, no tiene ficha Ejes ni Líneas de división. A continuación, un ejemplo.

Gráficos de torta

En la **Figura 7** se observa un tipo especial de gráfico: muestra cómo contribuyó cada vendedora al total de ventas concretadas. Este gráfico se llama **gráfico de torta**.

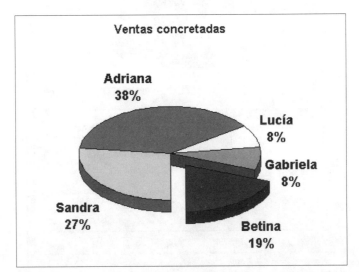

Figura 7. Un gráfico de torta. El tamaño de cada porción es proporcional a la cantidad de ventas concretadas por cada vendedora.

Este gráfico se construye rápidamente con el Asistente. Pero hay un problema: los datos están en rangos separados. Los nombres de las vendedoras están en la columna A y las ventas en la C. Por eso la historia va a cambiar un poco:

Crear un gráfico de torta — PASO A PASO

1. Ponemos el cursor en cualquier celda de la tabla cuyos datos vamos a graficar (la misma que usamos en el ejemplo anterior).
2. Tomamos las opciones **Insertar/Gráfico**. Aparece el asistente.
3. En el primer paso indicamos tipo **Circular** con alguno de los subtipos en tres dimensiones.
4. Hacemos un clic en **Siguiente**.
5. En el segundo paso, seleccionamos la ficha **Serie** (**Figura 8**).

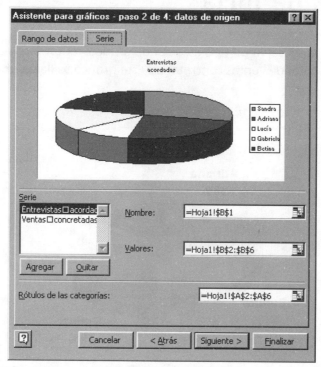

Figura 8. *En la ficha **Series** (segundo paso del asistente) podemos eliminar alguna de las series de datos de la tabla.*

❻ Hacemos un clic en la primera serie (**Entrevistas acordadas**).

❼ Hacemos un clic en **Quitar**.

❽ Hacemos un clic en **Siguiente**.

❾ En la ficha **Leyenda**, desmarcamos la opción **Mostrar leyenda**.

❿ En la ficha **Rótulos de datos**, marcamos la opción **Mostrar rótulo y porcentaje**.

⓫ Hacemos un clic en **Siguiente**.

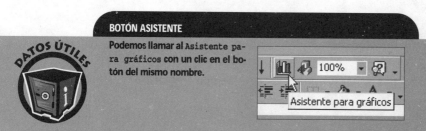

BOTÓN ASISTENTE

Podemos llamar al Asistente para gráficos con un clic en el botón del mismo nombre.

⑫ Marcamos la opción **En una hoja nueva**.

⑬ Hacemos un clic en **Finalizar**.

Tras el último clic, formato más, formato menos, deberá aparecer un gráfico como el de la **Figura 7**. Ya sabemos cómo cambiar algunas opciones de este gráfico. Otras no.

Opciones para el gráfico de torta

El gráfico de la **Figura 7** admite algunas opciones nuevas por dos razones: es un gráfico de torta y presenta un efecto tridimensional (la torta parece tener espesor).

Separar una porción para destacarla de las demás PASO A PASO

❶ Hacemos un clic sobre la porción a separar. Aparecen los puntos de agarre que indican que la torta ha sido seleccionada (**Figura 9**).

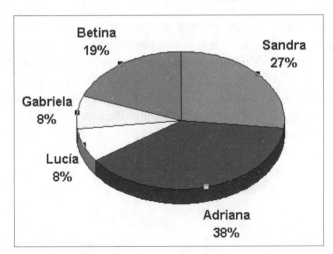

Figura 9. Los puntos de agarre indican que toda la torta está seleccionada.

❷ Hacemos un segundo clic sobre la porción. Los puntos de agarre aparecen solamente sobre la porción (**Figura 10**).

SELECCIONAR LA PORCIÓN:
Para seleccionar la porción individual hacemos dos clics separados, no doble clic.

MOVER
En otras palabras, movemos la porción como los naipes del *Solitario* de Windows: tomándola con el mouse.

❸ Tomamos la porción con el mouse y la separamos tanto como queramos.

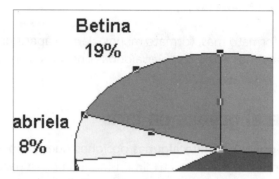

Figura 10. Los puntos de agarre indican que solamente está seleccionada la porción de Betina.

Así podemos acomodar la porción según más nos guste.

Opciones de perspectiva

A los gráficos con efecto tridimensional les podemos cambiar otro tipo de opciones: las opciones de perspectiva. Son las que nos permiten cambiar la posición del gráfico o el punto de vista desde donde parecería que lo estamos observando.

Por ejemplo, es probable que el gráfico de la **Figura 7** se vea más plano que el que hemos obtenido; también estará girado y de menor espesor. Todas estas opciones se controlan desde el cuadro de la **Guía Visual 11**. Aparece tomando las opciones `Grafico/Vista en 3D`.

OPCIONES DE PERSPECTIVA

Estas opciones existen para todos los gráficos con efecto tridimensional, y no solamente para los gráficos de torta.

IMPRESIÓN

Todas las opciones asociadas a la impresión se discuten en el capítulo anterior.

GUÍA VISUAL 11. Las opciones de perspectiva

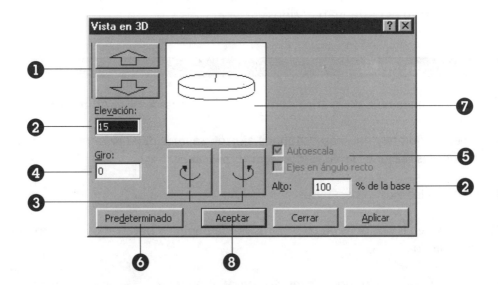

❶ Haciendo clics en estas flechas podemos cambiar el ángulo de elevación; más horizontal o más levantado.
❷ También podemos escribir directamente el ángulo de elevación en este cuadro.
❸ Haciendo clics en estas flechas podemos girar la torta.
❹ El ángulo de giro lo podemos escribir directamente en este cuadro.
❺ Este valor determina el espesor de la torta.
❻ Haciendo un clic acá restituimos los valores normales.
❼ Acá aparece una vista previa del gráfico, con las opciones actualmente establecidas.
❽ Con un clic en **Aceptar** quedan guardadas las opciones indicadas.

¿Más opciones?

Las opciones para gráficos (de todo tipo) son muchas más que las que acabamos de explicar y muchas más también que las que podríamos explicar en un espacio razonable. Digamos que podría escribirse todo un libro como éste dedicado exclusivamente al tema gráficos.

De modo que no vamos a profundizar más. Pero en el próximo capítulo hay un par de gráficos con efectos especiales que vale la pena estudiar. Antes de irnos, dos palabras sobre impresión.

Impresión de gráficos

Del tema de impresión hablamos en detalle en el capítulo del mismo nombre. Imprimir un gráfico es bastante parecido:

Imprimir un gráfico   PASO A PASO

① Ubicados en la hoja del gráfico, tomamos las opciones **Archivo/Vista preliminar**.

② Si vemos que hay que hacer algunos ajustes, salimos de la vista preliminar y tomamos las opciones **Archivo/Configurar página**.

③ Hacemos los ajustes necesarios.

④ Salimos de las opciones de configuración de página y obtenemos otra vez la vista preliminar.

⑤ Si todavía faltan algunos ajustes, volvemos al punto 2.

⑥ Si está todo en orden, salimos de la vista preliminar y tomamos las opciones **Archivo/Imprimir**. Aparece el menú de la **Figura 11**.

⑦ Hacemos un clic en **Aceptar**.

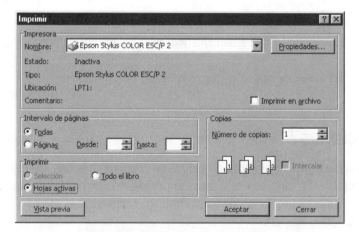

Figura 11. El menú de impresión.

Si todo anda bien, el gráfico comenzará a aparecer sobre el papel. Ahora sí, pasemos al capítulo siguiente. Es un lujo.

CAPÍTULO 7

Gráficos con estilo

En el capítulo anterior contamos cómo son los comandos para creación de gráficos. Pero, aunque pusimos unos cuantos ejemplos, una cosa es decir cuáles son los comandos y otra es aplicarlos.

En este capítulo vamos a ver un par de ejemplos en los que aplicamos los comandos de gráficos para lograr los mejores resultados:

- Efectos de relleno y texturas.
- Gráficos con ilustraciones.

Con sólo ver los ejemplos propuestos quedaremos enganchados.

Degradés, texturas y otros rellenos	147
Gráficos con ilustraciones	153
El gráfico base	154
Obtener la ilustración – La Galería de imágenes	155
Otra variante	158
Basta por ahora	160

Servicio de Atención al Lector
(011) 4959-5000
lectores@tectimes.com

Degradés, texturas y otros rellenos

¿Qué tal el gráfico de la **Figura 1**? Conceptualmente es igual a alguno de los que hicimos en el capítulo anterior, pero mucho más elegante.

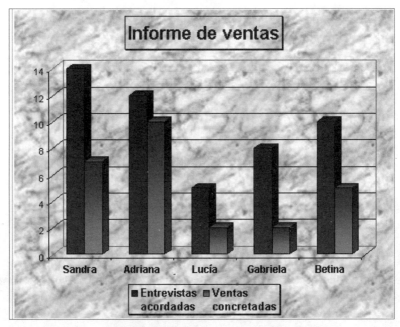

Figura 1. Un gráfico muy elegante.

En primer lugar, se trata de un gráfico de columnas, pero con efecto 3D. Este efecto se elige en el primer paso del Asistente, cuando tenemos que indicar el tipo de gráfico (**Figura 2**).

CREACIÓN DE GRÁFICOS

Los pasos completos para crear el gráfico de la Figura 1 se explican en el capítulo anterior.

PUNTO DE VISTA

El punto de vista que define la perspectiva de los gráficos con efecto tridimensional se puede controlar con las opciones Gráfico/Vista en 3D.

*Figura 2. Éstos son el tipo y el subtipo que hay que elegir para obtener el gráfico de la **Figura 1**.*

Pero no solamente es una cuestión de perspectiva; también se aplicaron distintos efectos de relleno sobre el gráfico propiamente dicho y sobre las barras. Vamos a ellos.

Aplicar una textura

El gráfico de la **Figura 1** parece estar dibujado sobre mármol. Es que Excel tiene una colección de rellenos especiales que se pueden aplicar a los gráficos y sus objetos. Los fondos como el de la **Figura 1** se llaman texturas.

Obtener una textura sobre el fondo gráfico — PASO A PASO

① Hacemos un clic sobre el fondo del gráfico. Deben aparecer los puntos de agarre sobre el fondo y sobre ningún otro objeto.

② Tomamos las opciones **Formato/Área del gráfico seleccionada**. Aparece el menú de fichas con las opciones que controlan el aspecto del fondo del gráfico.

③ En la ficha **Tramas**, hacemos un clic en el botón **Efectos de relleno**. Aparece un nuevo menú.

❹ Seleccionamos la ficha **Textura** (**Figura 3**). Esta ficha muestra las texturas disponibles (papel, mármol, granito, madera, etc.).

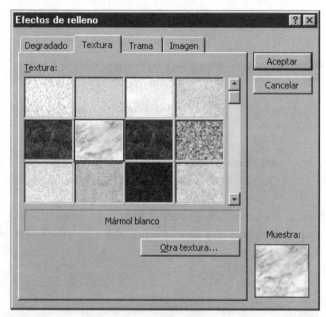

Figura 3. Las texturas que ofrece Excel. La que se ve seleccionada es la que se usó en el gráfico de la **Figura 1**.

❺ Seleccionamos la textura elegida.

❻ Hacemos un clic en **Aceptar** (la textura elegida). Vuelve a aparecer el menú de formato del área.

❼ Hacemos un clic en **Aceptar** (el área).

Ahora veremos el gráfico dibujado sobre mármol (es un decir).

SELECCIONAR EL ÁREA	EFECTOS DE RELLENO
Si la primera subopción dentro de Formato no es Área del gráfico seleccionada, la selección no ha sido bien hecha.	Las texturas y otros efectos se pueden aplicar a otros objetos del gráfico, pero no a las celdas.

Degradés

En el gráfico de la **Figura 1** las columnas están pintadas "en degradé": el color está más clarito en la base que en el extremo superior.

Aplicar efectos de relleno — PASO A PASO

❶ Hacemos un clic sobre una de las barras. Aparecerán los puntos de agarre sobre cada una de las barras.

❷ Tomamos las opciones `Formato/Serie de datos seleccionada`. Aparecerá el menú con todas las opciones relacionadas con el formato de la serie de datos.

❸ En la ficha `Tramas`, hacemos un clic en el botón `Efectos de relleno`. Aparecerá un nuevo juego de fichas. Estas tendrán que ver con el relleno de las barras.

❹ Seleccionamos la ficha `Degradado` (**Figura 4**).

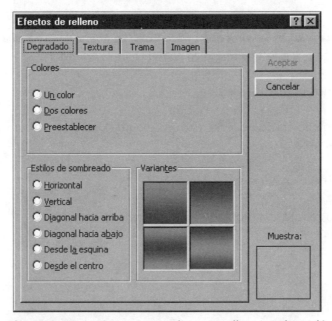

Figura 4. Las opciones para aplicar un relleno en degradé.

❺ Dentro de colores, marcamos la opción `Un color`. Aparecerán más opciones a la derecha.

❻ Dentro de `Color 1`, descolgamos la paleta y seleccionamos el color que más nos guste.

Degradés, texturas y otros rellenos

❼ Dentro de **Estilo de sombreado**, seleccionamos **Horizontal**.

❽ Dentro de **Variantes**, indicamos la que se oscurece de abajo hacia arriba. El cuadro quedará como en la **Figura 5**.

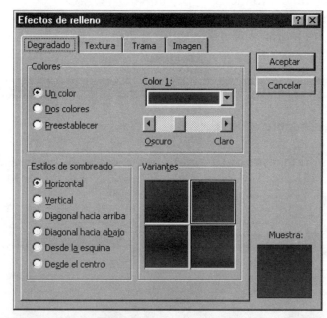

Figura 5. *El cuadro de la **Figura 4**, luego de seleccionar las opciones necesarias para obtener el relleno del gráfico de la **Figura 1**.*

❾ Hacemos un clic en **Aceptar** (el degradado elegido). Vuelve a aparecer el menú de formato de la serie de datos.

❿ Hacemos un clic en **Aceptar**.

Lo mismo hacemos con la segunda serie de datos.

SELECCIONAR LA BARRA

Si los puntos de agarre aparecen solamente sobre una barra es porque no quedó seleccionada toda la serie. Hay que hacer un clic fuera del gráfico y hacer la selección nuevamente.

EFECTOS DE RELLENO

Por supuesto, en el cuadro de la Figura 4 se pueden elegir otras opciones, según lo que más nos guste.

El relleno de los textos

El gráfico de la **Figura 1** tiene dos cuadros de texto: el que rodea al título y las leyendas. Hemos decidido que estos cuadros sean "transparentes" para que dejen ver el relleno marmolado del fondo.

Por ejemplo, para lograr este efecto sobre el título:

Títulos transparentes — PASO A PASO

① Hacemos un clic sobre el título.

② Tomamos las opciones **Formato/Título del gráfico seleccionado**.

③ Seleccionamos la ficha **Tramas** (**Figura 6**).

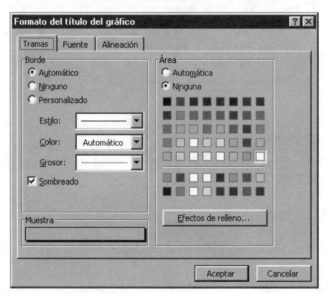

Figura 6. *Las opciones de relleno para el cuadro que rodea al título. Marcando la opción* **Ninguna***, dentro de* **Área***, logramos que el cuadro sea transparente y deje ver el fondo.*

USO DEL TECLADO

Una vez seleccionado el objeto (cuadro, fondo, barra, etc.) podemos obtener el cuadro con las opciones de formato oprimiendo la combinación CONTROL+1 (el número 1).

EFECTOS

No hay que abusar de los efectos de relleno. Si mezclamos muchas texturas, degradés y colorinches el gráfico se vuelve ilegible.

❹ Dentro de **Área** marcamos la opción **Ninguna**.

❺ Hacemos un clic en **Aceptar**.

Ahora el título aparecerá escrito sobre un cuadro transparente y dejará ver el fondo marmolado a través de él. Luego hacemos lo mismo con el cuadro de leyendas.

Gráficos con ilustraciones

Por gráficos "con ilustraciones" nos referimos a un gráfico como el de la **Figura 7**. Las barras (que representan el importe de ventas) han sido reemplazadas por dibujos adecuados; en este caso, bolsas de plata. Cuanto más grande es la bolsa, mayor es el importe vendido.

Figura 7. *Un gráfico con ilustraciones. El tamaño de la bolsa de plata es aproximadamente proporcional al importe de las ventas.*

Este efecto es espectacular y muy fácil de lograr. Pero comencemos por el principio.

BARRAS ILUSTRADAS
El efecto del gráfico de la Figura 7 solamente se puede aplicar en gráficos "planos", sin efecto tridimensional.

El gráfico base

Como ocurre siempre, el gráfico de la **Figura 7** está asociado a una tabla de valores: la tabla cuyos valores se grafican. Esta tabla aparece en la **Figura 8**.

	A	B	C
1	Nombre	Ventas concretadas	
2	Sandra	245	
3	Adriana	1540	
4	Lucía	918	
5	Gabriela	378	
6	Betina	770	
7			

Figura 8. Los datos del gráfico de la **Figura 7**.

Por otra parte, las opciones que ofrece el asistente para gráficos no permiten obtener el efecto de la **Figura 7** en forma inmediata. Tenemos que comenzar con un gráfico más simple, como el de la **Figura 9**.

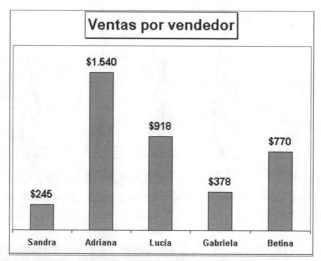

Figura 9. Este gráfico es el paso previo a obtener el efecto del gráfico de la **Figura 7**.

DATOS DEL GRÁFICO

Los gráficos de las Figuras 7 y 9 no se obtienen con los mismos datos que los ejemplos anteriores.

Las respuestas dadas al asistente durante la creación del gráfico son:

1. En el primer paso, indicamos gráfico de columnas, sin efecto tridimensional.
2. En el segundo paso, aceptamos el rango sugerido por el asistente.
3. En el tercer paso, dentro de la ficha **Títulos**, escribimos el título elegido para el gráfico.
4. Dentro de la ficha **Ejes**, desmarcamos la opción **Eje de valores**.
5. Dentro de la ficha **Líneas de división**, desmarcamos todas las opciones.
6. Dentro de la ficha **Leyendas**, desmarcamos la opción **Mostrar leyenda**.
7. Dentro de la ficha **Rótulos de datos**, marcamos la opción **Mostrar valor**.
8. En el último paso, indicamos dónde vamos a poner el gráfico.

Hay una razón para elegir estas opciones. Los rótulos de datos indican el valor representado, por ello no hacen falta el eje de valores ni las líneas de división.

Por otra parte, habiendo una sola variable en el gráfico (las ventas) tampoco necesitamos el cuadro de leyendas.

En el gráfico de la **Figura 9** también aumentamos el tamaño de los textos, tanto en los rótulos de datos como en el título y los nombres de los vendedores. Pero eso ya lo sabemos hacer.

Obtener la ilustración – La Galería de imágenes

Ahora tenemos que conseguir la ilustración de la bolsa de plata. Si no tenemos ninguna, no importa; Excel 2000 incluye una colección de imágenes con miles (sí, miles) de figuras de todo tipo. Son tantas que sería imposible localizar la que necesitamos si no fuera porque también tenemos un programa que facilita la búsqueda: la **Galería de imágenes**.

No vamos a aplicar la ilustración directamente sobre el gráfico; primero la obtendremos sobre la planilla:

CREACIÓN DE GRÁFICOS	FONDO
Los pasos completos para crear el gráfico de la Figura 9 se explican en el capítulo anterior.	En el gráfico de la Figura 7 se aplicó como fondo la textura Papel periódico.

Aplicar la ilustración sobre la planilla — PASO A PASO

① Vamos a un sector libre de la planilla.

② Tomamos las opciones `Insertar/Imagen/Imágenes prediseñadas`. Aparece la **Galería de imágenes** (**Figura 10**).

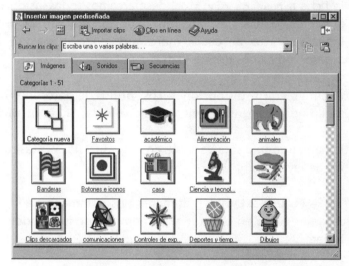

Figura 10. La Galería de imágenes. Podemos buscar las imágenes por categoría o localizarlas escribiendo una palabra clave en la opción `Buscar los clips`.

③ Donde dice `Buscar los clips` escribimos `dinero` (una palabra clave asociada a la ilustración que estamos buscando).

④ Apretamos la tecla `ENTER`. Luego de un instante, la galería mostrará solamente las imágenes afines a la palabra clave indicada. En el caso de `dinero`, las que vemos en la **Figura 11**.

⑤ Navegamos por la galería hasta localizar la imagen que más nos convenga. Generalmente las imágenes aparecen repartidas a lo largo de varias páginas.

EXCEL 97

La versión anterior de Excel usa una galería de imágenes más simple que la que mostramos acá.

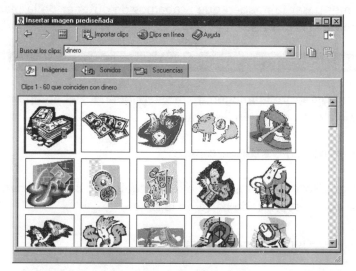

Figura 11. *Las imágenes asociadas a la palabra clave "dinero".*

❻ Hacemos un clic sobre la imagen elegida. Aparece la barra de botones de la **Figura 12**.

Figura 12. *Esta barra de botones aparece al hacer un clic sobre la imagen. Un segundo clic sobre el primer botón inserta la imagen en la planilla.*

❼ Hacemos un clic sobre el primer botón.

❽ Cerramos la **Galería** (podemos hacer un clic en el botón **Cerrar**, la **x** de arriba a la derecha, como cuando cerramos cualquier ventana en Windows).

❾ Al volver a Excel, aparecerá la imagen elegida sobre la planilla. Hasta acá queríamos llegar.

Ahora debemos pasar la imagen que acabamos de obtener de la planilla a las barras del gráfico de la **Figura 9**:

| Poniendo la imagen en el gráfico | PASO A PASO |

❶ Hacemos un clic sobre la imagen, para seleccionarla. Deben aparecer los puntos de agarre en los bordes y en las esquinas.

❷ Tomamos las opciones `Edición/Copiar`.

❸ Vamos al gráfico y hacemos un clic sobre cualquier barra. Deben aparecer los puntos de agarre sobre cada barra de la serie.

❹ Tomamos las opciones `Edición/Pegar`.

Si hicimos todo bien, las barras quedarán reemplazadas por las bolsas como en el gráfico de la **Figura 7**; si no, no.

Otra variante

La **Figura 13** muestra otra variante del uso de ilustraciones en los gráficos. Las barras han sido reemplazadas por pilas de bolsas: cuantas más bolsas hay en la pila, mayores son las ventas.

Figura 13. Una variante del gráfico de la *Figura 7.*
La cantidad de bolsas es proporcional al importe de las ventas.

Otra variante

Para obtener este segundo efecto, primero reemplazamos las barras por bolsas, como en el ejemplo anterior. Luego:

Apilar las ilustraciones — PASO A PASO

1. Hacemos un clic sobre cualquier barra. Deben aparecer los puntos de agarre sobre cada barra de la serie.

2. Tomamos las opciones **Formato/Serie de datos seleccionada**. Aparece el menú que ya conocemos con las opciones de la serie.

3. En la ficha **Tramas**, hacemos un clic en el botón **Efectos de relleno**. Aparece otro juego de fichas, relacionadas con el formato del relleno.

4. Seleccionamos la ficha **Imagen** (**Figura 14**).

5. Dentro de **Formato**, marcamos la opción **Apilar**.

6. Hacemos un clic en **Aceptar** (el relleno).

7. Hacemos un clic en **Aceptar** (las opciones de la serie de datos).

USO DEL TECLADO

La combinación CONTROL+C es equivalente a las opciones Edición/Copiar.

USO DEL TECLADO

La combinación CONTROL+V es equivalente a las opciones Edición/Pegar.

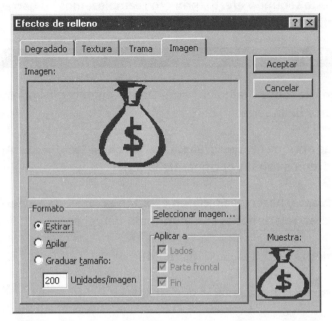

Figura 14. *En esta ficha indicamos las características del efecto.*
*El gráfico de la **Figura 7** se obtiene marcando la opción* `Estirar`*.*
*El gráfico de la **Figura 13** se obtiene marcando la opción* `Apilar`*.*

Ahora el gráfico quedará como en la **Figura 13**: las barras estarán formadas por bolsas apiladas.

Basta por ahora

Pusimos estos dos ejemplos para mostrar hasta dónde podemos llegar a la hora de crear gráficos con aspecto profesional.

Pero esto no agota el tema de ninguna manera. Se podría escribir un libro de tamaño mediano solamente sobre gráficos. Ya lo escribiremos algún día.

SELECCIONAR LA BARRA

Si los puntos de agarre aparecen solamente sobre una barra es porque no quedó seleccionada toda la serie. Hay que hacer un clic fuera del gráfico y hacer la selección nuevamente.

ESCALA

Con la opción `Graduar tamaño` (en la ficha de la Figura 14) podemos indicar cuánta plata representa cada bolsa. Con la opción `Apilar`, esa escala la fija Excel en forma automática.

CAPÍTULO 8

El puntero: táctica y estrategia

Nosotros nos comunicamos con la computadora a través de dos dispositivos principales: el teclado y el mouse. Suponemos que el teclado lo conocemos más o menos bien. Pero con el mouse se pueden hacer cosas muy interesantes.

Hablemos entonces de los distintos punteros y sus usos:

- La cruz gorda.
- La flecha.
- Mover y copiar rangos.
- El puntero de estirar.
- Generar series.
- Copiar formatos.

Y algunos ejemplos más.

Tres punteros	163
La cruz gorda	163
La flecha	163
La cruz fina	169
Tres casos especiales	181

Tres punteros

En Excel hay básicamente tres punteros: la cruz gorda, la flecha (o puntero de agarrar) y la cruz fina (o puntero de estirar). Cada uno de ellos tiene funciones específicas y aparece en situaciones bien definidas.

La cruz gorda

Es el puntero más común, en el sentido de que es la forma con más probabilidades de aparecer cuando se trabaja con Excel (**Figura 1**). Sirve para dos cosas:

- Seleccionar una celda haciendo clic sobre ella
- Seleccionar un rango arrastrando el mouse entre las celdas extremas.

Figura 1. La cruz gorda. Es la forma más común del puntero en Excel.

Siendo el puntero básico de Excel, no hay mucho más que decir acerca de él. Su uso no ofrece ninguna dificultad.

La flecha

Es el puntero "de agarrar". Aparece cuando el centro de la cruz gorda toca alguno de los bordes de la celda actual (**Figura 2**).

ARRASTRAR EL MOUSE
Mover el mouse sin soltar el botón. Es uno de los tres movimientos básicos del mouse, junto con el clic y el doble clic.

SELECCIONAR FILAS, COLUMNAS Y HOJA
Seleccionamos toda una columna si hacemos un clic en su encabezamiento; toda una fila si lo hacemos en su extremo izquierdo; y toda una hoja si lo hacemos en el botón de la esquina superior izquierda.

Figura 2. La flecha o puntero "de agarrar". Aparece cuando el centro de la cruz gorda se apoya en los bordes de la celda actual.

Este puntero sirve principalmente para agarrar los objetos de Excel (principalmente celdas y rangos) y moverlos a otra parte. Por ejemplo, en la planilla de la **Figura 3**, queremos llevar el dato de la celda **D4** a **E4**:

Figura 3. Usando la flecha o puntero de agarrar podemos correr el dato de la celda **D4** a la derecha.

Mover un dato de lugar — PASO A PASO

① Hacemos un clic en **D4**, usando la cruz gorda.

② Apoyamos el puntero en los bordes de la celda para que aparezca la flecha.

③ Hacemos un clic y mantenemos apretado el botón del mouse.

④ Llevamos el puntero a la celda de destino.

⑤ Soltamos el botón.

EXTENDER SELECCIÓN

Si soltamos el botón del mouse antes de terminar de seleccionar un rango podemos extender la selección usando las teclas de flecha, manteniendo apretada la tecla SHIFT.

MOVER O COPIAR RANGOS

Estos procedimientos para mover (o copiar) una celda también funcionan con rangos si previamente los seleccionamos.

Un proceso similar se hace para copiar un dato, es decir, para duplicarlo:

Copiar un dato — PASO A PASO

① Hacemos un clic en la celda que contiene el dato a copiar.

② Apoyamos el puntero en los bordes de la celda para que aparezca la flecha.

③ Hacemos un clic y mantenemos apretado el botón del mouse.

④ Llevamos el puntero a la celda de destino.

⑤ Sin soltar todavía el botón, apretamos la tecla CONTROL y la mantenemos apretada.

⑥ Soltamos el botón.

⑦ Soltamos la tecla CONTROL.

Es decir que para copiar o duplicar un dato, hacemos la misma operación para moverlo, pero manteniendo apretada la tecla CONTROL.

Estas dos operaciones sirven para mover o copiar celdas individuales, rangos y también objetos insertados como imágenes, dibujos, etc. También permiten mover o copiar hojas completas.

Moviendo o copiando hojas

Con el puntero de agarrar se pueden acomodar las hojas de un libro; simplemente se las toma con el mouse y se las lleva al lugar deseado. Si hacemos esto manteniendo apretada la tecla CONTROL, la hoja queda duplicada (**Figura 4**).

COPIAR
Mientras mantenemos apretada la tecla CONTROL aparece una cruz junto al puntero flecha. Esa cruz indica que estamos copiando y no moviendo.

INSERTAR RANGOS
Si movemos un rango, manteniendo apretada la tecla SHIFT, el rango seleccionado se inserta sobre el rango de destino.

LA BIBLIA DE EXCEL

Figura 4. *Usando el puntero de agarrar junto con la tecla* **CONTROL** *podemos duplicar una hoja completa.*

Si tenemos abierto más de un libro y usamos la disposición **Mosaico** (con las opciones **Ventana, Organizar, Mosaico**) podemos también mover o copiar hojas entre libros distintos.

Copiando contenido o formato

Las operaciones anteriores copian (o mueven, según el caso) el dato propiamente dicho junto con su formato. Pero, en realidad, podemos elegir copiar uno u otro, según nos convenga.

	A	B	C	D
1	Mes de entrega	Obra	Concepto	Neto a cobrar
2	Marzo	Mendoza 450	Electricista	$ 374,00
3	Febrero	Mendoza 450	Electricista	$ 176,00
4	Febrero	Rivadavia 6971	Pintura	$ 184,00

Figura 5. *Queremos aplicar en la celda* **D1** *el mismo formato de la celda* **A1***.*

Por ejemplo, en la planilla de la **Figura 5**, el dato de la celda **A1** tiene un formato especial. Queremos aplicar el mismo formato al dato de la celda **D1**.

Podemos hacer esto con el botón **Copiar formato** (**Figura 6**) o mediante el comando de **Pegado especial**. Pero es más rápido usar el puntero flecha:

COMANDO COPIAR HOJA
También podemos mover o copiar una hoja con las opciones Edición/Mover o copiar hoja.

NOMBRE DE LA HOJA
Cuando duplicamos una hoja, ésta recibe el mismo nombre que la hoja original, pero seguido de un número entre paréntesis. Este nombre lo podemos cambiar haciendo doble clic en la solapa (la de la hoja).

	A	B	C	D
1	Mes de entrega	Obra	Concepto	Neto a cobrar
2	Marzo	Mendoza 450	Electricista	$ 374,00
3	Febrero	Mendoza 450	Electricista	$ 176,00
4	Febrero	Rivadavia 6971	Pintura	$ 184,00

Figura 6. El botón **Copiar formato**. Sirve para aplicar en una celda el formato de otra.

Copiar el formato con el puntero flecha   PASO A PASO

❶ Usando la cruz gorda hacemos un clic en **A1**, la celda que contiene el formato a aplicar en la otra.

❷ Apoyamos el puntero en los bordes de la celda para que aparezca la flecha.

❸ Hacemos un clic con el botón derecho del mouse y lo mantenemos apretado.

❹ Llevamos el puntero a la celda **D1**, donde queremos aplicar el formato.

❺ Soltamos el botón. Aparece un menú como el de la **Figura 7**.

❻ Hacemos un clic en la opción **Copiar aquí sólo como formatos**.

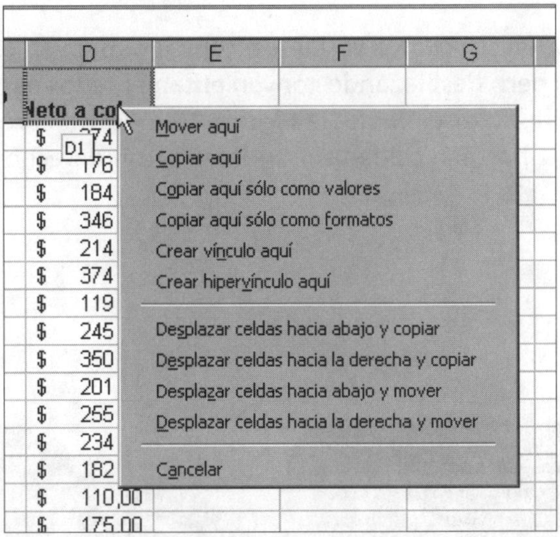

Figura 7. Este menú aparece cuando usamos el puntero de agarrar (la flecha) con el botón derecho del mouse.

El resultado será el que aparece en la **Figura 8**: la celda D1 aparecerá con el mismo formato que A1.

	A	B	C	D	E
1	Mes de entrega	Obra	Concepto	Neto a cobrar	
2	Marzo	Mendoza 450	Electricista	$ 374,00	
3	Febrero	Mendoza 450	Electricista	$ 176,00	
4	Febrero	Rivadavia 6971	Pintura	$ 184,00	
5	Febrero	J.B.Alberdi 1225	Pintura	$ 346,00	
6	Enero	Mendoza 450	Plomería	$ 214,00	
7	Marzo	Mendoza 450	Electricista	$ 374,00	

***Figura 8.** La planilla de la **Figura 5**, luego de copiar el formato.*

El menú que aparece al mover un dato usando el botón derecho del mouse tiene otras opciones. Las principales son las siguientes:

- `Mover aquí` equivale a mover un dato usando el botón izquierdo, tal como en el primer ejemplo.
- `Copiar aquí` equivale a copiar un dato usando el botón izquierdo y la tecla `Control`, tal como en el segundo ejemplo.
- `Copiar aquí sólo como valores` copia el dato sin el formato. El resultado de aplicar esta opción en la planilla de la **Figura 5** sería lo que se ve en la **Figura 9**.
- `Crear vínculo` inserta en la celda de destino una referencia a la celda original. En el ejemplo de la **Figura 4**, el resultado sería obtener en la celda D1 la fórmula `=$A$1`.
- `Desplazar celdas` (en sus cuatro variantes) copian o mueven el dato original (contenido y formato) pero desplazando convenientemente los datos en el destino, para no sobreescribirlos. Por ejemplo, la **Figura 10** muestra el resultado de tomar el dato de la celda A1 hasta la celda D1 usando el botón derecho y la opción `Desplazar celdas hacia abajo y copiar`.

COPIAR FORMATO

El uso del botón `Copiar formato` se explica en el Capítulo 3, La cosmética.

JOYISTICK POR MOUSE

En los años 80 había un programa para tareas administrativas que se manejaba con un joystick: se guiaba el cursor por la pantalla como si fuera un pacman y el clic se hacía con el botón de disparar.

	A	B	C	D	E
1	Mes de entrega	Obra	Concepto	les de entrega	
2	Marzo	Mendoza 450	Electricista	$ 374,00	
3	Febrero	Mendoza 450	Electricista	$ 176,00	
4	Febrero	Rivadavia 6971	Pintura	$ 184,00	
5	Febrero	J.B.Alberdi 1225	Pintura	$ 346,00	
6	Enero	Mendoza 450	Plomería	$ 214,00	

Figura 9. La planilla de la Figura 4, luego de copiar en D1 el dato de la celda A1, sin su formato.

	A	B	C	D	E
1	Mes de entrega	Obra	Concepto	Mes de entrega	
2	Marzo	Mendoza 450	Electricista	Neto a cobrar	
3	Febrero	Mendoza 450	Electricista	$ 374,00	
4	Febrero	Rivadavia 6971	Pintura	$ 176,00	
5	Febrero	J.B.Alberdi 1225	Pintura	$ 184,00	
6	Enero	Mendoza 450	Plomería	$ 346,00	

Figura 10. La planilla de la Figura 4, luego de copiar en D1 el dato de la celda A1 usando la opción `Desplazar celdas hacia abajo y copiar`.

La cruz fina

Este es el puntero "de estirar". Aparece cuando el centro de la cruz gorda se apoya exactamente sobre el puntito que hay en la esquina inferior derecha de la celda actual (**Figura 11**).

	A
1	Capítulo 1
2	

Figura 11. La cruz fina o puntero "de estirar". Aparece cuando el centro de la cruz gorda se apoya en el puntito que hay en la esquina inferior derecha de la celda actual.

Este puntero sirve para repetir datos o generar ciertas series preestablecidas. Merece ser estudiado en detalle.

Estirando un dato

En su función más simple, el puntero de estirar permite repetir un dato a lo largo de una fila o columna. Por ejemplo, en la planilla de la **Figura 12**, queremos repetir el título de la celda **A1** cinco filas hacia abajo:

Figura 12. Vamos a usar el puntero de estirar para repetir este dato hasta la celda **A6**.

Usar el puntero de estirar para repetir un dato — PASO A PASO

① Ponemos el cursor en la celda **A1**, cuyo contenido queremos repetir.

② Apoyamos el puntero de modo que el centro de la cruz gorda coincida con el puntito que hay abajo y ala derecha de la celda. Aparecerá el puntero de estirar.

③ Hacemos un clic y mantenemos apretado el botón del mouse.

④ Sin soltar el botón, bajamos hasta la celda **A6**.

⑤ Soltamos el botón.

El resultado será el que se ve en la **Figura 13**.

INTERFASE INTUITIVA

Parece mentira que la PC haya tardado tanto en incorporar la posibilidad de manipular los objetos (textos, datos, dibujos, etc.) tomándolos y llevándolos de acá para allá.

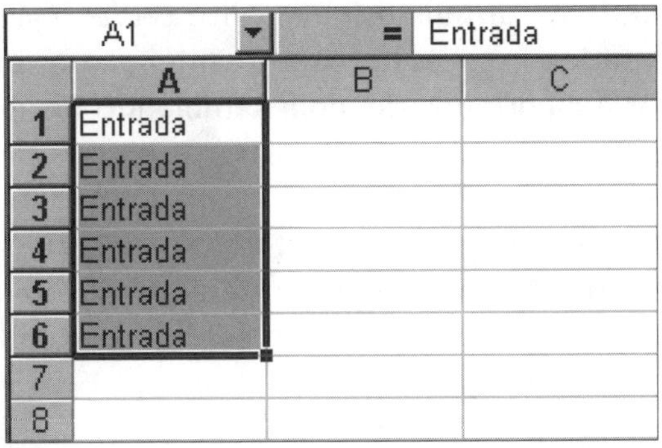

A1	= Entrada	
A	**B**	**C**

	A	B	C
1	Entrada		
2	Entrada		
3	Entrada		
4	Entrada		
5	Entrada		
6	Entrada		
7			
8			

Figura 13. *La planilla de la **Figura 12**, luego de repetido el dato.*

Este procedimiento funciona en general tanto para datos tipo texto o numéricos. También permite repetir más de un dato a la vez si, antes de estirar, seleccionamos el rango de celdas que contiene los datos a repetir.

Estirando una fórmula

En la planilla de la **Figura 14** se ha escrito una fórmula en la celda D2 que debe aplicarse en toda su columna hasta la celda D7.

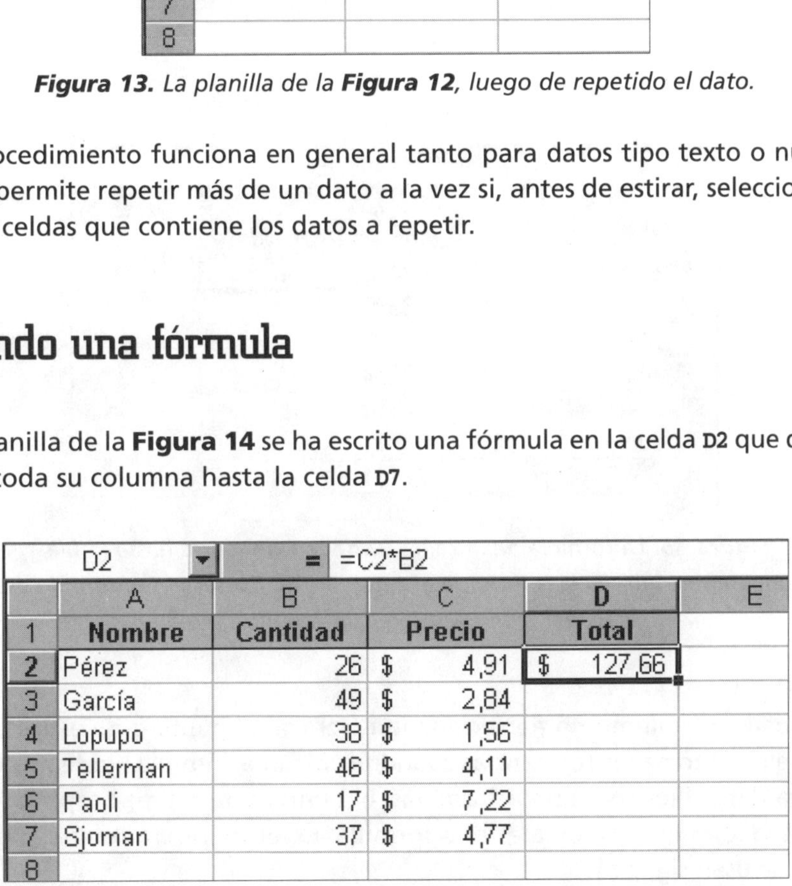

D2 = =C2*B2

	A	B	C	D	E
1	**Nombre**	**Cantidad**	**Precio**	**Total**	
2	Pérez	26	$ 4,91	$ 127,66	
3	García	49	$ 2,84		
4	Lopupo	38	$ 1,56		
5	Tellerman	46	$ 4,11		
6	Paoli	17	$ 7,22		
7	Sjoman	37	$ 4,77		
8					

Figura 14. *La fórmula de la celda D2 debe extenderse hasta la fila 7. Puede hacerse con el puntero de estirar.*

DIRECCIONES ABSOLUTAS Y RELATIVAS

DATOS ÚTILES

En el Capítulo 2, Planillas avanzadas, explicamos con más ejemplos esta cuestión de las direcciones absolutas y relativas y el uso del signo $.

Puede hacerse estirando la fórmula original cinco celdas hacia abajo, exactamente como en el ejemplo anterior. Excel es lo bastante inteligente como para advertir que las referencias en la fórmula original deben ir cambiando fila a fila en las copias que se generen al estirarla.

En el caso de la planilla de la **Figura 15** la fórmula de la celda **C2** debe extenderse a toda la columna pero manteniendo fija la referencia al total. Puede hacerse también con el puntero de estirar si la fórmula se escribe colocando convenientemente un signo $:

=B2/B$8.

	A	B	C	D
1	Período	Gastos	Porcentaje	
2	Enero	3458	15,63%	
3	Febrero	3539		
4	Marzo	4331		
5	Abril	3954		
6	Mayo	2538		
7	Junio	4311		
8	**Total**	22131		
9				

Figura 15. La fórmula de la celda C2 debe extenderse hasta la fila 7, pero manteniendo fija la referencia al total. Antes de usar el puntero de estirar hay que fijar esa referencia con un signo $.

En realidad, esto último no tiene nada que ver con el puntero de estirar; es la forma en que Excel toma las referencias cuando copia una fórmula. Podemos decir que, tanto para datos fijos como para fórmulas, el puntero de estirar "copia". Recordando que cuando lo que se copia es una fórmula, Excel considera referencias relativas salvo que se usen signos $.

Generando series

Éste es el uso más interesante del puntero de estirar. Por ejemplo, sea el caso de necesitar a lo largo de la columna A la serie **10, 20, 30**, etcétera:

Generar una serie con el puntero estirar — PASO A PASO

❶ Escribimos en **A1** y **A2** los dos primeros números de la serie (**10** y **20**, respectivamente).

❷ Seleccionamos el rango **A1:A2**.

❸ Buscamos el puntero de estirar; ya sabemos cómo.

❹ Hacemos un clic y mantenemos apretado el botón.

❺ Estiramos hasta la celda **A10** (**Figura 16**).

❻ Soltamos el botón.

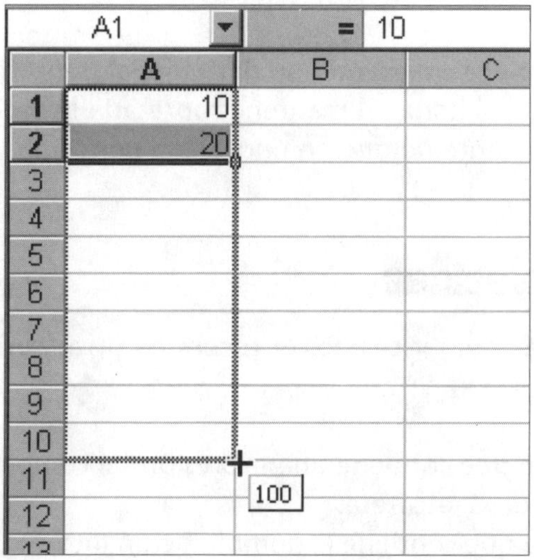

Figura 16. Cómo se obtiene la serie usando el puntero de estirar.

El resultado será la serie buscada. Ocurre que lo que estamos estirando en este caso no son datos cualesquiera sino el comienzo de una serie. Excel reconoce las series numéricas y genera entonces los demás términos, manteniendo el salto o incremento entre ellos.

Si en las celdas iniciales hubiéramos escrito los números **100** y **90**, respectivamente, la serie obtenida habría sido decreciente: **100**, **90**, **80**, etcétera.

Más simple es el caso de las series que van de uno en uno. Supongamos que en la planilla de la **Figura 16** queríamos obtener la serie **1**, **2**, **3**, etcétera:

Generar una serie uno en uno — PASO A PASO

❶ Escribimos en **A1** el primer número de la serie; o sea, un **1**.

❷ Seleccionamos la celda **A1**.

❸ Buscamos el puntero de estirar, ya sabemos cómo.

❹ Hacemos un clic y mantenemos apretado el botón.

❺ Estiramos hasta la celda **A10**.

❻ Sin soltar el botón, apretamos la tecla **CONTROL** y la mantenemos apretada.

❼ Sin soltar la tecla **CONTROL**, soltamos el botón.

Normalmente, siendo el número uno un dato fijo, el puntero de estirar debería repetirlo a lo largo de la columna. El mantener apretada la tecla **CONTROL** hace que el número inicial se incremente de uno en uno, celda por celda.

Series preestablecidas

Además de las series numéricas, Excel reconoce otras series al usar el puntero de estirar:

- Si se estira una celda que contiene una expresión tal como **Depto. 1**, se obtiene la serie **Depto. 2**, **Depto. 3**, etcétera.
- Si se estira una celda que contiene el nombre de un mes, Excel continúa con los demás meses.
- Si se estira una celda que contiene el nombre de un día de la semana, Excel continúa con los demás días.
- Los dos casos anteriores también funcionan si los meses o los días se abrevian a tres letras (**Ene** o **Lun**, por ejemplo).
- Si estira un par de celdas que contienen respectivamente las palabras **Enero** y **Marzo**, se obtiene la series de los meses impares (**Enero, Marzo, Mayo, Julio**, etcétera.).

USO DE CONTROL

En pocas palabras, la tecla CONTROL hace que se genere una serie cuando Excel pretende repetir el dato, y viceversa. Ver el ejemplo al final del capítulo.

BORRAR CON LA CRUZ FINA

El puntero de estirar también sirve para borrar celdas. Primero las seleccionamos con la cruz gorda y luego "contraemos" la selección usando la cruz fina en sentido opuesto al habitual.

Configurando otras series

Excel reconoce la serie de los días de la semana o de los meses del año porque ha sido programado para ello. Estas series forman parte de la configuración de Excel y aparecen en la ficha **Listas personalizadas**, dentro del menú **Herramientas**, **Opciones** (**Figura 17**).

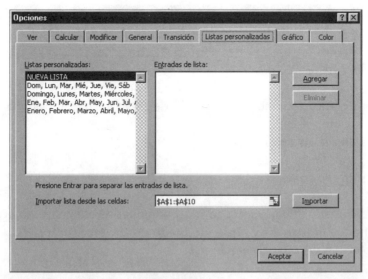

Figura 17. La ficha **Listas personalizadas**, dentro del menú **Herramientas/Opciones**. Aquí aparecen las series que reconoce Excel cuando se usa el puntero de estirar.

Agregar otras series   PASO A PASO

❶ Tomamos las opciones **Herramientas**, **Opciones** y seleccionamos la ficha **Listas personalizadas**. Aparece la ficha de la **Figura 17**.

❷ Hacemos un clic en **NUEVA LISTA**.

❸ Donde dice **Entradas de lista** escribimos los términos de la nueva serie, separados por comas.

LA HISTORIA

El mouse comenzó a usarse comercialmente a principios de la década del ochenta en un sistema de la empresa Xerox. Pero no alcanzó popularidad hasta 1984, cuando fue adoptado por Apple, primero para su modelo Lisa y luego para las Macintosh.

❹ Hacemos un clic en Aceptar.

De ahora en más, Excel reconocerá la nueva lista que acabamos de agregar.

Si la lista ya estuviera escrita en la planilla podemos agregarla más fácilmente:

Agregar una serie ya escrita — PASO A PASO

❶ Cuando aparece el cuadro de la **Figura 17**, hacemos un clic en Importar lista desde las celdas.

❷ Escribimos o seleccionamos el rango donde están los términos de la lista.

❸ Hacemos un clic en Importar.

❹ Hacemos un clic en Aceptar.

Las listas adicionales que hayamos configurado pueden eliminarse seleccionándolas en el cuadro de la **Figura 17** y haciendo luego un clic en el botón Eliminar. Las series preestablecidas no pueden eliminarse.

Estirar con el botón derecho

Como en el caso de la flecha, también el puntero de estirar brinda opciones adicionales cuando se lo usa con el botón derecho. Por ejemplo, en la planilla de la **Figura 18** queremos que todos los títulos de la fila **1** tengan el formato de la celda **A1**:

	A	B	C	D	E
1	Mes de entrega	Obra	Concepto	Importe	
2	Marzo	Mendoza 450	Electricista	$ 374,00	
3	Febrero	Mendoza 450	Electricista	$ 176,00	
4	Febrero	Rivadavia 6971	Pintura	$ 184,00	
5	Febrero	J.B.Alberdi 1225	Pintura	$ 346,00	

Figura 18. Se quiere aplicar en toda la fila **1** el mismo formato que la celda **A1**.

ELIMINAR SERIES
Una vez que eliminamos una lista del cuadro de la Figura 17, no podemos arrepentirnos. Si queremos recuperarla, tendremos que escribirla de nuevo.

MANTENER CONSTANTE UN MES
Si queremos repetir el nombre de un mes (u otro dato perteneciente a una serie) tenemos que estirarlo manteniendo apretada la tecla CONTROL.

Extender un dato con el botón derecho   PASO A PASO

❶ Seleccionamos la celda **A1**, que contiene el formato a aplicar en las demás.

❷ Apoyamos el puntero en el puntito que hay en la esquina inferior derecha de la celda para que aparezca el puntero de estirar.

❸ Hacemos un clic **con el botón derecho** y lo mantenemos apretado.

❹ Estiramos hasta la celda **D1**.

❺ Soltamos el botón. Aparece el menú de la **Figura 19**.

❻ Hacemos un clic en la opción `Rellenar formatos`.

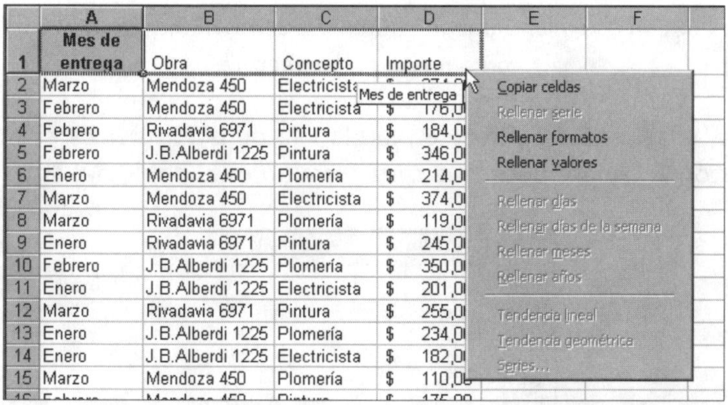

Figura 19. *Al extender un dato usando el botón derecho del mouse aparece este menú con opciones adicionales para estirar.*

Como resultado de esta operación, todas las celdas del rango **A2:A4** recibirán el formato de la celda **A1**.

Las demás opciones que aparecen en el menú de la **Figura 19** son fáciles de entender:

- `Copiar celdas` repite el dato original tanto el contenido como su formato. Esto es así aun en el caso de que el dato original sea el comienzo de una serie, como un mes o un día de la semana.
- `Rellenar serie` genera la serie correspondiente al dato original. En la **Figura 19** esta opción aparece atenuada (y, por lo tanto, inaccesible) porque el dato estirado no es el comienzo de ninguna serie.
- `Rellenar formatos` fue el caso del ejemplo y aplica a las celdas estiradas el formato de la celda original.

- `Rellenar valores` rellena el rango estirado con el dato original, sin su formato.
- `Series` hace aparecer el menú de la **Figura 20**, con opciones para generar series numéricas más complejas.

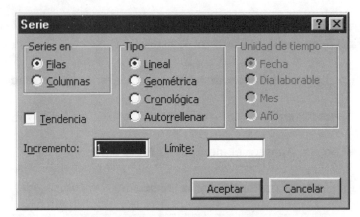

Figura 20. Con este menú pueden obtenerse series numéricas más complejas, como una serie geométrica.

Por ejemplo, la serie que aparece en la planilla de la **Figura 21** es una serie geométrica de razón 2. Quiere decir que cada término es el doble del anterior.

	A	B
1	1	
2	2	
3	4	
4	8	
5	16	
6	32	
7	64	
8	128	
9		
10		

Figura 21. Una serie geométrica de razón dos: cada término es el doble del anterior.

SERIES ARITMÉTICAS Y GEOMÉTRICAS

Estas series tienen muchas aplicaciones cuando se quieren representar gráficamente ciertos fenómenos naturales. Por ejemplo, en ciertos casos, la cantidad de individuos de una población crece según una progresión geométrica.

Generar una serie geométrica — PASO A PASO

❶ Seleccionamos la celda que contiene el comienzo de la serie.

❷ Obtenemos el puntero de estirar, ya sabemos cómo.

❸ Hacemos un clic con el botón derecho y lo mantenemos apretado.

❹ Estiramos hasta la celda **A8**.

❺ Soltamos el botón. Aparece el menú de la **Figura 19**.

❻ Hacemos un clic en la opción **Series**. Aparece el cuadro de la **Figura 20**.

❼ Marcamos la opción **Geométrica**.

❽ Dentro de **Incremento**, escribimos **2**.

❾ Hacemos un clic en **Aceptar**.

Si comenzamos con un par de celdas con los valores 1 y 2, en el menú de la **Figura 19** se habilitan también las opciones **Tendencia lineal** y **Tendencia geométrica** para que podamos elegir entre una u otra serie.

Series cronológicas

Si la celda original que se estira contiene una fecha, el menú de la **Figura 19** muestra más opciones, tal como se ve en la **Figura 22**.

HACIA EL PASADO

Si se especifica un incremento negativo, Excel genera series de fechas decrecientes, "hacia el pasado".

Figura 22. El menú que aparece al estirar una celda que contiene una fecha.

Estas nuevas opciones son:

- `Rellenar días` genera una serie de días consecutivos.
- `Rellenar días de la semana` genera una serie de días consecutivos, pero salteando sábados y domingos.
- `Rellenar meses` genera una serie en la que se mantiene fijo del número de día pero se incrementa el meses. Como en la serie de la izquierda de la **Figura 23**.
- `Rellenar años` genera una serie en la que se mantiene fijo el día y el mes, pero se incrementa el año. Como en la serie de la derecha de la **Figura 23**.

SERIES CRONOLÓGICAS

Las opciones del menú de la Figura 22 aparecen o no según si el dato estirado es o no una fecha.

OTROS PUNTEROS

Hay más punteros; por ejemplo, las flechas dobles que usamos para cambiar el ancho de columnas y la altura de filas. Ver los Capítulos 3 y 4.

	A	B	C
1	12/10/1999	12/10/1999	
2	12/11/1999	12/10/2000	
3	12/12/1999	12/10/2001	
4	12/01/2000	12/10/2002	
5	12/02/2000	12/10/2003	
6	12/03/2000	12/10/2004	
7	12/04/2000	12/10/2005	
8	12/05/2000	12/10/2006	
9			

Figura 23. *La serie de la izquierda se obtuvo con la opción* `Rellenar meses` *del menú de la **Figura 22**. La serie de la derecha se obtuvo con la opción* `Rellenar años` *del menú de la **Figura 22**.*

Tres casos especiales

A veces estiramos un dato y el resultado no es el esperado. Estos son algunos casos muy comunes.

- Porcentaje

En la planilla de la **Figura 24** queremos estirar el porcentaje de la celda `A1` obteniendo una serie que avance de uno en uno: **10%, 11%, 12%**, etc.

	A	B
1	10%	
2		
3		
4		
5		
6		
7		
8		

Figura 24. *En esta planilla se quiere extender el porcentaje de la celda **A1** obteniendo la serie **10%, 11%, 12%** etc.*

Si hacemos el procedimiento habitual, estirando y usando la tecla `Control`, el resultado será lo que aparece en la **Figura 25**.

	A	B
1	10%	
2	110%	
3	210%	
4	310%	
5	410%	
6	510%	
7	610%	
8	710%	
9	810%	
10		
11		

Figura 25. Lo que resulta de estirar la celda **A1** para generar una serie que avanza "de uno en uno".

Lo que ocurre es que la serie **10%**, **11%**, **12%**... no avanza "de uno en uno" sino de 0,01 en 0,01. **10%** es en realidad 0,1 y **1%** es 0,01. De modo que la serie que comienza con **10%** y avanza de uno en uno debe ser **0,1**; **1,1**; **2,1**... que es lo que aparece en la planilla de la **Figura 25**.

Para obtener la serie **10%**, **11%**, **12%**... lo correcto es lo siguiente:

1. Escribir **10%** en la primera celda.
2. Escribir **11%** en la segunda celda.
3. Seleccionar estas dos celdas.
4. Estirar el rango seleccionado.

• Generar/no generar

La regla general es: si se estira un dato fijo, el dato se repite; si se estira el comienzo de serie, continúa la serie. Pero las cosas no siempre pasan así.

En la planilla de la **Figura 26** se han seleccionado dos celdas. La celda **B2** contiene un dato fijo, la celda **C2** contiene una fórmula. Si se estira este rango, el resultado es el que aparece en la **Figura 27**: el dato fijo se convirtió en el comienzo de una serie.

EL "PARADIGMA" DEL SOLITARIO

Una forma de acostumbrarse al uso del mouse es jugar al *Solitario* de Windows. En ese juego se ejercitan todos los movimientos. Y es mucho más divertido que Excel.

C2 = =B2*A2

	A	B	C	D
1	Precio	Cantidad	Total	
2	$ 26,70	8	$ 213,60	
3	$ 25,70			
4	$ 17,30			
5	$ 11,10			
6	$ 18,00			
7	$ 26,60			
8				
9				

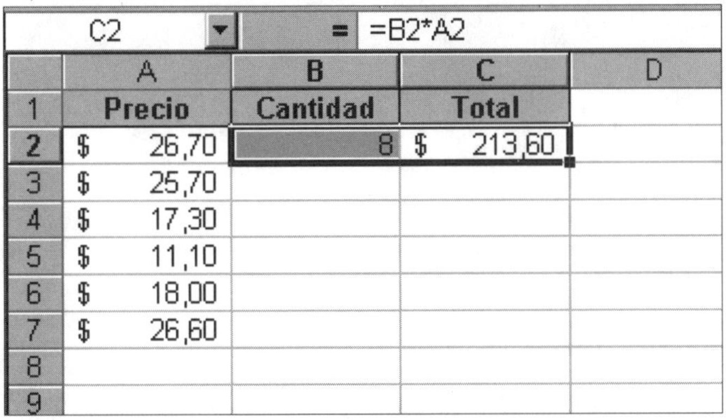

Figura 26. *La celda* **B2** *contiene un dato fijo, la celda* **C2** *contiene una fórmula.*

C2 = =B2*A2

	A	B	C	D
1	Precio	Cantidad	Total	
2	$ 26,70	8	$ 213,60	
3	$ 25,70	9	$ 231,30	
4	$ 17,30	10	$ 173,00	
5	$ 11,10	11	$ 122,10	
6	$ 18,00	12	$ 216,00	
7	$ 26,60	13	$ 345,80	
8				
9				

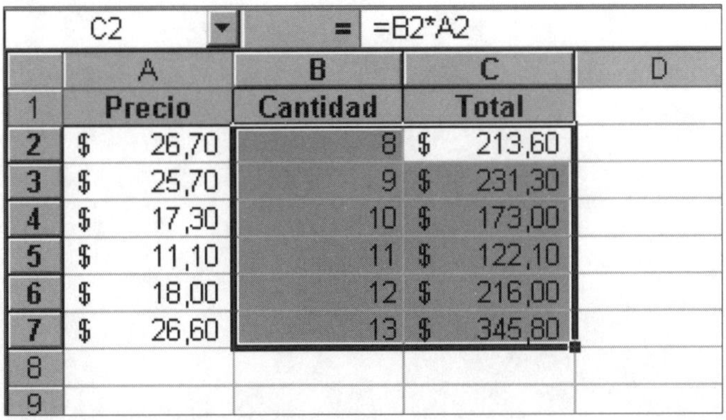

Figura 27. *Lo que resulta de estirar las celdas seleccionadas en la* ***Figura 26***.

Es decir que la presencia de la fórmula en el rango seleccionado hace que el número continúe con una serie de uno en uno. Lo mismo habría ocurrido si la celda **C2** hubiera contenido el nombre de un mes o de un día de la semana.

Para mantener realmente fijo el dato de la celda **B2** y que no se genere una serie, se debe estirar manteniendo apretada la tecla **CONTROL**. Es decir que la tecla **CONTROL** tanto sirve para generar una serie cuando Excel se limita a repetir el dato, como para repetir el dato cuando Excel se empeña en generar una serie.

- ¿Marzo o Martes?

Habíamos dicho que Excel reconocía las series de los meses del año y de los días de la semana, tanto si se los escribe completos o abreviados con tres letras. Entonces ¿qué serie se genera estirando una celda que contiene la palabra **Mar**? ¿La de los meses, comenzando con marzo, o la de los días, comenzando con martes?

La comprobación queda a cargo del lector.

CAPÍTULO 9
Planillas de muchas hojas

En algún momento comparamos a las planillas con hojas de papel cuadriculado; ahora vamos un poco más allá. Una planilla Excel es un cuaderno de papel cuadriculado: puede tener muchas hojas.

En este capítulo veremos cómo son estas planillas de muchas hojas:

- Cómo las creamos.
- Cómo armamos fórmulas con valores de distintas hojas.
- Cómo manipulamos los cuadernos.
- Cómo vincular varios archivos.

Una planilla de muchas hojas	187
Fórmulas tridimensionales	188
Navegando por el libro	190
Mostrar varias hojas del mismo libro	193
Organizar las ventanas	194
La cuarta dimensión	196
Algunas precauciones	198

Servicio de Atención al Lector
(011) 4959-5000
lectores@tectimes.com

Una planilla de muchas hojas

La **Figura 1** muestra una planilla muy especial. Alguien dirá que eso no es una planilla, sino tres. Bien, entonces digamos que son tres hojas de un mismo **libro** de cálculo. Efectivamente, los archivos que hacemos en Excel pueden considerarse como libros de muchas páginas. Cada página es una planilla, independiente o no de las demás.

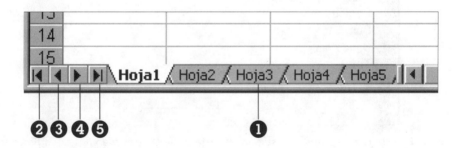

Figura 1. Esta planilla está formada, en realidad, por tres hojas.

Al pie de cada hoja, unas solapas como las de una agenda telefónica permiten pasar de una planilla a la otra (**ver Guía Visual 1**).

GUÍA VISUAL 1. Para movernos entre las hojas

❶ Con un clic en una solapa aparece la hoja correspondiente.
❷ Con un clic acá aparece la primera solapa del libro.
❸ Con un clic acá vemos una solapa más a la izquierda. La hoja correspondiente no aparece hasta que hacemos clic en esa solapa.
❹ Con un clic acá vemos una solapa más a la derecha.
❺ Con un clic acá aparece la última solapa del libro.

Este tipo de libros nos permiten manejar en un solo "paquete" juegos de planillas afines: planillas correspondientes a distintos centros de costos, a distintos clientes, a distintos meses, etc. La carga de datos y fórmulas, la aplicación de formatos, etc. es igual que en las planillas comunes.

Fórmulas tridimensionales

Para poder manejar planillas de muchas hojas como la de la **Figura 1** hay que saber una sola cosa: cómo se escriben las referencias "tridimensionales". Ocurre que en estas planillas no basta con designar a una celda indicando su fila y su columna. Hay una tercera coordenada: la hoja a la cual pertenece. Veamos en qué consiste esto.

Las planillas de la **Figura 1** se arman fácilmente como cualquier otra de las que ya hicimos. Hasta donde se ve en la figura, cada planilla es independiente de las demás, salvo por el hecho de que tienen la misma forma.

Pero ahora podemos imaginar una cuarta hoja para el mismo archivo. La planilla de la **Figura 2** permite consolidar la información de las otras tres.

Figura 2. En esta cuarta planilla se suman los totales de las tres planillas de la **Figura 1**.

GRABAR LA PLANILLA:
Cuando grabamos una planilla de muchas hojas, se guardan todas las hojas. Forman un único archivo.

MENÚ CONTEXTUAL
También podemos cambiar el nombre a una hoja haciendo un clic sobre la solapa usando el botón derecho del mouse. En el menú contextual que aparece, figura la opción Cambiar nombre.

Fórmulas tridimensionales

Para armar esta cuarta planilla comenzamos escribiendo los textos: el título general y los nombres de las plantas. Luego, en la columna **B** hay que escribir los totales de gastos que aparecen en las celdas **B8** de cada una de las otras tres hojas. Aquí es donde entran las referencias tridimensionales:

Hacer una referencia tridimensional   PASO A PASO

❶ Ponemos el cursor en la celda **B4** de la cuarta hoja.

❷ Escribimos el signo = (después de todo, estamos escribiendo una fórmula)

❸ Hacemos un clic en la solapa correspondiente a la hoja de Córdoba.

❹ Hacemos un clic en la celda **B8** (el total) de esta hoja.

❺ Apretamos ENTER (ENTER, dice. Ningún clic).

Si todo salió bien, en la celda **B4** de esta hoja deberá aparecer la referencia tridimensional (**Figura 10**). Están las tres coordenadas: hoja-columna-fila. Entre el nombre de la hoja y la letra de la columna aparece un signo de admiración. Es la forma en que Excel separa esas dos coordenadas.

GUÍA VISUAL 2. Una referencia tridimensional

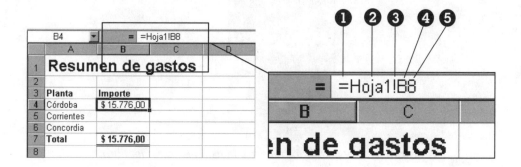

❶ La referencia comienza con el signo **=**.
❷ Nombre de la hoja.
❸ El signo **!** hace de separador.
❹ Referencia a la columna.
❺ Referencia a la fila.

Las fórmulas con referencias tridimensionales funcionan como cualquier otra fórmula: si modificamos alguno de los costos en las planillas mensuales, se modifica automáticamente el total del mes correspondiente y, a través de la referencia tridimensional, se modifica también el valor tal como aparece en la cuarta hoja.

Navegando por el libro

Cuando un libro tiene muchas hojas, tenemos que poder pasar rápidamente de una hoja a otra. Ya sabemos que es posible hacerlo cliqueando sus respectivas solapas. También podemos usar el teclado:

- Con la combinación CONTROL+AV PÁG (PAGE DOWN) pasamos a la hoja siguiente.
- Con la combinación CONTROL+RE PÁG (PAGE UP) pasamos a la hoja anterior.

Otra forma de usar el mouse — PASO A PASO

❶ Hacemos un clic sobre las flechas que aparecen abajo y a la izquierda de la hoja, pero usando el botón derecho del mouse. Aparece el menú de la **Figura 3**.

❷ Hacemos un clic sobre la hoja a la cual queramos ir.

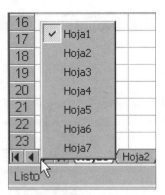

Figura 3. *Este menú nos muestra la lista de hojas del libro. Vamos a una hoja determinada haciendo un clic sobre su nombre.*

BOTÓN ENTER:
Para darle entrada a la fórmula, podemos usar el botón Introducir.

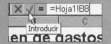

ESCRIBIR LA REFERENCIA
Si nos animamos, podemos escribir la referencia directamente desde el teclado. Solamente tenemos que respetar la sintaxis tal como aparece en la Figura 4.

Algunas operaciones en libros de muchas hojas

Los libros de muchas hojas admiten algunas operaciones especiales. Por ejemplo:

En principio, las hojas se llaman `Hoja1`, `Hoja2`, etc. Estos nombres pueden cambiarse:

Cambiarle el nombre a una hoja — PASO A PASO

❶ Hacemos doble clic sobre la solapa de la hoja cuyo nombre se quiera cambiar. El nombre se pintará de negro (**Figura 4**).

❷ Escribimos el nuevo nombre.

❸ Hacemos un clic fuera de los límites de la solapa.

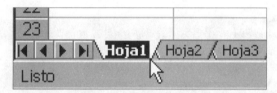

Figura 4. Haciendo dos clics sobre una solapa se pinta de negro el nombre actual de la hoja y tenemos la oportunidad de escribir otro.

Independientemente del número de hojas que tenga un libro, siempre podemos agregar una más:

Agregar una hoja nueva — PASO A PASO

❶ Nos ubicamos sobre la hoja siguiente a la que se quiera agregar. Las hojas nuevas siempre se insertan delante de la hoja actual.

❷ Tomamos las opciones `Insertar/Hoja de cálculo`.

MENÚ CONTEXTUAL
El menú de la Figura 3 se llama contextual. Aparece al hacer un clic con el botón derecho del mouse y se llama contextual porque las opciones que muestra dependen del lugar donde hagamos el clic.

NOMBRE EN FÓRMULAS
Si el nombre de la hoja figura en una referencia tridimensional, ésta cambiará automáticamente al cambiar el nombre.

Aparecerá entonces una hoja nueva. El nombre que haya recibido ésta puede cambiarse luego, tal como se explicó antes.

Como es fácil sospechar, si se puede agregar nuevas hojas a un libro, también se las puede eliminar:

Eliminar una hoja — PASO A PASO

❶ Ubicarse sobre la hoja que se quiera eliminar.

❷ Tomar las opciones `Edición/Eliminar hoja`. Aparece una advertencia, ya que la hoja eliminada se perderá para siempre (**Figura 5**).

❸ Si estamos decididos a eliminar la hoja, hacemos un clic en `Sí`.

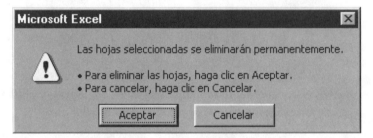

Figura 5. Antes de eliminar una hoja, Excel advierte que sus datos se perderán en forma definitiva.

Habiendo contestado que sí, la hoja desaparecerá del libro. Para siempre.

Las hojas de un libro se pueden acomodar poniéndolas delante o detrás de otras. Sea el caso de poner la `Hoja1` a continuación de la `Hoja2`:

CANTIDAD DE HOJAS EN UN LIBRO
¿Cuántas hojas se pueden agregar en un libro? Podemos insertar un par de miles sin tropezarnos con un mensaje de error.

ACOMODAR LA HOJA
En principio, la hoja se inserta delante de la actual; luego podemos acomodarla donde queramos. Ver el Paso a paso de la página siguiente.

Barajar las hojas — PASO A PASO

① Apoyamos el puntero sobre la solapa correspondiente a la hoja que queremos mover.

② Apretamos el botón del mouse y no lo soltamos.

③ Llevamos la hoja a continuación de la segunda hoja. La figura de una hojita acompaña al puntero en esta operación (**Figura 6**).

④ Alcanzada la posición de destino, soltamos el botón.

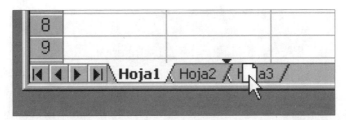

Figura 6. La hojita junto a la flecha indica que la hoja está siendo movida a una nueva posición.

Luego de soltar el botón, la hoja queda en su nueva posición.

Mostrar varias hojas del mismo libro

Ya vimos como viajar de una hoja a la otra. Pero ¿cómo podemos tener a la vista varias hojas al mismo tiempo? El procedimiento es algo complejo.

Sea el caso de querer mostrar las tres hojas de la planilla de la **Figura 1**. Necesitamos una ventana para cada hoja.

DESHACER

La advertencia del cuadro de la Figura 5 se debe a que la eliminación de una hoja es una operación que no puede deshacerse mediante las opciones Edición/Deshacer ni apretando la combinación CONTROL+Z.

MOVER LA HOJA

En pocas palabras, las hojas se mueven de un lado a otro como hacemos con los naipes al jugar al *Solitario* de Windows.

Abrir dos ventanas adicionales — PASO A PASO

❶ Tomamos las opciones **Ventana/Nueva ventana**.

❷ Tomamos otra vez las opciones **Ventana/Nueva ventana**.

No parece pasar nada, pero ahora tenemos tres ventanas. No notamos nada porque las tres ventanas están superpuestas y se tapan unas a otras.

En realidad, sí hay algo nuevo. Arriba a la izquierda, junto al nombre del archivo, un número entre paréntesis revela la existencia de más de una ventana (**Figura 7**).

Figura 7. Ese número junto al nombre del archivo indica que hay, por lo menos, tres ventanas abiertas.

Organizar las ventanas

Ahora vamos a acomodar las ventanas para que no se tapen unas a otras:

Organizar las ventanas — PASO A PASO

❶ Tomamos las opciones **Ventana/Organizar**. Aparece el cuadro de la **Figura 8**, con distintas opciones de organización.

MOVER Y COPIAR DATOS CON EL PUNTERO

En el Capítulo 8, El puntero: táctica y estrategia, se explican otros usos del puntero para mover y copiar datos.

COPIAR UNA HOJA

Si en el procedimiento para mover una hoja, mantenemos apretada la tecla CONTROL, la hoja queda duplicada.

Organizar las ventanas

Figura 8. Este cuadro muestra las distintas opciones de organización. Para acomodar una ventana junto a la otra, sin que se solapen, elegimos la opción **Mosaico**.

❷ Marcamos la opción **Mosaico**.

❸ Hacemos un clic en **Aceptar**.

Ahora las ventanas se verán como en la **Figura 9**. Todavía no terminamos.

Figura 9. Las ventana organizadas al estilo **Mosaico**.
En las tres ventanas aparece la misma hoja.

VIAJANDO DE VENTANA EN VENTANA:
Cuando tenemos varias ventanas abiertas pasamos de una a otra con la combinación CONTROL+F6.

No terminamos porque en todas las ventanas aparece la misma hoja. Pero eso se arregla fácilmente: haciendo clics en ventanas y solapas podemos mostrar una hoja determinada en cada ventana.

La cuarta dimensión

Comenzamos el libro con planillas de dos dimensiones: fila y columna. En este capítulo vimos que hay una tercera dimensión: la hoja. Existe una cuarta.

Por ejemplo, la planilla de la **Figura 10** calcula el total de una serie de gastos mensuales. A su vez, cada gasto se toma de otra planilla, pero no de otra hoja de la misma planilla, sino de otro archivo.

	A	B	C	D
	B3		=[Febrero.xls]Hoja1!B6	
1	Período	Importe		
2	Enero	$ 63.011,07		
3	Febrero	$ 21.120,45		
4	Marzo	$ 48.259,07		
5	Abril	$ 73.274,56		
6	Mayo	$ 28.574,71		
7	Junio	$ 96.533,37		
8	Total	$330.773,23		
9				

Figura 10. Los valores de la columna B están tomadas de otros archivos.

La referencia que vemos en la barra de fórmulas tiene cuatro coordenadas.

CASCADA

En el estilo de organización Cascada, las hojas se enciman unas a otras como si fueran los naipes de un mazo.

GUÍA VISUAL 3. Una referencia de cuatro dimensiones

❶ El archivo.
❷ La hoja.
❸ La columna
❹ La fila.

El valor que aparece en la celda **B3** proviene de la celda **B6**, de la **Hoja1**, del archivo **Febrero.xls**.

El nombre del archivo va entre corchetes. Y, como en el caso de las tres dimensiones, un signo de admiración separa el nombre de la hoja de la letra que identifica a la columna.

La forma de obtener esta referencia **externa** (externa porque proviene de otro archivo) es similar al caso anterior:

1. Abrimos los dos archivos: el que contiene el dato original y el que contendrá la referencia a él.
2. Ponemos el cursor en la celda donde queremos obtener la referencia.
3. Escribimos el signo **=** (como ocurre con todas las fórmulas y referencias).
4. Oprimimos la combinación **CONTROL F6** hasta localizar el archivo original.
5. Localizado el archivo, navegamos por él hasta localizar el dato al cual hacemos la referencia.
6. Hacemos clic en el dato.
7. Apretamos **ENTER**.

Luego del último paso, aparecerá la referencia como en la **Figura 11**.

HOJAS INICIALES
La cantidad de hojas que pone Excel en los libros nuevos se establece entrando por Herramientas/Opciones, ficha General, opción Número de hojas en nuevo libro. **El valor máximo es 255.**

MÚLTIPLES REFERENCIAS:
En una misma planilla puede haber referencias a celdas de muchos otros archivos.

Algunas precauciones

En el momento de escribir la referencia externa teníamos abierto el archivo del cual proviene el dato. Esto no es obligatorio. Si respetamos la sintaxis (nombre del archivo entre corchetes, hoja y columna separadas por un signo !, etc.) podemos escribir la referencia directamente. Pero el nombre del archivo deberá incluir toda la "ruta" formada por disco, carpeta y nombre; como se ve en la **Figura 11**.

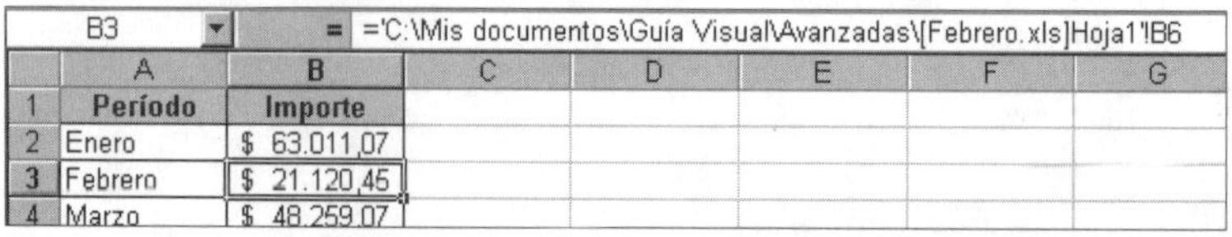

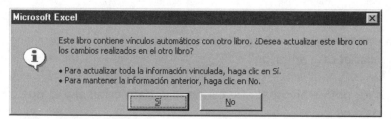

Figura 11. Si el otro archivo no está abierto, ,la referencia externa debe incluir disco, carpeta (en todos sus niveles) y nombre del archivo.

Al abrir un archivo con referencias externas

Cuando abrimos un archivo que contiene referencias externas Excel muestra el aviso de la **Figura 12**.

Figura 12. Estamos abriendo un archivo con referencias externas. Excel invita a actualizar los valores de esas referencias.

- Si contestamos que **No**, la planilla que acabamos de abrir conservará su valor actual, que puede no ser el que esté actualmente en el otro archivo.
- Si contestamos que **Sí**, la planilla será actualizada con los valores del otro archivo.

Si hacemos modificaciones en el archivo externo, estando abierto el que contiene las referencias, la actualización será automática.

¿Nada más?

El uso de referencias de tres o cuatro dimensiones multiplica la complejidad de las planillas en la misma proporción que el aumento de dimensiones. Lo anterior son los elementos necesarios para trabajar. Llegar a desarrollar sistemas de tal complejidad, lleva su tiempo. A no apurarse.

CAPÍTULO 10
El formato condicional

En los capítulos anteriores vimos las opciones de cosmética: cómo cambiar el aspecto de una celda. Si algo tienen en común esas opciones es que son estáticas: una vez que las aplicamos quedan así. En algunos casos, queremos formatos dinámicos: que cambien según los datos que aparecen en la planilla. Éstos son los formatos condicionales de los que hablaremos en este capítulo.

Algunos de los temas concretos que vamos a ver:

- Cómo aplicar un formato condicional.
- Distintos casos de condiciones.
- Eliminar un formato condicional.

Todo ilustrado con muchos ejemplos prácticos.

¿Quién aprobó?	201
Una variante	203
Puede fallar	205
Extendiendo el formato condicional	205
Múltiples formatos condicionales	206
Eliminar un formato condicional	208
Un par de ejemplos más	209

¿Quién aprobó?

La planilla de la **Figura 1** es (¿hace falta decirlo?) un listado de alumnos con sus notas.

	A	B	C	D	E
1	Apellido y nombre	Primer Parcial	Segundo Parcial	Promedio	
2	AVELEYRA, Rosa	4	6	5,00	
3	GRATTON, Carlos	10	8	9,00	
4	RICCIARDI, Stella Maris	6	3	4,50	
5	CALDERON, Miryam A.	9	3	6,00	
6	REVUELTO, Julio	9	8	8,50	
7	QUEL, Maria J.	6	10	8,00	
8	LOPEZ, Liliana	6	6	6,00	
9	CASTRO, Ema	7	7	7,00	
10	VEGA, Aldo	9	10	9,50	
11	VIDAL, Laura	2	7	4,50	
12					

***Figura 1.** Una planilla de calificaciones.*
Queremos destacar visualmente los alumnos con siete o más.

Se consideran aprobados aquellos alumnos con 7 o más. Queremos que los alumnos aprobados se noten de un golpe de vista. Por ejemplo, que sus notas aparezcan destacadas en negrita y con fondo gris. Podemos hacerlo con un **formato condicional**. Veamos:

Utilizar el formato condicional   PASO A PASO

❶ Seleccionamos el rango de las notas (`D2:D11`).

❷ Tomamos las opciones `Formato/Formato condicional`. Aparece el cuadro de la **Figura 2**.

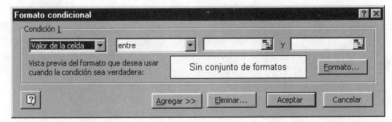

***Figura 2.** En este cuadro definimos la condición asociada al formato condicional.*

❸ Donde dice `Condición 1` dejamos la opción `Valor de la celda`.

❹ En la siguiente opción descolgamos la lista y marcamos `mayor o igual que`.

❺ En la última opción escribimos **7**.

Acabamos de definir la condición asociada al formato. Ahora vamos a definir el formato propiamente dicho:

Definir el formato — PASO A PASO

❶ En el cuadro de la **Figura 2** hacemos un clic en `Formato...`. Aparece el menú de fichas de la **Figura 3** donde especificamos el formato.

❷ En la ficha `Fuentes` marcamos `Negrita`.

❸ En la ficha `Tramas` marcamos el color `Gris`.

❹ Hacemos un clic en `Aceptar`. Vuelve a aparecer el cuadro de la **Figura 2**.

❺ Hacemos un clic en `Aceptar`.

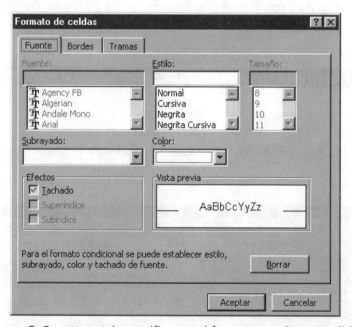

***Figura 3.** En este menú especificamos el formato propiamente dicho.*

Si todo salió bien, la planilla deberá verse como en la **Figura 4**. Las notas de los alumnos aprobados se destacan de las demás.

	A	B	C	D	E
1	Apellido y nombre	Primer Parcial	Segundo Parcial	Promedio	
2	AVELEYRA, Rosa	4	6	5,00	
3	GRATTON, Carlos	10	8	**9,00**	
4	RICCIARDI, Stella Maris	6	3	4,50	
5	CALDERON, Miryam A.	9	3	6,00	
6	REVUELTO, Julio	9	8	**8,50**	
7	QUEL, Maria J.	6	10	**8,00**	
8	LOPEZ, Liliana	6	6	6,00	
9	CASTRO, Ema	7	7	**7,00**	
10	VEGA, Aldo	9	10	**9,50**	
11	VIDAL, Laura	2	7	4,50	

Figura 4. La misma planilla de la *Figura 1*. El `formato condicional` hace que las notas de los alumnos aprobados aparezcan en negrita y sobre fondo gris.

Una variante

La planilla de la *Figura 4* podría estar un poco mejor: que toda la fila de cada alumno aprobado aparezca destacada, como en la *Figura 5*.

	A	B	C	D	E
1	Apellido y nombre	Primer Parcial	Segundo Parcial	Promedio	
2	AVELEYRA, Rosa	4	6	5,00	
3	**GRATTON, Carlos**	**10**	**8**	**9,00**	
4	RICCIARDI, Stella Maris	6	3	4,50	
5	CALDERON, Miryam A.	9	3	6,00	
6	**REVUELTO, Julio**	**9**	**8**	**8,50**	
7	**QUEL, Maria J.**	**6**	**10**	**8,00**	
8	LOPEZ, Liliana	6	6	6,00	
9	**CASTRO, Ema**	**7**	**7**	**7,00**	
10	**VEGA, Aldo**	**9**	**10**	**9,50**	
11	VIDAL, Laura	2	7	4,50	

Figura 5. Una variante de la planilla de la *Figura 4*. El `Formato condicional` afecta toda la fila.

Esto parece ser más o menos lo mismo que el caso anterior, pero no. En este caso, el formato de una celda (por ejemplo, el de la celda del nombre) depende del valor de otra celda (la de la nota). Por eso el formato se define de manera muy distinta.

¿DESDE CUÁNDO?

La opción `Formato condicional` apareció a partir de Excel 97.

OPCIONES DE FORMATO

El menú que aparece al hacer un clic en el botón `Formato...` es similar al que se usa para establecer el formato de una celda, pero tiene menos opciones.

Definir el formato de una celda en función del valor de otra — PASO A PASO

❶ Seleccionamos toda la planilla (**A2:D11**).

❷ Tomamos las opciones **Formato/Formato condicional**. Aparece el mismo cuadro de la **Figura 2**.

❸ En la primera opción descolgamos la lista y seleccionamos **Fórmula**.

❹ En la segunda opción escribimos **=$D2>=7**. Atención al signo **$**.

❺ Hacemos un clic en el botón **Formato...**.

❻ Especificamos el formato como antes: letras en negrita y relleno gris.

❼ Hacemos un clic en **Aceptar**. El cuadro del formato condicional debe verse como en la **Figura 6**.

❽ Hacemos un clic en **Aceptar**.

Figura 6. Así queda definido el formato condicional para la planilla de la Figura 5.

Si la planilla no queda como en la **Figura 5**, veamos lo que sigue, porque el tema tiene sus vueltas.

FORMATO DINÁMICO

Según queda dicho, los formatos condicionales son dinámicos: se activan o desactivan según cambien los valores de la planilla.

Puede fallar

Lo que quiere decir la fórmula que definimos en el formato es que la fila debe aparecer en negrita y con relleno gris si la nota de esa fila es mayor o igual que 7. Para el primer alumno de la lista, eso sería D2>=7, pero para el siguiente sería D3>=7.

Lo anterior vale para todas las columnas de la tabla, por eso la referencia a la columna D se debe fijar con un signo $. Pero para que, en cada fila, se considere la nota del correspondiente alumno, no debe haber ningún signo $ fijando la fila.

Sin embargo, hay otra vuelta. Nosotros comenzamos seleccionando todas las filas. ¿Cómo sabemos a qué fila tenemos que hacer referencia cuando escribimos la fórmula, si todas las filas están seleccionadas?

La respuesta es que seleccionamos el rango desde A2 hasta D11. El cursor queda en A2. Si hubiéramos seleccionado desde D11 hasta A2, el cursor hubiera quedado en D11 y la fórmula debería haber sido =$D11>=7.

Extender el formato condicional

Si aplicamos un formato condicional sobre una celda, luego podremos extenderlo a más celdas; sería el caso de agregar los datos de más alumnos en la planilla de notas que estamos usando.

El procedimiento para extender un formato condicional vale para cualquier tipo de formato:

Extender un formato condicional　　　　　　　　　　PASO A PASO

❶ Seleccionamos las celdas donde ya está aplicado el formato.

❷ Hacemos un clic en el botón Copiar formato (**Figura 7**).

REFERENCIAS ABSOLUTAS
El tema de los signos $ para fijar referencias se trata en el capítulo Algunas planillas más avanzadas.

EL PUNTERO DE ESTIRAR.
También podemos extender un formato usando el puntero de estirar. Ver el Capítulo 8.

❸ Seleccionamos las celdas a donde queremos extender el formato.

Figura 7. Este botón permite aplicar el formato de una celda sobre otra.
Vale tanto para formatos convencionales como para un formato condicional.

Para que el formato funcione correctamente en las nuevas celdas hay que tener cuidado al definir la fórmula, según se explicó más arriba (ver **Puede fallar**).

Múltiples formatos condicionales

La planilla de la **Figura 8** es una variante más compleja de la de la **Figura 5**. Los alumnos con siete o más aparecen en negrita y sobre fondo gris; los alumnos aplazados (menos de 4) aparecen en cursiva y en rojo (aunque la figura no sea en colores, se aprecia una tonalidad diferente).

	A	B	C	D	E
1	Apellido y nombre	Primer Parcial	Segundo Parcial	Promedio	
2	*AVELEYRA, Rosa*	*4*	*2*	*3,00*	
3	**GRATTON, Carlos**	**10**	**8**	**9,00**	
4	RICCIARDI, Stella Maris	6	3	4,50	
5	CALDERON, Miryam A.	9	3	6,00	
6	**REVUELTO, Julio**	**9**	**8**	**8,50**	
7	**QUEL, Maria J.**	**6**	**10**	**8,00**	
8	*LOPEZ, Liliana*	*2*	*2*	*2,00*	
9	CASTRO, Ema	7	5	6,00	
10	**VEGA, Aldo**	**9**	**10**	**9,50**	
11	VIDAL, Laura	2	7	4,50	
12					

Figura 8. Otra variante de la planilla de la **Figura 5**. Los alumnos con siete o más aparecen en negrita y sobre fondo gris, y los alumnos aplazados aparecen en cursiva y en rojo.

OPERADORES LÓGICOS

Las condiciones también pueden combinarse mediante el uso de operadores lógicos. Por ejemplo, podría usarse la función =Y($D2>3;$D2<7) para indicar la condición de haber aprobado sin llegar al 7.

CONDICIONES MÚLTIPLES

La opción Formato condicional admite hasta tres condiciones. Si necesitamos más, podríamos inventar una macro que cumpla esa función. Pero no es fácil.

Podemos decir que el formato condicional aplicado en la planilla de la **Figura 8** es doble: algunas celdas tienen un formato y otras, otro.

Para este formato:

Aplicar múltiples formatos condicionales — PASO A PASO

❶ Seleccionamos toda la planilla (A2:D11).

❷ Tomamos las opciones Formato/Formato condicional. Aparece otra vez el cuadro de la **Figura 2**.

❸ En la primera opción, descolgamos la lista y seleccionamos Fórmula.

❹ En la segunda opción, escribimos =$D2>=7. Atención al signo $.

❺ Hacemos un clic en el botón Formato....

❻ Especificamos el formato para estos alumnos letras en negrita y relleno gris.

❼ Hacemos un clic en Aceptar. Vuelve a aparecer el cuadro del formato condicional.

❽ Hacemos un clic en Agregar>>. El cuadro anterior se agranda mostrando un segundo juego de opciones iguales a las anteriores.

❾ En la primera opción descolgamos la lista y seleccionamos Fórmula.

❿ En la segunda opción escribimos =$D2<4. Es decir, aplazo.

⓫ Hacemos un clic en el botón Formato....

⓬ Especificamos el formato para los alumnos aplazados: letras en cursiva y de color rojo.

⓭ Hacemos un clic en Aceptar. Vuelve a aparecer el cuadro del formato condicional que se verá como en la **Figura 9**.

⓮ Hacemos un clic en Aceptar.

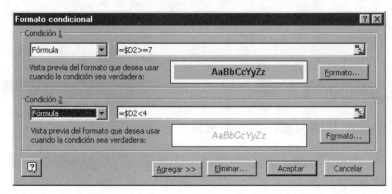

Figura 9. Los formatos condicionales para lograr el efecto de la planilla de la **Figura 8**.

¿Salió bien? Así lo esperamos.

Eliminar un formato condicional

Por supuesto, si aplicamos un formato condicional y luego cambiamos de opinión, podemos eliminarlo:

Eliminar un formato condicional — PASO A PASO

❶ Seleccionamos el rango de donde queramos eliminar el formato.

❷ Tomamos las opciones **Formato/Formato condicional**. Aparece el cuadro que ya conocemos.

❸ Hacemos un clic en **Eliminar...**. Aparece otro cuadro: el de la **Figura 10**.

❹ Marcamos la condición asociada al formato que queramos eliminar.

❺ Hacemos un clic en **Aceptar**. Volvemos al cuadro del formato.

❻ Hacemos un clic en **Aceptar**.

ELIMINAR FORMATO

También podemos eliminar el formato condicional haciendo un clic en el botón Borrar, dentro del cuadro de la Figura 3. Así eliminamos el formato pero dejamos la condición asociada a él.

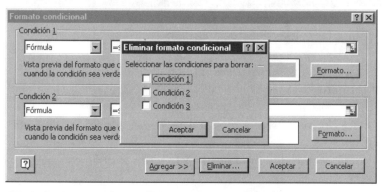

Figura 10. *Acá marcamos la condición asociada al formato que queramos eliminar.*

Luego del último clic, el formato quedará eliminado.

Un par de ejemplos más

Veamos dos casos más de uso de formato condicional. Como para que sirvan de inspiración.

La planilla de la **Figura 11** es un inventario; para una serie de artículos se indica el stock actual y el stock mínimo. Un formato condicional destaca los artículos cuyo stock está por debajo del mínimo.

	A	B	C	D
1	Artículo	Stock	Mínimo	
2	Aros	15	10	
3	Tapas	**8**	10	
4	Cajas	17	5	
5	Líneas	10	5	
6	Bielas	**3**	12	
7	Bujes	**0**	2	
8	Ejes	90	20	
9				

Figura 11. *Los stocks destacados por el formato condicional son los inferiores al respectivo stock mínimo.*

Definir este formato condicional — PASO A PASO

❶ Seleccionamos las celdas del stock (**B2:B8**).

❷ Tomamos las opciones **Formato/Formato** condicional. Aparece el cuadro de definición del formato.

❸ En la primera opción descolgamos la lista y seleccionamos **Valor de la celda**.

❹ En la segunda opción descolgamos la lista y seleccionamos **menor que**.

❺ En la segunda opción escribimos **=$C2**. Otra vez, ojo con el signo $.

❻ Hacemos un clic en el botón **Formato...**.

❼ Especificamos el formato para estas celdas.

❽ Hacemos un clic en **Aceptar**. Vuelve a aparecer el cuadro de **Formato condicional**.

❾ Hacemos un clic en **Aceptar**.

Antes del último clic, el cuadro de definición del formato se verá como en la **Figura 12**.

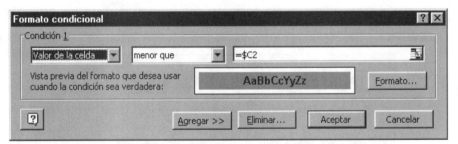

Figura 12. El formato condicional definido para la planilla de la **Figura 11**.

VALIDACIÓN

Otra forma de destacar los valores que cumplen (o no) una condición puede lograrse con las opciones de validación. Ver el Capítulo 17, Validación.

Un ejemplo de fechas

La planilla de la **Figura 13** es una lista de trabajos con la fecha de finalización estimada. Los trabajos destacados son aquellos cuya fecha de finalización ya ha pasado. Esa planilla fue "fotografiada" el primero de agosto de 2000.

	A	B	C
1	**Etapa**	**Fecha**	
2	Selección	12/07/2000	
3	Registro	19/07/2000	
4	Evaluación	23/07/2000	
5	Definición	27/07/2000	
6	Aplicación	05/08/2000	
7	Control 1	12/08/2000	
8	Control 2	15/08/2000	
9			

Figura 13. Los trabajos destacados por el formato condicional son los "vencidos": aquellos cuya fecha es anterior a la fecha actual (1/8/2000).

No vamos a contar todos los pasos para definir este formato condicional porque es lo mismo de siempre; simplemente mostramos la condición asociada al formato. Es la que aparece en la **Figura 14**.

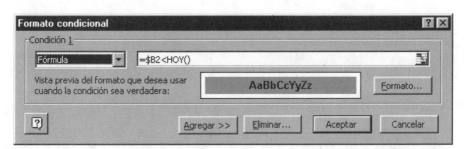

Figura 14. El formato condicional definido para la planilla de la **Figura 13**.

La condición asociada a este formato es equivalente a decir fecha anterior a la de hoy. Usamos la función HOY() para obtener la fecha actual.

FUNCIONES DE FECHA

HOY es una de las muchas funciones para el manejo de fechas. Más información en el Capítulo 15, Cálculos con fechas y horas.

APLICACIÓN

En pocas palabras, el formato condicional permite crear planillas vivas: planillas cuyo aspecto cambia junto con sus datos.

Antes de definir este formato, se deben seleccionar todas las celdas de la tabla para que toda la fila de la tabla se destaque. De lo contrario, solamente quedarían destacadas las celdas de la fecha o del nombre de la etapa.

Y llegamos al final de este asunto.

CAPÍTULO 11

Operaciones con bases de datos

Hay un grupo especial de operaciones que podemos hacer con una planilla de Excel: las operaciones de bases de datos.

Las podemos agrupar fácilmente en dos categorías:

- Ordenamientos
- Búsquedas

Por supuesto que cada una de estas operaciones admite algunas variantes y tendremos que detenernos en ellas. Comencemos, entonces.

Qué es una base de datos	215
Cómo se ordena una base de datos	216
Búsquedas en base de datos – Autofiltros	220
Autofiltros personalizados	222
Combinación de criterios	224
Criterios sobre campos tipo texto	227
La función SUBTOTALES	228
Filtros avanzados	229
Extracción de sub-bases	232
Lo que nos queda en el teclado	234

Servicio de Atención al Lector
(011) 4959-5000
lectores@tectimes.com

Qué es una base de datos

Una base de datos es un tipo especial de planilla; por ejemplo, la planilla de la **Figura 1**.

	A	B	C	D	E	F
1	Legajo	Apellido	Región	Ventas 99	Ventas 98	
2	1401	QUIROZ	Este	$ 22.541	$ 87.672	
3	4656	GRATTON	Sur	$ 89.543	$ 55.481	
4	7898	RICCIARDI	Oeste	$ 93.988	$ 56.509	
5	3366	VEGA	Este	$ 46.330	$ 79.589	
6	7603	ALVAREZ	Oeste	$ 43.743	$ 32.917	
7	5846	REVUELTO	Sur	$ 22.457	$ 26.442	
8	4391	LOPEZ	Norte	$ 24.096	$ 18.145	
9	7144	CALDERON	Sur	$ 14.721	$ 18.369	
10	5126	VIDAL	Norte	$ 57.588	$ 18.167	
11	2149	CASTRO	Norte	$ 96.951	$ 51.763	
12						

Figura 1. Una base de datos.

Entre otras cosas, decimos que esta planilla es una base de datos por su estructura uniforme de filas y columnas. En este caso se trata de una lista de vendedores, pero podría ser el catálogo de una biblioteca, un inventario o una agenda telefónica. En cualquier caso se dan dos condiciones:

- Cada integrante de la base (cada vendedor, cada libro, cada ítem) ocupa una fila en la planilla.
- En cada columna consta un tipo especial de información de cada integrante: el legajo, el apellido, las ventas, etc.

A las filas (una por cada integrante de la base) las llamamos **registros**. La base de datos de la **Figura 1** tiene diez registros. A las columnas las llamamos **campos**. Esta base tiene cinco campos.

Hasta acá la diferencia entre una base de datos y cualquier otra planilla parece tener que ver solamente con los nombres que les ponemos a las cosas. Antes hablábamos de filas y columnas y ahora hablamos de registros y campos.

No es así; lo que hace que nos detengamos en este tema es el tipo de operaciones que realizamos con una base de datos. Estas operaciones básicamente son dos: ordenamientos y búsquedas.

REGISTRO
Cada fila de una base de datos.

CAMPO
Cada columna de una base de datos.

Cómo se ordena una base de datos

En la **Figura 1**, la planilla no parece estar ordenada por ningún criterio en especial. Vamos a ordenarla alfabéticamente según el apellido de cada vendedor:

Ordenar alfabéticamente una base de datos — PASO A PASO

❶ Colocamos el cursor en cualquier celda de los apellidos.

❷ Hacemos un clic en el botón de la **Figura 2**.

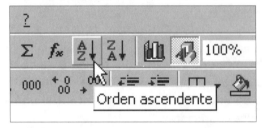

Figura 2. El botón Orden ascendente.

Si todo salió bien, la base deberá quedar como en la **Figura 3**. Son los mismos datos, pero ahora los apellidos están en orden alfabético.

	A	B	C	D	E	F
1	Legajo	Apellido	Región	Ventas 99	Ventas 98	
2	7603	ALVAREZ	Oeste	$ 43.743	$ 32.917	
3	7144	CALDERON	Sur	$ 14.721	$ 18.369	
4	2149	CASTRO	Norte	$ 96.951	$ 51.763	
5	4656	GRATTON	Sur	$ 89.543	$ 55.481	
6	4391	LOPEZ	Norte	$ 24.096	$ 18.145	
7	1401	QUIROZ	Este	$ 22.541	$ 87.672	
8	5846	REVUELTO	Sur	$ 22.457	$ 26.442	
9	7898	RICCIARDI	Oeste	$ 93.988	$ 56.509	
10	3366	VEGA	Este	$ 46.330	$ 79.589	
11	5126	VIDAL	Norte	$ 57.588	$ 18.167	
12						

*Figura 3. La planilla de la **Figura 1** ordenada alfabéticamente.*

ORDEN DESCENDENTE

Por supuesto, existe también el botón Orden descendente.

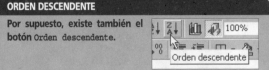

El ordenamiento por dentro

Lo anterior parece demasiado bueno para ser cierto: un clic y ya está la base ordenada. En realidad, cuando hacemos ese clic hay varias cosas que Excel debe saber:

- **Cuál es la base que se ordena**.

Excel supone que todo el rango alrededor de la posición del cursor debe ordenarse. Si hubiera algún dato junto a la lista, pero que no perteneciera a ella, ese dato se reacomodaría al ordenar la lista.

- **Cuál es el criterio por el cual se ordena**.

Esto es fácil: Excel ordena según el contenido de la celda donde está el cursor. Si ponemos el cursor sobre un apellido, la base se ordena por el apellido.

- **Si hay fila de títulos**.

La fila con los títulos (los nombres de los campos) debe quedar donde está, encabezando la planilla. Excel distingue esta fila por su formato diferente (en negrita y con sombreado gris) o por el tipo de datos (títulos tipo texto encabezando datos numéricos, como en las columnas A, D y E).

En el caso de nuestra planilla, todo esto anduvo bien.

El menú Ordenar

Los botones Orden ascendente y Orden descendente son atajos a opciones del menú. Y aunque suelen funcionar correctamente, conviene ver cómo es el ordenamiento a través de la opción del menú:

BOTÓN RÁPIDO

El botón de la Figura 2 hace lo debido siempre que se den las condiciones anteriores. De lo contrario es necesario ordenar con la opción del menú.

GRABAR ARCHIVO

Ordenar una planilla es producirle un cambio. Como siempre, si queremos conservar el cambio debemos grabar el archivo.

Ordenar una tabla a través del menú — PASO A PASO

❶ Colocamos el cursor sobre cualquier celda de la tabla a ordenar. No tiene por qué ser de la columna según la cual se ordena.

❷ Tomamos las opciones **Datos/Ordenar**. Pasa lo que se ve en la **Figura 4**. Excel selecciona la base (excluyendo los títulos) y muestra un cuadro con las opciones necesarias para definir el ordenamiento deseado.

	A	B	C	D	E	F
1	Legajo	Apellido	Región	Ventas 99	Ventas 98	
2	7603	ALVAREZ	Oeste	$ 43.743	$ 32.917	
3	7144	CALDERON				
4	2149	CASTRO				
5	4656	GRATTON				
6	4391	LOPEZ				
7	1401	QUIROZ				
8	5846	REVUELTO				
9	7898	RICCIARDI				
10	3366	VEGA				
11	5126	VIDAL				

Figura 4. *Al solicitar la opción de ordenar, Excel selecciona la base y muestra las opciones posibles para definir el ordenamiento. Nótese que la fila de títulos no quedó seleccionada.*

❸ Donde dice **Ordenar por**, descolgamos las opciones y seleccionamos **Apellido**.

❹ Marcamos la opción **Ascendente**.

❺ Hacemos un clic en **Aceptar**.

El resultado será el mismo que obtuvimos con el botón rápido.

MENÚ ORDENAR
En la mayoría de los casos podemos prescindir del menú ordenar y usar directamente los botones rápidos.

RANGO DE LA BASE
Cuando llamamos al menú Ordenar, Excel busca la base en la posición del cursor. Si estamos sobre otra celda, Excel avisa que no ha podido localizar ninguna base de datos.

Ordenamiento por más de un criterio

La planilla de la **Figura 5** está ordenada por Región y, a igual región, por Apellido. Es decir que ha sido ordenada por dos criterios.

	A	B	C	D	E	F
1	Legajo	Apellido	Región	Ventas 99	Ventas 98	
2	1401	QUIROZ	Este	$ 22.541	$ 87.672	
3	3366	VEGA	Este	$ 46.330	$ 79.589	
4	2149	CASTRO	Norte	$ 96.951	$ 51.763	
5	4391	LOPEZ	Norte	$ 24.096	$ 18.145	
6	5126	VIDAL	Norte	$ 57.588	$ 18.167	
7	7603	ALVAREZ	Oeste	$ 43.743	$ 32.917	
8	7898	RICCIARDI	Oeste	$ 93.988	$ 56.509	
9	7144	CALDERON	Sur	$ 14.721	$ 18.369	
10	4656	GRATTON	Sur	$ 89.543	$ 55.481	
11	5846	REVUELTO	Sur	$ 22.457	$ 26.442	

Figura 5. *La planilla de la Figura 1 ordenada por* **Región** *y* **Apellido**.

Este ordenamiento puede lograrse usando las opciones adicionales que aparecen en el cuadro de la **Figura 4**. Efectivamente, antes usamos la opción Ordenar por, pero también había dos opciones que decían Luego por. Podríamos indicar Ordenar por Región y Luego por Apellido. Pero también podemos usar los botones rápidos:

Ordenar usando botones rápidos — PASO A PASO

❶ Ponemos el cursor en una celda correspondiente al segundo criterio (Apellido).

❷ Hacemos un clic en el botón Orden ascendente.

❸ Ponemos el cursor en una celda correspondiente al primer criterio (Región).

❹ Hacemos un clic en el botón Orden ascendente.

Es decir: ordenamos sucesivamente por los distintos criterios, pero comenzando por el último.

MENÚ ORDENAR
El cuadro de la Figura 4 admite solamente tres criterios. Usando sucesivamente el botón rápido podemos ordenar por más de tres criterios.

DESORDENAR
Si queremos desordenar una lista podemos definir una columna auxiliar con números aleatorios (usando la función =ALEATORIO()) y ordenar la base por el contenido de esta columna.

Búsquedas en base de datos – Autofiltros

Otra cosa que podemos hacer en una base de datos como la de la **Figura 6** es una búsqueda; por ejemplo, localizar todos los vendedores de la región Sur.

	A	B	C	D	E	F
1	Legajo	Apellido	Región	Ventas 99	Ventas 98	
2	1401	QUIROZ	Este	$ 22.541	$ 87.672	
3	2149	CASTRO	Norte	$ 96.951	$ 51.763	
4	3366	VEGA	Este	$ 46.330	$ 79.589	
5	4391	LOPEZ	Norte	$ 24.096	$ 18.145	
6	4656	GRATTON	Sur	$ 89.543	$ 55.481	
7	5126	VIDAL	Norte	$ 57.588	$ 18.167	
8	5846	REVUELTO	Sur	$ 22.457	$ 26.442	
9	7144	CALDERON	Sur	$ 14.721	$ 18.369	
10	7603	ALVAREZ	Oeste	$ 43.743	$ 32.917	
11	7898	RICCIARDI	Oeste	$ 93.988	$ 56.509	
12						

Figura 6. En esta planilla queremos localizar todos los vendedores de la Región Sur.

La forma más simple de hacer esto es mediante **autofiltros**:

Activar Autofiltros — PASO A PASO

❶ Ponemos el cursor sobre cualquier celda de la base.

❷ Tomamos las opciones **Datos/Filtro/Autofiltro**.

Aparecen unas flechitas junto a cada nombre de campo (**Figura 7**). Esas flechitas son los **autofiltros**. Funcionan como listas descolgables.

	A	B	C	D	E	F
1	Legajo ▼	Apellido ▼	Región ▼	Ventas 99 ▼	Ventas 98 ▼	
2	1401	QUIROZ	Este	$ 22.541	$ 87.672	
3	2149	CASTRO	Norte	$ 96.951	$ 51.763	
4	3366	VEGA	Este	$ 46.330	$ 79.589	
5	4391	LOPEZ	Norte	$ 24.096	$ 18.145	

Figura 7. Las flechitas que aparecen junto a los nombres de campo son los Autofiltros.

FILTROS AUTOMÁTICOS
Antes, los autofiltros se llamaban Filtros automáticos.

FILTROS
El nombre de filtros es muy adecuado: es como hacer pasar la base por un colador, reteniendo los que satisfacen el criterio.

Buscar con un autofiltro

Ahora le pedimos al autofiltro que localice los vendedores de la región Sur:

Localizar un registro con un autofiltro — PASO A PASO

1 Hacemos un clic sobre el autofiltro correspondiente al campo **Región**. Se descuelgan los valores del campo (**Figura 8**).

2 Hacemos un clic sobre el valor **Sur**.

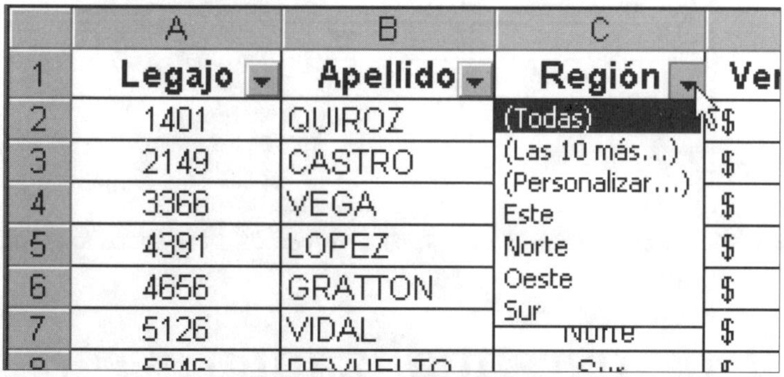

Figura 8. Así descolgamos las opciones del autofiltro.

Ahora la base se verá como en la **Figura 9**. Solamente aparecen los registros que cumplen con el criterio especificado en el autofiltro.

Figura 9. La base "filtrada". De todos sus registros, éstos son los que cumplen con la condición de ser de la región Sur.

MODO FILTRAR

Abajo y a la izquierda de la planilla, Excel informa cuántos registros se encontraron que satisfacen el criterio.

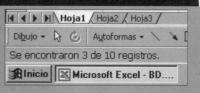

Recuperar todos los registros

Si queremos ver de nuevo todos los registros de la base:

Volver a ver todos los registros de una base — PASO A PASO

① Descolgamos las opciones del autofiltro.

② Hacemos un clic en la opción **Todas**.

*Figura 10. Si hacemos un clic en **Todas**, volvemos a ver todos los registros.*

Autofiltros personalizados

En el ejemplo anterior aplicamos un criterio **de igualdad**: Región = Sur. También podemos seleccionar registros según un criterio **de desigualdad**.

Por ejemplo, en la planilla de la **Figura 11** aparecen los registros cuyas ventas del año 99 son mayores a $ 50.000. Esto es lo que llamamos un criterio de desigualdad.

	A	B	C	D	E
1	Legajo	Apellido	Región	Ventas 99	Ventas 98
3	2149	CASTRO	Norte	$ 96.951	$ 51.763
6	4656	GRATTON	Sur	$ 89.543	$ 55.481
7	5126	VIDAL	Norte	$ 57.588	$ 18.167
11	7898	RICCIARDI	Oeste	$ 93.988	$ 56.509

Figura 11. Los registros para los cuales las ventas del 99 son mayores a $ 50.000.

FILTROS ACTIVOS
La flechita de un autofiltro donde hayamos aplicado un criterio aparece en color azul.

MOSTRAR TODO
Una forma más drástica de recuperar todos los registros es con las opciones Datos/Filtros/Mostrar todo.

Este tipo de criterios los obtenemos con un autofiltro personalizado:

Personalizar autofiltros   PASO A PASO

❶ Descolgamos las opciones del autofiltro `Ventas99`.

❷ Hacemos un clic en **Personalizar**. Aparece el cuadro de la **Figura 12**, donde podemos definir la relación de desigualdad.

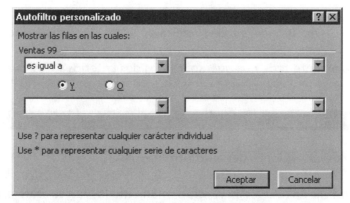

Figura 12. En este cuadro especificamos el criterio de selección.

❸ En la primera opción indicamos `es mayor que`.

❹ En la segunda opción escribimos `50000`.

❺ Hacemos un clic en `Aceptar`.

La base mostrará ahora solamente los registros que satisfacen el criterio, como en la **Figura 11**.

REGISTROS OCULTOS

Los registros que no satisfacen el criterio de selección quedan en filas ocultas. Si hubiera otros datos fuera de la base, pero en las mismas filas, también desaparecerían.

Combinación de criterios

Los registros que aparecen en la planilla de la **Figura 13** son los de la zona Norte cuyas ventas del 99 superan los $ 50.000. Es decir que están actuando dos condiciones simultáneamente.

	A	B	C	D	E
1	Legajo	Apellido	Región	Ventas 99	Ventas 98
3	2149	CASTRO	Norte	$ 96.951	$ 51.763
7	5126	VIDAL	Norte	$ 57.588	$ 18.167
12					

Figura 13. Los registros de la zona Norte cuyas ventas del 99 superan los $ 50.000.

Es fácil. Simplemente tenemos que aplicar los dos criterios sucesivamente:

Combinar criterios   PASO A PASO

❶ Descolgamos las opciones del autofiltro `Región`.

❷ Hacemos un clic en `Norte`. Aparecerán solamente los registros de la región norte.

❸ Descolgamos las opciones del autofiltro `Ventas99`.

❹ Hacemos un clic en `Personalizar`.

❺ Especificamos el criterio `es mayor que 50000` (**Figura 14**).

❻ Hacemos un clic en `Aceptar`.

MOSTRAR TODO

Cuando aplicamos varios criterios, la forma más rápida de recuperar todos los registros es con las opciones `Datos/Filtros/Mostrar todo`.

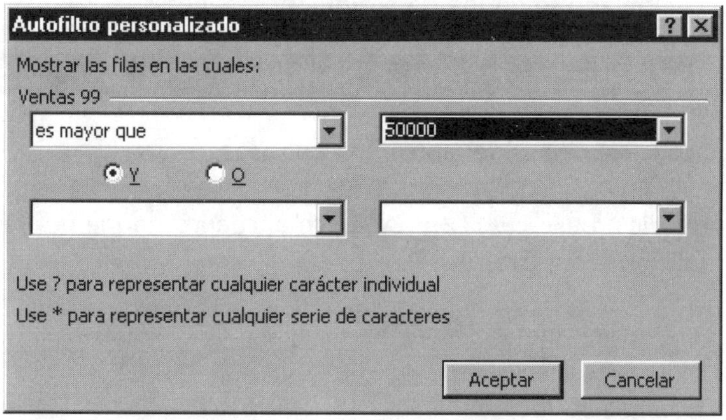

Figura 14. La segunda condición para la base de la Figura 13.

Es decir que cuando se aplican dos criterios en autofiltros distintos, la base muestra solamente los registros que satisfacen ambas condiciones.

Otra variante de criterios combinados

En el ejemplo anterior se combinaron dos criterios, cada uno referido a un campo distinto: ventas del año 99 mayores a $ 50.000 y región Norte.

También podemos combinar dos criterios referidos al mismo campo. Por ejemplo, los registros que aparecen en la planilla de la **Figura 15** son aquellos cuyas ventas del año 98 son mayores a $ 30.000 pero menores a $ 60.000.

	A	B	C	D	E
1	Legajo	Apellido	Región	Ventas 99	Ventas 98
3	2149	CASTRO	Norte	$ 96.951	$ 51.763
6	4656	GRATTON	Sur	$ 89.543	$ 55.481
10	7603	ALVAREZ	Oeste	$ 43.743	$ 32.917
11	7898	RICCIARDI	Oeste	$ 93.988	$ 56.509
12					

Figura 15. Estos registros son aquellos cuyas ventas del 98 están comprendidos entre $ 30.000 y $ 60.000.

Este criterio combinado se define de la siguiente manera:

Combinar dos criterios referidos al mismo campo — PASO A PASO

❶ Descolgamos las opciones del autofiltro `Ventas98`.

❷ Hacemos un clic en `Personalizar`. Aparece el cuadro donde definimos la condición, o condiciones del criterio.

❸ En la primera opción indicamos `es mayor que`.

❹ Al lado escribimos **30000**.

❺ Marcamos la opción `Y`.

❻ En la segunda opción indicamos `es menor que`.

❼ Al lado escribimos **60000**.

❽ Hacemos un clic en `Aceptar`.

Antes de hacer el clic en `Aceptar`, el criterio debe verse como en la **Figura 16**. Después, la planilla mostrará los registros de la **Figura 15**.

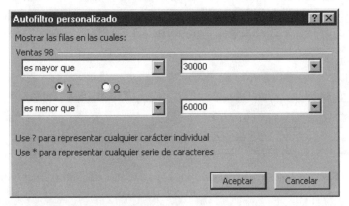

Figura 16. Las condiciones a especificar para el criterio de selección de los registros de la *Figura 15*.

OPERADOR O

En el criterio de la Figura 16 se exige que se cumplan las dos condiciones. Si se marcara la opción O, el criterio se daría por satisfecho cuando se cumpliera por lo menos una de las dos condiciones.

Criterios sobre campos tipo texto

En los ejemplos anteriores aplicamos criterios de selección sobre campos numéricos; así pudimos establecer relaciones de mayor y de menor. Pero también podemos especificar criterios de selección sobre campos tipo texto.

Por ejemplo, el cuadro de la **Figura 17** muestra un criterio de selección para el campo `Apellido`. Este criterio nos muestra los registros correspondientes a vendedores cuyo apellido comienza con C.

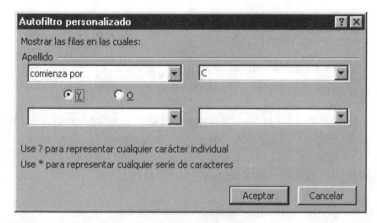

Figura 17. *Un criterio de selección aplicado a un campo tipo texto.*

El resultado de aplicar el criterio de la **Figura 17** aparece en la **Figura 18**.

	A	B	C	D	E
1	Legajo	Apellido	Región	Ventas 99	Ventas 98
3	2149	CASTRO	Norte	$ 96.951	$ 51.763
9	7144	CALDERON	Sur	$ 14.721	$ 18.369
12					

Figura 18. *La base de datos filtrada según el criterio de la **Figura 17**.*

COMODINES

Los criterios como el de la Figura 17 se pueden escribir también usando los comodines del viejo DOS: el asterisco y el signo de pregunta..

La función SUBTOTALES

En la **Figura 19** aparece la misma base de datos de siempre, filtrada de forma tal que solamente vemos los registros dela región Sur. Pero, además, hay dos cálculos: en las celdas D12 y E12 se totalizan las ventas de esos registros.

	A	B	C	D	E	F
1	Legajo	Apellido	Región	Ventas 99	Ventas 98	
6	4656	GRATTON	Sur	$ 89.543	$ 55.481	
8	5846	REVUELTO	Sur	$ 22.457	$ 26.442	
9	7144	CALDERON	Sur	$ 14.721	$ 18.369	
12				$ 126.721,00	$ 100.292,00	
13						

E12 = =SUBTOTALES(9;E2:E11)

Figura 19. *Las fórmulas de las celdas D12 y E12 calculan cuánto suman las ventas correspondientes a los registros visibles.*

Para estos cálculos se usó la función SUBTOTALES que, aplicada a un base de datos filtrada, toma en cuenta solamente los registros visibles. La sintaxis es:

=SUBTOTALES(tipo de cálculo; rango)

- rango es el rango de todos los valores, visibles o no.
- tipo de cálculo es un valor de 1 a 11 que indica qué operación matemática se hace.

Como sugiere el ejemplo, para hacer la suma el valor correspondiente de tipo de cálculo es 9. La lista completa de valores posibles es la siguiente:

1. Calcula el promedio.
2. Cuenta las celdas de contenido numérico.
3. Cuenta las celdas no vacías.
4. Calcula el máximo.
5. Calcula el mínimo.
6. Multiplica todos los valores.
7. Calcula el desvío estándar.
8. Calcula el desvío estándar considerando población total.

ESTADÍSTICA
La varianza y el desvío estándar son parámetros que dan una idea de la dispersión de los valores en una lista.

SUMA
La función SUMA calcularía los totales considerando los registros visibles y los ocultos.

9. Suma todos los valores.
10. Calcula la varianza.
11. Calcula la varianza considerando población total.

Por ejemplo, sea el caso de encontrar el valor máximo de ventas del año 99 en la zona Norte:

Obtener un máximo — PASO A PASO

1 Aplicamos el criterio sobre el campo **Región** para mostrar solamente los registros de la zona norte.

2 En la celda **D12** escribimos `=SUBTOTALES(4;D2:D11)`.

El 4 indica el cálculo del máximo. El resultado aparece en la **Figura 20**.

	A	B	C	D	E	F
1	Legajo	Apellido	Región	Ventas 99	Ventas 98	
3	2149	CASTRO	Norte	$ 96.951	$ 51.763	
5	4391	LOPEZ	Norte	$ 24.096	$ 18.145	
7	5126	VIDAL	Norte	$ 57.588	$ 18.167	
12				$ 96.951,00		
13						

Figura 20. Encontrando el máximo valor de ventas del 99 para la región Norte.

Filtros avanzados

En principio, con los autofiltros podemos seleccionar cualquier grupo de registros, de acuerdo con ciertas condiciones. Pero hay un caso que no podemos resolver. Por ejemplo, el filtro aplicado en la base de la **Figura 21**.

AUTOSUMA

Si usamos el botón Autosuma en una base filtrada, obtenemos automáticamente la función SUBTOTALES con tipo de cálculo 9 (suma). Pero puede quedar el rango incorrecto.

LA BIBLIA DE EXCEL

	A14 ▼	= =D2<E2				
	A	**B**	**C**	**D**	**E**	**F**
1	Legajo	Apellido	Región	Ventas 99	Ventas 98	
2	1401	QUIROZ	Este	$ 22.541	$ 87.672	
4	3366	VEGA	Este	$ 46.330	$ 79.589	
8	5846	REVUELTO	Sur	$ 22.457	$ 26.442	
9	7144	CALDERON	Sur	$ 14.721	$ 18.369	

Figura 21. Estos registros son aquellos para los que las ventas del 99 son menores a las del 98.

¿Se entiende la condición que cumplen estos registros? Son aquellos para los que las ventas del 99 son menores a las del 98. Este criterio compara campos distintos y requiere del uso de un filtro **avanzado**. Veamos de dónde sale.

Crear un filtro avanzado

Lo importante para este caso es el rango de criterio; es el rango donde escribimos la condición. En el planilla de la **Figura 21**, este rango es `A13:A14`. Efectivamente:

1. Debe tener dos filas de alto por una columna de ancho.
2. La primera celda se deja vacía.
3. En la segunda celda se escribe la condición usando como representante de los campos las celdas correspondientes al primer registro de la base (¿cómo?).

La fórmula que expresa la condición la vemos en la barra de fórmulas de la **Figura 21**. Ahí dice:

$$=D2<E2$$

Dijimos que los campos se representan por las celdas del primer registro de la base. La fila 1 tiene los títulos, y el primer registro está en la fila 2. Entonces, `D2` representa a las ventas del 99 y `E2` a las del 98.

Aplicar el filtro avanzado

Ahora que creamos el rango de criterio, podemos aplicar el filtro:

ELIMINAR AUTOFILTROS
Los autofiltros los eliminamos volviendo a tomar las opciones Datos/Filtros/Autofiltro.

FILTROS AVANZADOS
Este tipo de filtros son bastante más complejos y reproducen el estilo de trabajo de planillas de cálculo de hace más de 15 años.

230

Aplicar un filtro avanzado — PASO A PASO

① Ponemos el cursor sobre cualquier celda de la base.

② Tomamos las opciones **Datos/Filtro/Filtro avanzado**. Aparece el cuadro de la **Figura 22**.

Figura 22. En este cuadro especificamos el **filtro avanzado** que vamos a aplicar.

③ Donde dice **Rango de la lista** señalamos el rango de la base de datos, incluyendo la fila de títulos.

④ Donde dice **Rango de criterios** señalamos el rango auxiliar del que acabamos de hablar, incluyendo la celda en blanco.

⑤ Hacemos un clic en **Aceptar**.

Luego del último clic, la base mostrará solamente los registros que cumplen con el criterio, como en la **Figura 21**.

MODO FILTRAR:
Abajo y a la izquierda de la planilla Excel informa que estamos en el modo filtrar. Por lo tanto los registros visibles no son todos los de la base.

MOSTRAR TODO
Para recuperar todos los registros después de aplicar un filtro avanzado tomamos las opciones Datos/Filtros/Mostrar todo.

Extracción de sub-bases

Los filtros avanzados permiten tomar los registros que cumplen con el criterio y copiarlos en otro lugar. De esta forma obtenemos una sub base de datos. Esto es lo que se hizo en la planilla de la **Figura 23**.

	A	B	C	D	E	F
	A14		=D2<E2			
1	Legajo	Apellido	Región	Ventas 99	Ventas 98	
2	1401	QUIROZ	Este	$ 22.541	$ 87.672	
3	2149	CASTRO	Norte	$ 96.951	$ 51.763	
4	3366	VEGA	Este	$ 46.330	$ 79.589	
5	4391	LOPEZ	Norte	$ 24.096	$ 18.145	
6	4656	GRATTON	Sur	$ 89.543	$ 55.481	
7	5126	VIDAL	Norte	$ 57.588	$ 18.167	
8	5846	REVUELTO	Sur	$ 22.457	$ 26.442	
9	7144	CALDERON	Sur	$ 14.721	$ 18.369	
10	7603	ALVAREZ	Oeste	$ 43.743	$ 32.917	
11	7898	RICCIARDI	Oeste	$ 93.988	$ 56.509	
12						
13						
14	VERDADERO					
15						
16	Apellido	Región				
17	QUIROZ	Este				
18	VEGA	Este				
19	REVUELTO	Sur				
20	CALDERON	Sur				

***Figura 23.** Los registros que aparecen abajo y a la izquierda son los que satisfacen el mismo criterio aplicado en la **Figura 21**.*

La sub base obtenida en este ejemplo no contiene todos los campos de la base original; eso lo decidimos nosotros. En este ejemplo, decidimos que queríamos obtener una lista de los apellidos de los vendedores que vendieron más en el 98 que en el 99, junto con la región.

Acá usamos un filtro avanzado, por lo que deberemos preparar el rango de criterio como en el caso anterior. Pero también tendremos que preparar un rango de extracción.

El rango de extracción debe contener los nombres de los campos que queremos extraer. En la planilla de la **Figura 23**, este rango es `A16:B16`.

Preparado ese rango, procedemos a la extracción:

Extraer una sub-base   PASO A PASO

❶ Ponemos el cursor sobre cualquier celda de la base. De la base original; no el rango de criterio ni el de extracción.

❷ Tomamos las opciones **Datos/Filtro/Filtro avanzado**. Aparece otra vez el cuadro donde especificamos el filtro.

❸ Donde dice **Rango de la lista** señalamos el rango de la base de datos, incluyendo la fila de títulos.

❹ Donde dice **Rango de criterios** señalamos el rango auxiliar del que acabamos de hablar, incluyendo la celda en blanco.

❺ Marcamos la opción **Copiar a otro lugar**. Se habilita la opción **Copiar a**.

❻ En **Copiar a** señalamos el rango de extracción **A16:B16**.

❼ Hacemos un clic en **Aceptar**.

Antes del último clic, el cuadro de definición del filtro debe verse como en la **Figura 24**.

Figura 24. Cómo se especifica el filtro para obtener la sub base de datos de la **Figura 23**.

FUNCIONES DE BASES DE DATOS

Además de SUBTOTALES, Excel incluye otras doce funciones para cálculos en bases de datos. Pueden consultarse en el primer volumen de la *Guía de Funciones de Excel*, publicado en la colección PC Users Express.

OTROS SISTEMAS

Excel puede leer bases de datos provenientes de sistemas mayores en formatos dbf, txt u otros similares. Se abren directamente indicando el tipo de archivo en el menú Abrir.

Lo que nos queda en el teclado

En este capítulo vimos todos los comandos asociados al manejo de bases de datos; no en todas sus variantes, que son prácticamente ilimitadas, pero sí las más importantes y útiles.

CAPÍTULO 12

La seguridad

Hablemos sobre la seguridad: ¿qué podemos hacer para que nada les pase a nuestras planillas? Básicamente, dos tipos de cosas:

- Proteger la planilla como un todo, para que no pueda ser consultada por extraños.
- Proteger el contenido, para que no pueda ser indebidamente modificado.

Son dos grupos de comandos bien distintos. Vamos a hablar de ellos.

Protección de archivos 237

Protección de los datos de una planilla 242

Resumen de comandos 246

Servicio de Atención al Lector
(011) 4959-5000
lectores@tectimes.com

Protección de archivos

La medida más simple que podemos tomar para proteger una planilla es grabarla con una contraseña para que solamente pueda ser consultada por personas autorizadas. El procedimiento es el siguiente:

Crear una contraseña   PASO A PASO

1 Tomamos las opciones **Archivo/Guardar como**. Aparece el cuadro de grabación de archivos (ya lo conocemos).

2 Indicamos, como siempre, nombre, disco y carpeta donde vamos a grabar.

3 Hacemos un clic en el botón **Herramientas**. Se descuelga el submenú de la **Figura 1**.

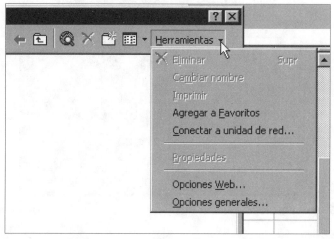

Figura 1. Con la última opción de este menú podemos establecer una contraseña de protección.

4 Hacemos un clic en **Opciones generales**. Aparece el cuadro de la **Figura 2**.

GRABAR UN ARCHIVO

Del procedimiento para grabar un archivo ya hablamos en el Capítulo 1. ¡La primera planilla ya!

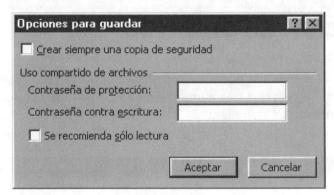

Figura 2. *Acá escribimos la contraseña indicada.*

❺ Donde dice **Contraseña de protección** escribimos alguna palabra clave adecuada.

❻ Hacemos un clic en **Aceptar**. Aparece el cuadro de la **Figura 3**.

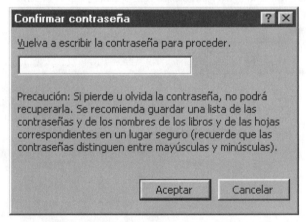

Figura 3. *Por seguridad, tenemos que escribir la contraseña por segunda vez.*

❼ Rescribimos la palabra clave anterior.

❽ Hacemos un clic en **Aceptar**. Vuelve a aparecer el cuadro con las opciones de grabación.

❾ Hacemos un clic en **Guardar**.

USO DEL TECLADO
La tecla F12 es equivalente a las opciones Archivo/Guardar como.

PROTECCIÓN
El procedimiento para proteger un archivo con contraseña es similar en todos los programas de la línea Office.

Si, al rescribir la contraseña, cometemos algún error, Excel mostrará el cuadro de advertencia de la **Figura 4**. A prestar más atención.

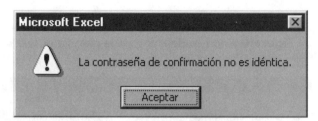

***Figura 4.** No se escribió la misma contraseña que la primera vez.*

Ahora, cada vez que queramos abrir la planilla, Excel solicitará la contraseña.

Para abrir un archivo que ha sido grabado con una contraseña de protección, la historia comienza como siempre:

Abrir un archivo protegido — PASO A PASO

1. Tomamos las opciones **Archivo/Abrir**. Aparece el cuadro de apertura de archivos, que ya conocemos bien.

2. Indicamos, como siempre, el disco, la carpeta y el nombre del archivo que queremos abrir.

3. Hacemos un clic en **Abrir**. Aparece el cuadro de la **Figura 5**.

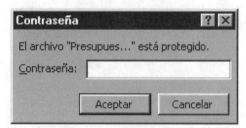

***Figura 5.** Acá indicamos la contraseña que protege al archivo.*

BORRAR ARCHIVOS

Proteger un archivo con contraseña no impide que se lo borre desde el Explorador de Windows.

❹ Escribimos la contraseña correcta.

❺ Hacemos un clic en `Aceptar`.

Si indicamos la contraseña correcta, se abrirá felizmente la planilla. Si no, Excel nos mostrará el cuadro de la **Figura 6** y no nos dejará abrir la planilla ni feliz ni tristemente.

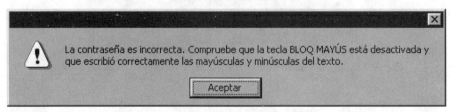

Figura 6. No pusimos la contraseña correcta y Excel no nos deja abrir la planilla.

Si logramos abrir un archivo protegido, podemos desprotegerlo eliminando la contraseña:

Para eliminar la contraseña   PASO A PASO

❶ Tomamos las opciones `Archivo/Guardar como`. Aparece el cuadro de grabación de archivos.

❷ Indicamos nombre, disco y carpeta donde grabamos el archivo.

❸ Hacemos un clic en el botón `Herramientas`.

❹ Hacemos un clic en `Opciones generales`. Aparece el cuadro de la **Figura 7** donde unos asteriscos indican la presencia de la contraseña.

ABRIR UN ARCHIVO
El procedimiento para abrir un archivo se explica en el Capítulo 1.

USO DEL TECLADO
La combinación CONTROL+A es equivalente a las opciones+Archivo/Abrir.

Protección de archivos

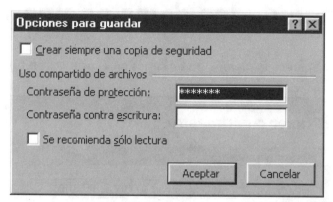

Figura 7. *El mismo cuadro donde escribimos la contraseña la primera vez. Esos asteriscos indican que ya hay una contraseña protegiendo al archivo. Si los borramos, borramos la contraseña.*

❺ Borramos esos asteriscos (lo que equivale a borrar la contraseña).

❻ Hacemos un clic en **Aceptar**.

❼ Hacemos un clic en **Guardar**. Excel avisa que estamos regrabando un archivo existente (**Figura 8**).

❽ Hacemos un clic en **Sí**.

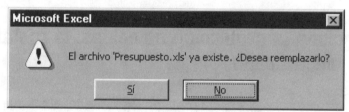

Figura 8. *Estamos regrabando la planilla. Excel avisa que se reemplazará el archivo anterior. Podemos reemplazarlo sin miedo.*

Si todo salió bien, el archivo ya no estará protegido y podrá ser abierto sin necesidad de contraseña. Esto es lo que tenemos que decir acerca de la protección de un archivo. Hablemos de la protección de su contenido.

RECORDAR LA CONTRASEÑA

Si nos olvidamos de la contraseña, estamos perdidos. No hay mucho que podamos hacer para recuperar la planilla.

PROTECCIÓN DE ARCHIVOS CON EXCEL 97

El procedimiento de protección de archivos es un poco distinto en Excel 97. El botón Opciones en el cuadro de grabación conduce al pedido de las contraseñas.

241

Protección de los datos de una planilla

En la **Figura 9** aparece la planilla que hicimos en el primer capítulo.

	A	B	C	D	E
1	Primer cuatrimestre				
2					
3	Período	Ventas	Costo	Margen	
4					
5	Enero	15000	11090	3910	
6	Febrero	12500	13130	-630	
7	Marzo	16000	7140	8860	
8	Abril	19500	14650	4850	
9					
10	Total	63000	46010	16990	
11					

Figura 9. En esta planilla podemos modificar los valores de **Ventas** y **Costo**. Los márgenes y totales se calculan automáticamente.

Recordemos cómo funciona esta planilla: las fórmulas de la columna D y de la fila 10 calculan márgenes y totales en función de los datos de ventas y costo. En principio, nadie debe "meter mano" en las fórmulas. Podemos proteger esas celdas.

Cómo funciona la protección de celdas: la metáfora del cerco electrificado

Para entender cómo hace Excel para proteger los datos, tenemos que imaginar que las celdas están rodeadas por un cerco electrificado. La protección actúa siempre que:

- El cerco esté tendido.
- La corriente esté conectada.

Parece haber entonces dos operaciones de protección. Y, efectivamente, es así.

EL CERCO
La metáfora del cerco electrificado para entender cómo funciona la protección se usa desde los primeros manuales de operación de planillas, allá por los años 80.

FORMATOS
Cambiar el formato de una celda es una modificación. No podemos hacerlo con la planilla protegida.

Conectar la corriente

En principio, todas las celdas de una planilla Excel tienen tendido el cerco de protección. Entonces ¿por qué podemos modificar sus contenidos? Porque la corriente que alimenta el cerco está desconectada. Para conectarla:

Activar la protección — PASO A PASO

① Tomamos las opciones **Herramientas/Proteger/Proteger hoja.** Aparece el cuadro de la **Figura 10**.

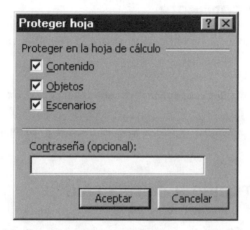

Figura 10. *Acá indicamos qué contenidos de la planilla vamos a proteger. En principio, podemos marcar todas las opciones.*

② Marcamos lo que queramos proteger. Podemos dejar marcadas todas las opciones.

③ Hacemos un clic en **Aceptar**.

Si ahora pretendemos escribir, modificar o borrar un dato, Excel no lo permite y muestra la advertencia de la **Figura 11**.

ATENCIÓN

PROTEGER HOJA
Este procedimiento protege la hoja actual. No protege todas las hojas del libro.

SÓLO PARA GENIOS

CONTRASEÑA
Como sugiere el cuadro de la Figura 10, esta protección también puede asociarse a una contraseña.

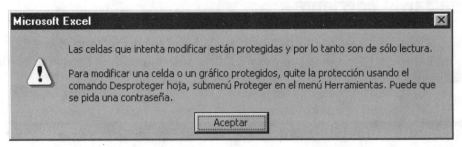

Figura 11. *La planilla está protegida y no podemos modificarla*.

Desconectar la corriente

Si tenemos que hacer una modificación sobre la planilla, podemos desconectar la corriente. ¿Hace falta explicarlo?

- Tomamos las opciones `Herramientas/Proteger/Desproteger hoja`.

Ahora la planilla está desprotegida, como lo estaba al principio.

Limitar la protección a ciertas celdas

El comando anterior (conectar o desconectar la corriente) no es exactamente lo que necesitamos. Por lo general, queremos proteger algunas celdas pero dejar desprotegidas otras.

La corriente que alimenta el cerco de protección está apagada o está encendida. Es de efecto global para toda la planilla. Para limitar la protección a ciertas celdas, actuamos sobre el cerco de protección.

Retirar el cerco de protección

Normalmente, debemos dejar desprotegidas (y, por lo tanto, modificables) las celdas con datos; en la planilla de la **Figura 9**, el rango `B5:C8`. Veamos:

Protección de los datos de una planilla

Desbloquear la protección — PASO A PASO

❶ Seleccionamos el rango a desproteger.

❷ Tomamos las opciones **Formato/Celdas** y seleccionamos la ficha **Proteger** (**Figura 12**).

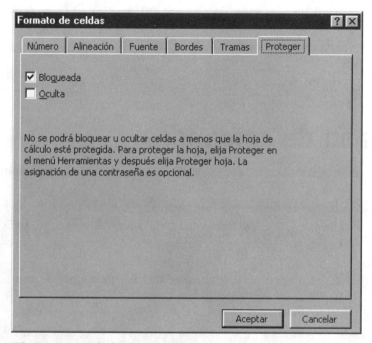

Figura 12. *Desmarcando la opción* ***Bloqueada****, retiramos el cerco de protección del rango seleccionado.*

❸ Desmarcamos la opción **Bloqueada**.

❹ Hacemos un clic en **Aceptar**.

Ahora, las celdas del rango seleccionado podrán modificarse independientemente del estado de la corriente de protección.

DESBLOQUEAR CELDAS

Para poder retirar el cerco de protección, tenemos que desactivar la corriente.

USO DEL TECLADO

Para obtener el cuadro de la Figura 12, podemos oprimir la combinación CONTROL+1 (el número uno).

Para volver a tender el cerco en las celdas desprotegidas:

Volver a tender el cerco de protección — PASO A PASO

❶ Seleccionamos el rango a proteger.

❷ Tomamos las opciones **Formato/Celdas** y seleccionamos la ficha **Proteger**.

❸ Marcamos la opción **Bloqueada**.

❹ Hacemos un clic en **Aceptar**.

Resumen de comandos

Entonces resulta que para usar la protección de celdas debemos manejar cuatro comandos:

- Para activar la corriente de protección: **Herramientas/Proteger/Proteger hoja**.
- Para desactivar la corriente: **Herramientas/Proteger/Desproteger hoja**.
- Para tender el cerco de protección: **Formato/Celdas/Proteger**, marcar la opción **Bloqueada**.
- Para retirar el cerco de protección: **Formato/Celdas/Proteger**, desmarcar la opción **Bloqueada**.

Estos comandos se combinan para que la protección funcione como es debido. El procedimiento sería algo así:

1. Con la corriente desactivada, retiramos el cerco de protección de las celdas a desproteger.
2. Activamos la corriente.

Si queremos hacer una modificación en una celda protegida, tenemos que desactivar la corriente. Si después queremos proteger la planilla nuevamente, volvemos a activar la corriente.

Y esto es todo lo que vamos a decir sobre el asunto.

CORRIENTE VS. CERCO

Que quede claro: la corriente de protección es global; afecta toda la planilla. El cerco es local: afecta las celdas seleccionadas.

PROTEGER Y DESPROTEGER

Podemos decir que para proteger ciertas celas, tenemos que desproteger las demás.

CAPÍTULO 13
El análisis de los datos

Una planilla cualquiera puede darnos más información que la que aparentemente contiene. Por ejemplo, de una lista de ventas podemos pedirle el importe promedio o que nos señale la venta mayor. A este tipo de operaciones las llamamos "de análisis".

En este capítulo veremos dos de las principales herramientas de análisis que incluye Excel:

- Tablas dinámicas.
- Subtotales.

Se trata de comandos bastante simples pero muy poderosos.

Tablas dinámicas	249
Actualización de la Tabla dinámica	253
La barra de herramientas Tabla dinámica	257
Gráficos dinámicos	262
Subtotales	267
Sub-subtotales	273

Servicio de Atención al Lector
(011) 4959-5000
lectores@tectimes.com

Tablas dinámicas

La planilla de la **Figura 1** es un informe de ventas. Constan las ventas hechas por un equipo de vendedores indicándose el apellido del vendedor, la fecha de la venta, el importe y la condición de pago.

	A	B	C	D	E
1	**Vendedor**	**Fecha**	**Importe**	**Condición**	
2	Arrúa	29/07/2000	$ 625,60	Contado	
3	Lugones	26/07/2000	$ 698,80	A cuenta	
4	Montaña	29/07/2000	$ 489,10	A cuenta	
5	Montaña	28/07/2000	$ 471,20	Contado	
6	Arrúa	27/07/2000	$ 954,10	A cuenta	
7	Arrúa	28/07/2000	$ 794,10	Contado	
8	Lugones	26/07/2000	$ 705,00	A cuenta	
9	Villa	29/07/2000	$ 623,70	A cuenta	
10	Montaña	27/07/2000	$ 607,10	Contado	
11	Villa	28/07/2000	$ 520,50	Contado	
12	Lugones	27/07/2000	$ 916,60	A cuenta	
13	Lugones	27/07/2000	$ 425,50	A cuenta	
14					

Figura 1. Un informe de ventas. Veremos qué otra información podemos obtener de esta planilla.

Como dijimos en la introducción, a esta planilla le podemos pedir cosas que, aparentemente, no están ahí. Por ejemplo:

- Una lista con los importes totales para cada vendedor.
- Cantidad de ventas según el día.
- Importe promedio de las ventas.

Todo esto lo podemos hacer mediante tablas dinámicas.

Vamos a comenzar con el caso más sencillo: cuánto vendió cada persona. O sea, una lista como la de la **Figura 2**.

> **EXCEL 97 Y ANTERIORES**
> La construcción de tablas dinámicas es un poco diferente en las versiones anteriores a Excel 2000.

Vendedor	Importe Total
Arrúa	$ 2.373,80
Lugones	$ 2.745,90
Montaña	$ 1.567,40
Villa	$ 1.144,20
Total general	**$ 7.831,30**

Figura 2. Queremos obtener una lista donde se indique el importe vendido por cada vendedor.

Procedamos:

Construir una tabla dinámica — PASO A PASO

❶ Ponemos el cursor sobre cualquier celda de la tabla de la **Figura 1**, la tabla que contiene la información original.

❷ Tomamos las opciones `Datos/Informe de tablas y gráficos dinámicos`. Aparece el **Asistente para tablas y gráficos dinámicos**. Este Asistente nos guiará a través de tres pasos para confeccionar la tabla dinámica.

❸ En el primer paso (**Figura 3**) el Asistente pregunta dos cosas: de dónde provienen los datos y qué queremos hacer con ellos. Las opciones que sugiere son las que vamos a elegir: los datos están en una **Lista o base de datos de Microsoft Excel** y queremos crear una **Tabla dinámica**.

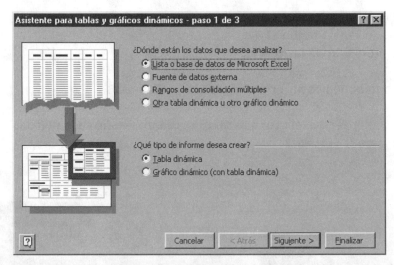

Figura 3. En el primer paso, el Asistente pregunta dónde están los datos originales y el tipo de informe que queremos obtener.

④ Entonces hacemos un clic en **Siguiente**.

⑤ En el segundo paso (**Figura 4**), tenemos que indicar el rango de los datos. Si estamos correctamente ubicados, el rango que sugiere es el correcto. Si no fuera así, lo señalamos arrastrando el mouse.

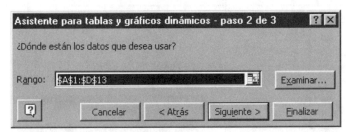

Figura 4. *En el segundo paso, el Asistente pregunta por el rango de los datos originales. El rango sugerido es el de la tabla actual, donde se encuentre el cursor.*

⑥ Hacemos un clic en **Siguiente**.

⑦ En el tercer y último paso (**Figura 5**) sólo debemos decirle al Asistente dónde queremos poner la tabla. Indicamos **Hoja de cálculo nueva**.

⑧ Hacemos un clic en **Finalizar**.

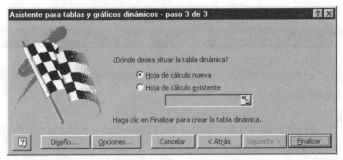

Figura 5. *En el último paso, tenemos que decir dónde queremos poner la tabla.*

EXCEL 97 Y ANTERIORES

Para crear una tabla dinámica al estilo de las versiones anteriores a Excel 2000 tenemos que hacer un clic en el botón Diseño, en el cuadro de la Figura 5.

UBICACIÓN DE LA TABLA

En el último paso del Asistente podemos pedir que la tabla aparezca junto a la lista original. Conviene dejar una columna de separación. Por lo demás, el manejo de la tabla que resulta es el mismo.

Después del último paso no aparece la tabla dinámica propiamente dicha sino el esqueleto de la **Figura 6** junto con una barra de herramientas. Sobre este esqueleto, y con ayuda de la barra de herramientas, tenemos que terminar la construcción de la tabla.

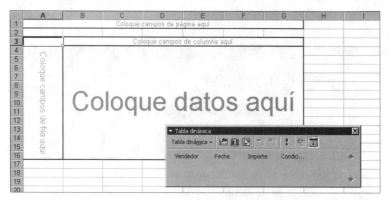

Figura 6. *Esto es lo que nos entrega el Asistente. Con ayuda de la barra de herramientas debemos terminar la construcción de la tabla.*

Armar la tabla "a mano"

La construcción de la tabla propiamente dicha se hace acomodando en el esqueleto de la **Figura 6** los rótulos de los datos que aparecen en la nueva barra de herramientas:

Construir una tabla dinámica a mano — PASO A PASO

1 Tomamos con el mouse el cartel que dice `Vendedor` y lo llevamos a donde dice `Coloque campos de fila aquí`.

2 Tomamos con el mouse el cartel que dice `Importe` y lo llevamos a donde dice `Coloque datos aquí`.

AGARRE CON EL MOUSE
Los rótulos de la tabla dinámica se manejan como quien mueve los naipes jugando al *Solitario* de Windows.

NUEVA TABLA
Si creamos una segunda tabla dinámica a partir de los mismos datos, Excel invita a reemplazar la tabla anterior.

Figura 7. Acomodamos con el mouse los rótulos que identifican a los campos de la lista original.

Una vez acomodados los dos rótulos, la tabla dinámica esta lista. Como en la **Figura 8**.

	A	B	C
1			
2			
3	Suma de Importe		
4	Vendedor ▼	Total	
5	Arrúa	2373,8	
6	Lugones	2745,9	
7	Montaña	1567,4	
8	Villa	1144,2	
9	Total general	7831,3	
10			

Figura 8. La tabla dinámica terminada.

La tabla es bastante fácil de entender. De hecho, formato más, formato menos, es la misma tabla de la **Figura 2**, a la que queríamos llegar.

Actualización de la tabla dinámica

A diferencia de lo que su nombre sugiere, la tabla dinámica no es dinámica: si cambiamos un dato en la lista original, el cambio no se refleja en la tabla dinámica. Para que esto suceda debemos tomar las opciones `Datos/Actualizar datos`.

Modificación de la tabla

Cambiar el diseño de la tabla dinámica es muy simple. Por ejemplo, sea el caso de clasificar los datos de la tabla según la condición de venta. Simplemente, se trata de tomar el rótulo que identifica el campo **Condición**, y llevarlo de la barra de herramientas a la parte superior de la tabla.

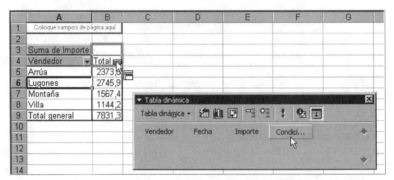

Figura 9. Agregando un campo a la tabla dinámica.

El resultado es la tabla de la **Figura 10**.

	A	B	C	D	E
1					
2					
3	Suma de Importe	Condición			
4	Vendedor	A cuenta	Contado	Total general	
5	Arrúa	954,1	1419,7	2373,8	
6	Lugones	2745,9		2745,9	
7	Montaña	489,1	1078,3	1567,4	
8	Villa	623,7	520,5	1144,2	
9	Total general	4812,8	3018,5	7831,3	
10					

Figura 10. La tabla dinámica de la Figura 8, luego de agregarle el campo Condición.

Lo mismo podríamos hacer con cualquier otro campo.

BARRA REDUCIDA
La barra de herramientas Tabla dinámica muestra los nombres de los campos solamente cuando el cursor está sobre la tabla.

ELIMINAR UN CAMPO
Para eliminar un campo de la tabla, lo tomamos con el mouse y lo llevamos desde la tabla a la zona de la barra de herramientas.

Filtrar la tabla

Es posible dar vuelta la tabla como queramos: poner campos, sacar campos, cambiarlos de lugar. También podemos aplicar filtros a fin de ver solamente los datos que nos interesan.

Por ejemplo, en la tabla de la **Figura 10**, queremos que aparezcan solamente los datos correspondientes a ventas al contado:

Visualizar datos seleccionados   PASO A PASO

❶ Hacemos un clic sobre la flechita que aparece a la derecha del campo `Condición`. Se descuelga la lista de valores del campo (**Figura 11**).

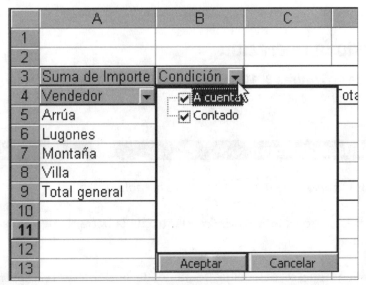

Figura 11. *Acá podemos seleccionar los valores que queramos mostrar en la tabla.*

❷ Desmarcamos, con un clic, la opción `A cuenta`.

❸ Hacemos un clic en `Aceptar`.

CAMBIAR DISEÑO

También podemos cambiar el diseño de la tabla moviendo los campos de un punto a otro de la misma, sin pasar por la barra de herramientas.

El resultado aparece en la **Figura 12**.

	A	B	C	D
1				
2				
3	Suma de Importe	Condición ▼		
4	Vendedor ▼	Contado	Total general	
5	Arrúa	1419,7	1419,7	
6	Montaña	1078,3	1078,3	
7	Villa	520,5	520,5	
8	Total general	3018,5	3018,5	
9				

*Figura 12. La tabla dinámica de la **Figura 10**, mostrando solamente las ventas al contado.*

Cambiando la operación

Las tablas de las **Figuras 8**, **10** y **12** calculan la suma de los importes. ¿Qué pasaría si quisiéramos conocer la cantidad de ventas?

Modificar la operación — PASO A PASO

① Ponemos el cursor en cualquier celda de la tabla dinámica.

② Tomamos la opción `Tabla dinámica`, dentro de la barra de herramientas del mismo nombre.

③ Del submenú que se descuelga, tomamos la opción `Configuración de campo`. Aparece el cuadro de la **Figura 13**.

④ Marcamos la opción `Contar`.

⑤ Hacemos un clic en `Aceptar`.

MÁS OPERACIONES

Haciendo un clic en Opciones (dentro del cuadro de la Figura 13) podemos pedir que los valores se muestren como porcentaje del total, como porcentaje respecto del máximo, etc.

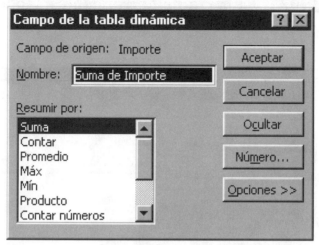

Figura 13. En este menú elegimos la operación matemática que se hará en la tabla.

La nueva tabla que obtenemos aparece en la **Figura 14**.

	A	B	C	D	E
1					
2					
3	Contar de Importe	Condición			
4	Vendedor	A cuenta	Contado	Total general	
5	Arrúa	1	2	3	
6	Lugones	4		4	
7	Montaña	1	2	3	
8	Villa	1	1	2	
9	Total general	7	5	12	
10					

Figura 14. La tabla dinámica de la *Figura 10*, contando la cantidad de ventas.

La barra de herramientas Tabla dinámica

Las operaciones anteriores las podemos hacer de distintas formas pero todo está también en la barra de herramientas Tabla dinámica. La primera opción, a su vez, conduce al siguiente submenú.

NO ESTÁ LA BARRA

Si no vemos la tabla de herramientas Tabla dinámica, **la obtenemos tomando las opciones** Ver/Barras de herramientas/ Tabla dinámica.

GUÍA VISUAL 1. La barra de herramientas Tabla dinámica

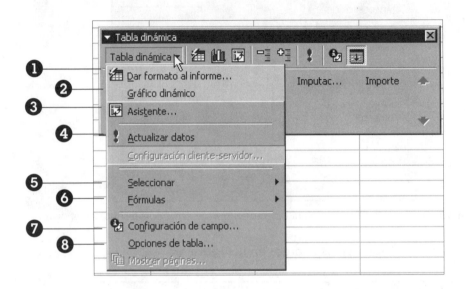

❶ Ofrece un menú con distintas opciones para el formato de la tabla.
❷ Crea un gráfico a partir de los datos consolidados en la tabla.
❸ Conduce al asistente, en su tercer paso.
❹ Actualiza la tabla de datos, si se han hecho modificaciones en la planilla original.
❺ Selecciona la tabla total o parcialmente.
❻ Permite definir nuevos campos.
❼ Permite cambiar la operación de consolidación.
❽ Cambia las opciones generales de la tabla.

DESPLEGAR
Esta barra de herramientas se expande cuando el cursor está sobre la tabla dinámica. En cualquier otro caso, muestra solamente la fila de botones.

MOVER
La barra de herramientas Tabla dinámica puede tomarse con el mouse por su borde superior y llevarse a cualquier punto de la ventana.

Un ejemplo de promedios

Los datos de la lista de la **Figura 15** se prestan para ser analizados con una tabla dinámica.

	A	B	C	D
1	**Apellido**	**Asignatura**	**Calificación**	
2	Aguirre	Geografía	9	
3	González	Lengua	7	
4	Pérez	Matemática	10	
5	González	Historia	4	
6	Goldman	Historia	8	
7	González	Matemática	9	
8	Aguirre	Física	5	
9	Aguirre	Historia	5	
10	Pérez	Geografía	6	
11	Goldman	Matemática	6	
12	Aguirre	Matemática	2	
13	Pérez	Física	8	
14	González	Física	5	
15	González	Música	7	
16	Pérez	Historia	7	
17	Aguirre	Inglés	4	
18	Goldman	Lengua	7	
19	González	Música	7	
20				

***Figura 15.** Queremos cierta información compilada a partir de estos datos.*

Por ejemplo, la información más obvia que puede interesarnos es la tabla de la **Figura 16**, donde constan los promedios por alumno y por materia.

Promedio de Calificación	Apellido				
Asignatura	Aguirre	Goldman	González	Pérez	Total general
Física	5		5	8	6
Geografía	9			6	7,5
Historia	5	8	4	7	6
Inglés	4				4
Lengua		7	7		7
Matemática	2	6	9	10	6,75
Música			7		7
Total general	5	7	6,5	7,75	6,444444444

***Figura 16.** Estos promedios se calculan con los datos de la **Figura 15**.*

Antes de seguir leyendo, trate de crear esta tabla por sí mismo.

TAMBIÉN CON FORMATO

A las celdas de una tabla dinámica se les puede aplicar formatos como a cualquier otro dato de la planilla.

La solución

Brevemente, los pasos necesarios son los siguientes:

Cómo crear la tabla de la Figura 16 — PASO A PASO

① Ponemos el cursor sobre cualquier celda de la lista de notas.

② Tomamos las opciones **Datos/Informe de tablas y gráficos dinámicos**. Aparece el Asistente.

③ En el primer paso hacemos un clic en **Siguiente**.

④ En el segundo paso, hacemos un clic en **Siguiente**.

⑤ En el tercer y último paso hacemos un clic en **Finalizar**.

Esto nos da el esqueleto de la tabla (**Figura 17**). Ahora armamos la tabla propiamente dicha:

Figura 17. *El esqueleto de la tabla brindada por el Asistente.*

Cómo armar la tabla de la Figura 16 — PASO A PASO

① Tomándolo con el mouse, llevamos el rótulo que dice **Apellido** desde la barra de herramientas a donde dice **Coloque campos de columna aquí**.

② Llevamos el rótulo que dice **Asignatura** desde la barra de herramientas a donde dice **Coloque campos de fila aquí**.

❸ Llevamos el rótulo que dice `Calificación` desde la barra de herramientas a donde dice `Coloque datos aquí`.

Ya tenemos la tabla (**Figura 18**), pero no es la que queremos. Esta tabla calcula la suma de las notas y debería promediarlas.

Suma de Calificación	Apellido				
Asignatura	Aguirre	Goldman	González	Pérez	Total general
Física	5		5	8	18
Geografía	9			6	15
Historia	5	8	4	7	24
Inglés	4				4
Lengua		7	7		14
Matemática	2	6	9	10	27
Música			14		14
Total general	25	21	39	31	116

Figura 18. A esta tabla le tenemos que cambiar la operación de sumarización. Suma las notas y debería promediarlas.

Cómo cambiar la operación — PASO A PASO

❶ Ponemos el cursor sobre cualquiera de las notas de la tabla (la tabla dinámica, no la tabla de notas original).

❷ Dentro de la barra de herramientas `Tabla dinámica` tomamos las opciones `Tabla dinámica/Configuración de campo`.

❸ Del cuadro que aparece marcamos la opción `Promedio`.

❹ Hacemos un clic en `Aceptar`.

Ahora sí, la tabla obtenida será como la de la **Figura 16**. Y todavía podemos seguir jugando con ella:

- Que la tabla solamente muestre las notas de un determinado alumno (**Figura 19**).
- Que la tabla muestre cuántos alumnos recibieron calificaciones en cada materia. (**Figura 20**).

IMPRIMIR LA TABLA
Las tablas dinámicas se imprimen como cualquier otra información de la planilla.

Promedio de Calificación	Apellido
Asignatura	González
Física	5
Historia	4
Lengua	7
Matemática	9
Música	7
Total general	6,5

Figura 19. Esta tabla indica solamente las notas de González.

Contar de Calificación	
Asignatura	Total
Física	3
Geografía	2
Historia	4
Inglés	1
Lengua	2
Matemática	4
Música	2
Total general	18

Figura 20. Esta tabla indica cuántos alumnos fueron calificados en cada materia.

Y cualquier otra variante que se nos ocurra.

Gráficos dinámicos

Cuando, en el primer paso, el Asistente pregunta qué queremos hacer, nos ofrece la opción **Tabla dinámica**, pero también **Gráfico dinámico**. Un gráfico dinámico es algo como el de la **Figura 21**.

MÁS SOBRE GRÁFICOS

Para repasar la información clave sobre gráficos, consulte los Capítulos 6 y 7.

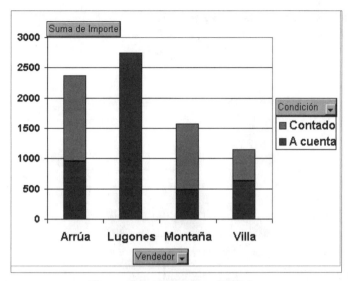

Figura 21. Un gráfico dinámico.

Los botones que aparecen sobre el gráfico permiten seleccionar la información que queremos mostrar. Por ejemplo, para ver solamente la información sobre ventas al contado:

Cómo seleccionar información   PASO A PASO

① Hacemos un clic en la flechita que hay a la derecha del botón Condición. Se descuelga una lista con los valores posibles de la condición (**Figura 22**).

② Desmarcamos la opción A cuenta.

③ Hacemos un clic en Aceptar.

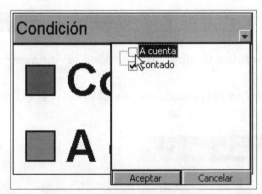

Figura 22. Acá dejamos marcada la opción correspondiente a los valores que queremos ver en el gráfico dinámico.

El gráfico que resulta es el de la **Figura 23**.

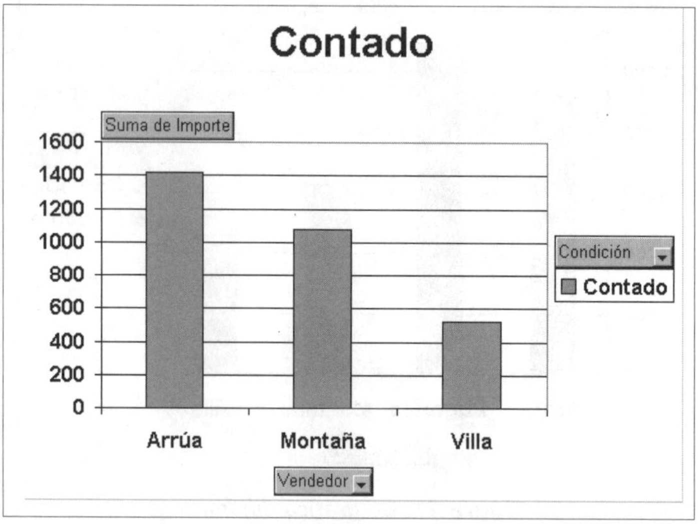

Figura 23. El nuevo gráfico dinámico, mostrando solamente la información de las ventas al contado.

De la misma forma podríamos pedir la información correspondiente a un determinado vendedor o cambiar la operación de sumarización (haciendo doble clic sobre el botón Suma de Importe). Pero veamos cómo se obtienen los gráficos dinámicos.

Crear un gráfico dinámico

Los gráficos como los de la **Figura 21** se crean de la misma forma que las tablas dinámicas:

Crear un gráfico dinámico — PASO A PASO

❶ Ponemos el cursor sobre la tabla que contiene los datos a graficar.

❷ Tomamos las opciones Datos/Informe de tablas y gráficos dinámicos. Aparece el Asistente que ya conocemos.

FORMATO DEL GRÁFICO

El formato de un gráfico dinámico (color de las barras, tipografía, escalas, etc.) se cambia como en cualquier otro gráfico. Ver el Capítulo 6, Gráficos.

❸ En la primera pregunta le indicamos que los datos están en una `Lista o base de datos de Microsoft Excel` y queremos crear un `Gráfico dinámico`.

❹ Entonces hacemos un clic en `Siguiente`.

❺ En el segundo paso indicamos el rango de los datos. Como en el caso de las tablas, el rango que sugiere el asistente es el correcto. Si no fuera así, lo señalamos arrastrando el mouse.

❻ Hacemos un clic en `Siguiente`.

❼ En el tercer y último paso (**Figura 22**) solamente tenemos que decirle al Asistente dónde queremos poner el gráfico. Indicamos `Hoja de cálculo nueva`.

❽ Hacemos un clic en `Finalizar`.

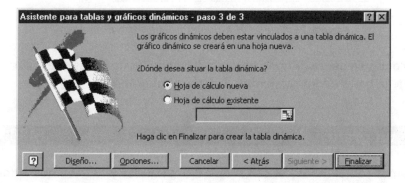

Figura 24. En el último paso, le decimos al Asistente dónde vamos a poner el gráfico.

Luego de estos pasos, obtenemos el gráfico de la **Figura 25** que, como ocurría con las tablas, no es el gráfico propiamente dicho, sino su esqueleto.

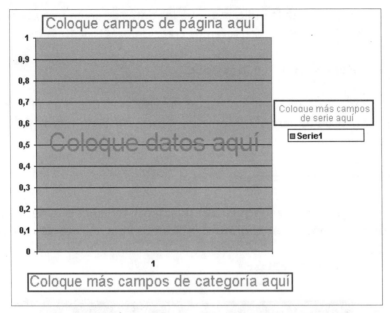

Figura 25. *Éste es el esqueleto del gráfico dinámico.*

El gráfico propiamente dicho lo hacemos llevando los nombres que identifican a los campos, de la barra de herramientas, a la zona del gráfico:

Armar un gráfico dinámico — PASO A PASO

① Tomamos con el mouse el cartel que dice `Vendedor` y lo llevamos a donde dice `Coloque más campos de categoría aquí`.

② Tomamos con el mouse el cartel que dice `Condición` y lo llevamos a donde dice `Coloque más campos de serie aquí`.

③ Tomamos con el mouse el cartel que dice `Importe` y lo llevamos a donde dice `Coloque datos aquí`.

AGARRE CON EL MOUSE

Los rótulos del gráfico dinámico se manejan como quien mueve los naipes jugando al *Solitario* de Windows.

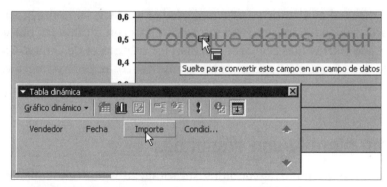

Figura 26. *Tomamos con el mouse los rótulos de los campos y los llevamos de la barra de herramientas a la zona del gráfico.*

Y con esto dejamos el ámbito de la dinámica.

Subtotales

Otro comando que permite organizar planillas para pedirle más información que la que parece contener es **Subtotales**.

Una planilla con subtotales es la que aparece en la **Figura 27**.

	A	B	C	D	E
1	**Vendedor**	**Fecha**	**Importe**	**Condición**	
2	Arrúa	29/07/2000	$ 625,60	Contado	
3	Arrúa	27/07/2000	$ 954,10	A cuenta	
4	Arrúa	28/07/2000	$ 794,10	Contado	
5	**Total Arrúa**		$ 2.373,80		
6	Lugones	26/07/2000	$ 698,80	A cuenta	
7	Lugones	26/07/2000	$ 705,00	A cuenta	
8	Lugones	27/07/2000	$ 916,60	A cuenta	
9	Lugones	27/07/2000	$ 425,50	A cuenta	
10	**Total Lugones**		$ 2.745,90		
11	Montaña	29/07/2000	$ 489,10	A cuenta	
12	Montaña	28/07/2000	$ 471,20	Contado	
13	Montaña	27/07/2000	$ 607,10	Contado	
14	**Total Montaña**		$ 1.567,40		
15	Villa	29/07/2000	$ 623,70	A cuenta	
16	Villa	28/07/2000	$ 520,50	Contado	
17	**Total Villa**		$ 1.144,20		
18	**Total general**		$ 7.831,30		
19					

Figura 27. *Una planilla con subtotales.*

La planilla original es el informe de ventas de la **Figura 1**, la misma que usamos para las primeras tablas dinámicas. Pero los datos aparecen agrupados por vendedor y se han insertado ciertas filas donde se calculan los subtotales de ventas. Con una planilla como la de la **Figura 27** podemos hacer muchas cosas, pero primero vamos a ver cómo se obtiene.

Crear una planilla con subtotales

Queremos sumar los importes vendidos, subtotalizados por vendedor. Como primera medida, la planilla debe estar ordenada según el apellido del vendedor. Es decir: el criterio de ordenamiento coincide con el criterio de subtotalización.

Con la lista ordenada, procedemos:

Obtener un criterio de subtotalización — PASO A PASO

❶ Ponemos el cursor sobre cualquier celda de la lista.

❷ Tomamos las opciones `Datos/Subtotales`. Aparece el cuadro de la **Figura 28**, donde indicamos el criterio de subtotalización.

❸ Donde dice `Para cada cambio en`, indicamos `Vendedor`. Es el campo según el cual se subtotaliza.

❹ Donde dice `Usar función`, indicamos `Suma`. Es porque queremos hacer una suma.

❺ Donde dice `Agregar subtotal a`, marcamos `Importe` (y desmarcamos cualquier otra opción).

❻ Hacemos un clic en `Aceptar`.

ORDENAMIENTO

Podemos ordenar rápidamente la planilla colocando el cursor sobre un apellido y haciendo un clic sobre el botón Orden ascendente.

FUNCIÓN SUBTOTALES

Los subtotales de la planilla de la Figura 27 se calculan con la función SUBTOTALES. Más información sobre esta función en el Capítulo 11, Operaciones con bases de datos.

Figura 28. *En este cuadro indicamos el criterio de subtotalización.*

Tras el último clic, aparecerá la planilla de subtotales, como en la **Figura 27**. Ahora veamos qué podemos hacer con ella.

Manejar una planilla con subtotales

La planilla de la **Figura 27** ya está entregando nueva información: los subtotales propiamente dichos. Pero además aparecen unos controles, sobre el lado izquierdo y arriba (**Figura 29**). Estos controles permiten contraer o expandir la planilla mostrando distintos niveles de información.

FUNCIÓN SUBTOTALES

Los subtotales de la planilla de la Figura 27 se calculan con la función SUBTOTALES. Más información sobre esta función en el Capítulo 11, Operaciones con bases de datos.

Figura 29. *Estos botones de control permiten contraer o expandir la información de la planilla.*

Ocurre que una planilla con subtotales puede aparecer con tres niveles de detalle distintos:

1. Solamente el total general.
2. El total general y los subtotales por vendedor.
3. Toda la planilla.

El nivel de detalle a mostrar se establece haciendo un clic sobre los botones 1, 2 y 3 que aparecen arriba y a la izquierda de la planilla. Por ejemplo, en la planilla de la **Figura 30** se ha indicado el nivel 2.

FILAS OCULTAS

Los datos que no aparecen en una planilla contraída como la de la Figura 31 están en filas ocultas. También se ocultarán los datos que hubiera en esas filas, a la derecha de la planilla.

IMPRIMIR SUBTOTALES

Como regla general, Excel imprime lo que se ve. Una planilla contraída se imprimirá también contraída.

	A	B	C	D
1	Vendedor	Fecha	Importe	Condición
5	Total Arrúa		$ 2.373,80	
10	Total Lugones		$ 2.745,90	
14	Total Montaña		$ 1.567,40	
17	Total Villa		$ 1.144,20	
18	Total general		$ 7.831,30	
19				

Figura 30. La planilla de la *Figura 28*, contraída de modo de mostrar solamente el total general y los subtotales por vendedor.

Expandir o contraer grupos

Los botones + y – que aparecen a la izquierda de la planilla de la **Figura 31** permiten expandir o contraer separadamente el grupo correspondiente a un determinado vendedor. Por ejemplo, en la planilla de la **Figura 31** se expandió el grupo correspondiente a Montaña.

	A	B	C	D
1	Vendedor	Fecha	Importe	Condición
5	Total Arrúa		$ 2.373,80	
10	Total Lugones		$ 2.745,90	
11	Montaña	29/07/2000	$ 489,10	A cuenta
12	Montaña	28/07/2000	$ 471,20	Contado
13	Montaña	27/07/2000	$ 607,10	Contado
14	Total Montaña		$ 1.567,40	
17	Total Villa		$ 1.144,20	
18	Total general		$ 7.831,30	
19				

Figura 31. La planilla de la *Figura 31*, mostrando el detalle de las ventas realizadas por Montaña.

Si tenemos una planilla con subtotales y queremos eliminarlos:

ESQUEMAS

En realidad, el comando de Subtotales usa, a su vez, el comando Datos/Agrupar y Esquema.

Eliminar subtotales — PASO A PASO

❶ Ponemos el cursor sobre cualquier celda de la lista con subtotales.

❷ Tomamos las opciones **Datos/Subtotales**. Aparece el cuadro donde antes indicamos el criterio de subtotalización.

❸ Hacemos un clic en **Quitar todos**.

Figura 32. Si hacemos un clic en Quitar todos, eliminamos los subtotales de la planilla.

Con esto, la planilla vuelve a su estado original.

SUBTOTALES
Para usar las opciones de subtotales, el cursor debe estar sobre la lista subtotalizada o a subtotalizar.

ELIMINAR SUBTOTALES
Si acabamos de crear los subtotales, podemos eliminarlos tomando las opciones Edición/Deshacer u oprimiendo la combinación CONTROL+Z.

Sub-subtotales

Si una lista admite varios niveles de ordenamiento, también admite varios niveles de subtotalización (sub-subtotalización, podríamos decir).

Por ejemplo, la planilla de la **Figura 33** está ordenada por vendedor y, dentro de vendedor, por la condición de pago.

	A	B	C	D	E
1	Vendedor	Fecha	Importe	Condición	
2	Arrúa	27/07/2000	$ 954,10	A cuenta	
3	Arrúa	29/07/2000	$ 625,60	Contado	
4	Arrúa	28/07/2000	$ 794,10	Contado	
5	Lugones	26/07/2000	$ 698,80	A cuenta	
6	Lugones	26/07/2000	$ 705,00	A cuenta	
7	Lugones	27/07/2000	$ 916,60	A cuenta	
8	Lugones	27/07/2000	$ 425,50	A cuenta	
9	Montaña	29/07/2000	$ 489,10	A cuenta	
10	Montaña	28/07/2000	$ 471,20	Contado	
11	Montaña	27/07/2000	$ 607,10	Contado	
12	Villa	29/07/2000	$ 623,70	A cuenta	
13	Villa	28/07/2000	$ 520,50	Contado	

*Figura 33. Esta lista está ordenada por dos criterios: **Vendedor** y **Condición**.*

Con la lista organizada de esta manera, podemos obtener subtotales por Vendedor y sub-subtotales por Condición. Primero obtenemos los subtotales como en el primer caso:

Primer paso: crear los subtotales — PASO A PASO

1. Ponemos el cursor sobre cualquier celda de la lista.

2. Tomamos las opciones `Datos/Subtotales`. Aparece el cuadro donde indicamos el criterio de subtotalización.

3. Donde dice `Para cada cambio en`, indicamos `Vendedor`.

4. Donde dice `Usar función`, indicamos `Suma`.

5. Donde dice `Agregar subtotal a`, marcamos `Importe` (y desmarcamos cualquier otra opción).

6. Hacemos un clic en `Aceptar`.

Ahora obtenemos los sub-subtotales:

Segundo paso: crear los sub-subtotales   PASO A PASO

1 Tomamos otra vez las opciones **Datos/Subtotales**.

2 Donde dice **Para cada cambio en**, indicamos **Condición**. Es el campo según el cual se subtotaliza.

3 Donde dice **Usar función**, dejamos marcada la opción **Suma**.

4 Donde dice **Agregar subtotal a**, dejamos marcado **Importe**.

5 Desmarcamos la opción **Reemplazar subtotales actuales** (éste es el paso clave).

6 Hacemos un clic en **Aceptar**.

Es decir, podemos obtener tantos niveles de subtotalización como queramos (y la planilla admita). Lo importante es no marcar la opción **Reemplazar subtotales actuales** para que el nuevo nivel se agregue al anterior.

La lista obtenida aparece en la **Figura 34**.

#	B	C	D
3		$ 954,10	**Total A cuenta**
4	29/07/2000	$ 625,60	Contado
5	28/07/2000	$ 794,10	Contado
6		$ 1.419,70	**Total Contado**
7		$ 2.373,80	
8	26/07/2000	$ 698,80	A cuenta
9	26/07/2000	$ 705,00	A cuenta
10	27/07/2000	$ 916,60	A cuenta
11	27/07/2000	$ 425,50	A cuenta
12		$ 2.745,90	**Total A cuenta**
13		$ 2.745,90	
14	29/07/2000	$ 489,10	A cuenta
15		$ 489,10	**Total A cuenta**
16	28/07/2000	$ 471,20	Contado
17	27/07/2000	$ 607,10	Contado
18		$ 1.078,30	**Total Contado**
19		$ 1.567,40	
20	29/07/2000	$ 623,70	A cuenta
21		$ 623,70	**Total A cuenta**
22	28/07/2000	$ 520,50	Contado
23		$ 520,50	**Total Contado**
24		$ 1.144,20	
25		$ 7.831,30	**Total general**
26		$ 7.831,30	

Figura 34. La lista subtotalizada.

Por supuesto, ahora tenemos cuatro niveles de detalle:

1. Solamente el total general.
2. Total general y subtotales por vendedor.
3. Total general, subtotales por vendedor y sub-subtotales por condición.
4. Toda la lista.

Por eso, la botonera de arriba y a la izquierda presenta cuatro botones: uno por cada nivel de detalle. También tenemos los botones + y – para expandir y contraer los grupos y subgrupos en forma individual.

CAPÍTULO 14

Algunas funciones especiales

Con Excel podemos sumar, restar, multiplicar y dividir. Pero también podemos hacer algunas operaciones más complejas a través de funciones especiales, desde el cálculo de un promedio hasta logaritmos y funciones trigonométricas, pasando por raíces cuadradas.

Una de estas funciones ya la conocemos: SUMA. En otros capítulos hablamos de otras funciones especiales como SUBTOTALES o las de cálculos con fechas; en este capítulo veremos otras dos funciones muy interesantes e inclasificables:

- La condicional SI.
- La función de búsqueda en tablas BUSCARV.

Un problema de sueldos y jornales	279
La función condicional	279
Recálculo automático	281
Otro ejemplo de sueldos	281
La función de búsqueda en tablas	282
Un caso más complejo	284
Cuando la columna de entrada está desordenada	285
Una tabla "incompleta"	286
Preparando la tabla	287
Extendiendo la fórmula	288
Más funciones: el Asistente	289
Todas las funciones	291
Instalación de complementos	292

Un problema de sueldos y jornales

La planilla de la **Figura 1** debe indicar en la columna **E** el sueldo a cobrar por cada empleado según el siguiente criterio:

- Si el empleado trabajó menos de 22 días, se multiplican los días trabajados por el jornal de la columna **C**.
- Si trabajó 22 días o más, se considera el sueldo mensual de la columna **D**.

	A	B	C	D	E
1	Apellido y nombre	Días trabajados	Jornal	Sueldo mensual	Sueldo a Cobrar
2	AVELEYRA, Ángel	15	$ 20,00	$ 600,00	
3	GRATTON, Carlos	29	$ 15,00	$ 450,00	
4	RICCIARDI, Luis	24	$ 17,00	$ 510,00	
5	CALDERON, César	27	$ 25,00	$ 750,00	
6	REVUELTO, Julio	25	$ 28,00	$ 840,00	
7	VEGA, Aldo	21	$ 15,00	$ 450,00	
8					

Figura 1. *El sueldo a cobrar de la columna E puede calcularse a partir del jornal o considerar directamente el sueldo mensual de la columna D.*

La función condicional

El problema con el cálculo del sueldo es que puede tomar dos valores posibles, según el cumplimiento o no de una condición.

Si consideramos el sueldo a calcular en la celda **E2**, hay tres expresiones a tener en cuenta:

- Se calcula como **B2*C2** (días trabajados por el jornal) si el valor de B2 es menor que 22.
- Es igual a **D2** (sueldo mensual) en caso contrario.

Es decir que hay tres expresiones involucradas: los dos valores posibles del sueldo y la condición que decide cuál de estos dos valores se aplica realmente.

Tendríamos que ir repasando la lista viendo si se cumple o no la última condición y, en función de ello, aplicar el primer cálculo o el segundo.

En vez de ello vamos a usar la función condicional **SI** tal como aparece en la **Guía Visual 1**, que resuelve el problema de la **Figura 1**.

GUÍA VISUAL 1. La función condicional

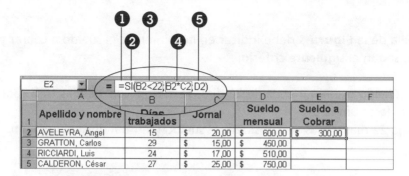

❶ Como toda fórmula, las expresiones que usan funciones comienzan con el signo =.
❷ Éste es el nombre de la función.
❸ El primer argumento es la condición: Días trabajados menor que 22.
❹ Éste es el valor del premio si la condición anterior se cumple.
❺ Éste es el valor del premio si la condición no se cumple.

Esta función, escrita en la celda **E2**, debe extenderse al resto de la lista usando el puntero de estirar.

Algunas observaciones sobre la función condicional

La función condicional se llama **SI** y tiene tres valores o argumentos entre los paréntesis:

- La condición que decide cuál valor se debe tomar.
- El valor a tomar si la condición se cumple.
- El valor a tomar si la condición no se cumple.

Estos tres argumentos deben escribirse entre los paréntesis en ese orden y en ningún otro.

PUNTUACIÓN

En el ejemplo, los tres argumentos de la función están separados por punto y coma. Esto depende de la configuración internacional de Windows.

Recálculo automático

Siendo una fórmula, el valor devuelto por la función se actualiza automáticamente si un cambio en el valor de las ventas cambia el resultado de la condición. Por ejemplo, en nuestra planilla de sueldos, el empleado de apellido Calderón recibe el sueldo mensual porque trabajó 27 días ¿Qué pasaría si hubiera trabajado solamente 15?

1. Ponemos el cursor en **B4** (donde aparecen los días trabajados por Calderón).
2. Escribimos **15**.
3. Apretamos **ENTER**.

El valor de la celda **E4** deberá cambiar automáticamente a **$ 375**. Lo lamentamos, Calderón.

Otro ejemplo de sueldos

En la planilla de la **Figura 2**, la columna C debe completarse con los sueldos de cada empleado. Estos sueldos dependen de la categoría, según la tabla auxiliar de la derecha.

	A	B	C	D	E	F	G	H
1	Apellido	Categoría	Sueldo			Categoría	Sueldo	
2	Aguilar	2				1	450	
3	Carella	2				2	620	
4	Castro	5				3	800	
5	Landini	2				4	1100	
6	Lopez	1				5	1400	
7	Periello	3						
8	Ricciardi	4						
9	Vega	2						
10	Vittori	3						
11	Zanello	3						
12								

Figura 2. El sueldo de cada empleado depende de su categoría, según la tabla auxiliar que aparece a la derecha.

OFFICE EN INGLÉS

Si estamos usando Office en inglés, la función condicional SI se llama IF, que quiere decir lo mismo. La sintaxis no cambia.

Para completar esta planilla a mano deberíamos hacer lo siguiente:

1. Tomar nota de la categoría del primer empleado.
2. Buscar esa categoría en la tabla de la derecha.
3. Tomar nota del sueldo que acompaña a la categoría buscada en esa tabla.

Y así sucesivamente hasta agotar la lista de empleados. Todo esto es lo que hace, automáticamente, la función de búsqueda en tablas **BUSCARV**.

La función de búsqueda en tablas

La función que resuelve este problema se llama **BUSCARV** y la vemos en funcionamiento en la siguiente planilla.

GUÍA VISUAL 2. La función de búsqueda en tablas

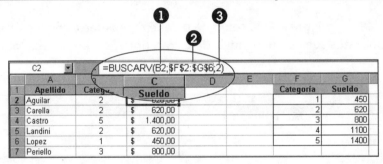

❶ Éste es el valor de entrada, con el que se entra en la tabla auxiliar.
❷ Éste es el rango de la tabla auxiliar. Aparece fijado con signos $ para poder extender la fórmula al resto de la lista.
❸ Este número indica que el valor buscado (el sueldo) está en la segunda columna en la tabla auxiliar.

Por supuesto, esta función, escrita inicialmente en **C2**, debe extenderse luego al resto de la columna usando el puntero de estirar.

EXTENDER FÓRMULAS

El uso del puntero de estirar para extender una fórmula se explica en el Capítulo 8, El puntero: táctica y estrategia.

REFERENCIAS ABSOLUTAS

El uso de los signos $ para fijar las coordenadas de un rango se explica en el Capítulo 2, Algunas planillas más avanzadas.

Cómo trabaja la función BUSCARV

Como se deduce de lo dicho en la página anterior, la función BUSCARV hace lo mismo que haríamos nosotros si tuviéramos que completar los sueldos manualmente:

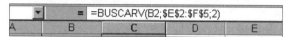

Figura 3. Qué representa cada argumento en la función de búsqueda en tablas.

1. Primero "toma nota" de la categoría del empleado (primer argumento).
2. Luego busca esa categoría en tabla auxiliar (segundo argumento)
3. Una vez encontrada la categoría, trae el valor que la acompaña en la segunda columna de la tabla (el tercer argumento indica que el valor a traer está en la segunda columna).

Cuidado

Algunas cuestiones a tener en cuenta al escribir la función:

- El rango de la tabla indicado como segundo argumento debe incluir todas las columnas (categoría y sueldo) y todas las filas, pero no debe incluir la fila de títulos, si la hubiere.
- En principio, la primera columna de la tabla auxiliar debe estar ordenada en forma creciente (de menor a mayor). Ya vamos a ver qué pasa cuando esto no es así.
- Por lo general, el rango de la tabla se fija con signos $ para poder extender la fórmula.

Puede ser que no se haya terminado de entender el papel del tercer argumento de la función. El ejemplo que sigue aclarará el tema.

DATOS ÚTILES

BUSCARH

La V en BUSCARV viene de "vertical", ya que así está organizada la tabla auxiliar donde se hace la búsqueda: verticalmente, por columnas. Existe también la función BUSCARH, para tablas organizadas horizontalmente, por filas, pero es menos usada.

Un caso más complejo

La **Figura 4** muestra una variante a la planilla del ejemplo anterior: se emplea una segunda función **BUSCARV** para obtener el nombre de la obra social, que también depende de la categoría, según la tabla auxiliar de la derecha, que ahora tiene tres columnas.

	A	B	C	D	E	F	G	H
1	Apellido	Categoría	Sueldo	Obra Social		Categoría	Sueldo	Obra Social
2	Aguilar	2	$ 620,00	UOP		1	450	UOP
3	Carella	2	$ 620,00	UOP		2	620	UOP
4	Castro	5	$ 1.400,00	OSE		3	800	APSEP
5	Landini	2	$ 620,00	UOP		4	1100	APSEP
6	Lopez	1	$ 450,00	UOP		5	1400	OSE
7	Periello	3	$ 800,00	APSEP				
8	Ricciardi	4	$ 1.100,00	APSEP				
9	Vega	2	$ 620,00	UOP				
10	Vittori	3	$ 800,00	APSEP				
11	Zanello	3	$ 800,00	APSEP				

Figura 4. *La fórmula de la columna D usa una función de búsqueda en tablas para obtener el nombre de la obra social de cada empleado, según su categoría.*

Lo único que cambia, respecto del ejemplo anterior, es que el último argumento indica que la obra social se trae de la tercera columna de la tabla auxiliar.

GUÍA VISUAL 3. La función de búsqueda en tablas

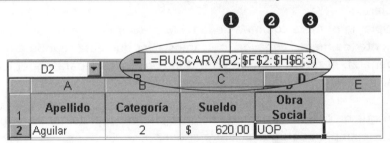

❶ El primer argumento es la categoría.
❷ El segundo argumento es el rango de la tabla. Ahora incluye una columna más.
❸ El tercer argumento indica que la obra social figura en la tercera columna de la tabla auxiliar.

Hay todavía otros ejemplos que muestran más variantes en el uso de la función **BUSCARV**.

REFERENCIAS ABSOLUTAS

Como en el ejemplo anterior, las coordenadas de la tabla se fijan con signos $ para poder extender la fórmula de D2 al resto de la lista.

Mientras escribimos la fórmula, podemos apretar la tecla F4 para que se inserten automáticamente los signos $.

Cuando la columna de entrada está desordenada

En el primer ejemplo dijimos que la primera columna de la tabla auxiliar debía estar ordenada en forma creciente. ¿Y qué pasa si no lo está? Pasa lo que se ve en la planilla de la **Figura 5**.

	C2			=BUSCARV(B2;$E$2:$F$5;2)				
	A	B	C	D	E	F	G	
1	Vendedor	Región	Fecha de cierre					
2	Aguilar	Norte	#N/A		Sur	12/05/2000		
3	Carella	Oeste	20/07/2000		Oeste	20/07/2000		
4	Castro	Sur	02/11/2000		Norte	15/09/2000		
5	Landini	Norte	#N/A		Este	02/11/2000		
6	Lopez	Este	#N/A					
7	Periello	Oeste	20/07/2000					
8	Ricciardi	Sur	02/11/2000					
9	Vega	Este	#N/A					
10	Vittori	Oeste	20/07/2000					
11	Zanello	Sur	02/11/2000					
12								

Figura 5. La función de la columna C debería indicar la fecha de cierre para cada vendedor, según la respectiva región.

No es solamente que aparezca el valor **N/A** (*not available*, "no disponible" en inglés) para las regiones Norte y Este. También aparece una fecha incorrecta para la región Sur.

Efectivamente, cuando la primera columna de la tabla auxiliar no está ordenada, la función **BUSCARV** puede devolver resultados impredecibles.

Si, por alguna razón, no es posible ordenar esa primera columna, la función **BUSCARV** debe incluir un tercer argumento: el valor lógico **FALSO**, como se ve en la planilla de la **Figura 6**.

¿IMPREDECIBLE?

En computación nada es impredecible. Cuando un libro de computación dice que determinada maniobra produce "resultados impredecibles" es porque el autor no sabe cómo explicarlos.

	C2	▼	=	=BUSCARV(B2;$E$2:$F$5;2;FALSO)		
	A	B	C	D	E	F
1	Vendedor	Región	Fecha de cierre			
2	Aguilar	Norte	15/09/2000		Sur	12/05/2000
3	Carella	Oeste	20/07/2000		Oeste	20/07/2000
4	Castro	Sur	12/05/2000		Norte	15/09/2000
5	Landini	Norte	15/09/2000		Este	02/11/2000
6	Lopez	Este	02/11/2000			
7	Periello	Oeste	20/07/2000			

Figura 6. *El valor FALSO que aparece como cuarto argumento le avisa a la función que la tabla auxiliar no está ordenada.*

Una tabla "incompleta"

La planilla de la **Figura 7** es fácil de entender: añade a la nota en números la calificación en palabras que le corresponde (**Aprobado**, **Bueno**, **Distinguido**, etc.).

	C2	▼	=	=BUSCARV(B2;$E$2:$F$6;2)			
	A	B	C	D	E	F	G
1	Alumno		Nota				
2	Aguilar	8	Distinguido		0	No aprobado	
3	Carella	2	No aprobado		4	Aprobado	
4	Castro	6	Bueno		6	Bueno	
5	Landini	10	Sobresaliente		8	Distinguido	
6	Lopez	7	Bueno		10	Sobresaliente	
7	Periello	2	No aprobado				
8	Ricciardi	5	Aprobado				
9	Vega	7	Bueno				
10	Vittori	6	Bueno				
11	Zanello	4	Aprobado				

Figura 7. *La fórmula de la columna **C** obtiene la calificación en palabras según la nota numérica y la tabla de la derecha.*

Nótese que, en la tabla auxiliar de la derecha, no se indica la calificación en palabras para todas las notas. No dice ahí, por ejemplo, qué le corresponde a un **7**. Sin embargo, la planilla funciona como es debido: **7** es **Bueno**, lo mismo que **7,50** o cualquier nota mayor o igual a **6**, pero sin llegar a **8**.

VALORES FALTANTES

Hay casos en los que, cuando "falta" un valor, debe traerse el que acompaña al mayor de los dos entre los que queda comprendido el valor faltante. En ese caso, la función BUSCARV no nos sirve. Por suerte, esos casos son los menos.

Y es que así hace las cosas la función de búsqueda en tablas: cuando un valor queda comprendido entre otros dos de la tabla auxiliar, la función devuelve el valor que acompaña al menor de ellos.

En otras palabras: en la tabla de la derecha el **7** está entre el **6** y el **8**. Entonces la función devuelve el **Bueno** que acompaña al **6**.

Preparando la tabla

En todos estos ejemplos hay una trampa: disponemos de la planilla casi terminada y solamente falta escribir la última función. No siempre es tan fácil.

Supongamos que estamos a cargo del departamento de ventas de una empresa. Tenemos un listado de clientes con las compras que han hecho durante el último mes y queremos calcular el importe neto a facturar.

Ocurre que esta empresa tiene una política de descuentos:

- A las compras de más de $ 500 se les hace un 5% de descuento.
- Si superan los $ 1.000 se les descuenta un 10%.
- Si superan los $ 5.000 se les descuenta un 20%.

Parecería que los descuentos pueden calcularse con la planilla de la **Figura 8**, usando una función BUSCARV.

	A	B	C	D	E	F	G
1	Cliente	Importe	Descuento	Neto			
2	Fletes El Rayo	$ 850,00		$ 850,00			
3	Litro Gas	$ 7.600,00		$ 7.600,00		Descuentos	
4	Cooperativa Flash	$ 260,00		$ 260,00		500	5%
5	Kiosco Juancito	$ 1.200,00		$ 1.200,00		1000	10%
6	Casa Leather	$ 45,00		$ 45,00		5000	20%
7	Remises Montaña	$ 2.500,00		$ 2.500,00			
8	Alquiler	$ 180,00		$ 180,00			
9	La Bayonesa	$ 950,00		$ 950,00			
10							

Figura 8. La tabla de la derecha indica el descuento que se aplica según el importe de la compra.

FÓRMULA DEL NETO

El importe neto de la celda D2 es =B2*(1-C2). Es decir: el importe de la compra, multiplicado por el neto de descuento.

La tabla de la derecha ha sido construida según los datos de política de descuento: 5% para 500, 10% para 1000 y 20% para 5.000. Ahora podemos escribir la fórmula para calcular el descuento en C2:

=BUSCARV(B2;$F$4:$G$6;2)

Hasta acá vamos bien: a este primer cliente le aplicamos un descuento del 5% porque compró por más de $ 500, sin llegar a $ 1.000.

Extendiendo la fórmula

El paso final consiste en extender hacia abajo la fórmula de la celda C2 para aplicarla a las compras de todos los clientes. El resultado aparece en la **Figura 9**. Ya sabíamos que lo bueno dura poco.

	A	B	C	D
1	Cliente	Importe	Descuento	Neto
2	Fletes El Rayo	$ 850,00	5%	$ 807,50
3	Litro Gas	$ 7.600,00	20%	$ 6.080,00
4	Cooperativa Flash	$ 260,00	#N/A	#N/A
5	Kiosco Juancito	$ 1.200,00	10%	$ 1.080,00
6	Casa Leather	$ 45,00	#N/A	#N/A
7	Remises Montaña	$ 2.500,00	10%	$ 2.250,00
8	Alquiler	$ 180,00	#N/A	#N/A
9	La Bayonesa	$ 950,00	5%	$ 902,50

Figura 9. Extendida a toda la columna, la función escrita en C2 no da el resultado correcto en el caso de compras menores a $ 500.

Según esta figura, la función falla al calcular el descuento que les corresponde a las compras de menos de $ 500.

Y esto era predecible: la tabla de descuentos "no dice" qué hay que hacer con las compras de menos de $ 500. Nosotros lo sabemos: no se les aplica ningún descuento.

REFERENCIAS A LA TABLA
Además de modificar la tabla de descuentos, hay que ajustar sus referencias dentro de la función. Sus coordenadas son ahora F4:G7, convenientemente fijadas con signos $.

Para que la fórmula sepa lo que hay que hacer, la tabla debe incluir una fila más que diga que, a importe cero, le corresponde descuento cero.

Hecha esta modificación, la planilla debe funcionar correctamente. Como se ve en la **Figura 10**.

	A	B	C	D	E	F	G	H
1	Cliente	Importe	Descuento	Neto				
2	Fletes El Rayo	$ 850,00	5%	$ 807,50				
3	Litro Gas	$ 7.600,00	20%	$ 6.080,00		Descuentos		
4	Cooperativa Flash	$ 260,00	0%	$ 260,00		0	0%	
5	Kiosco Juancito	$ 1.200,00	10%	$ 1.080,00		500	5%	
6	Casa Leather	$ 45,00	0%	$ 45,00		1000	10%	
7	Remises Montaña	$ 2.500,00	10%	$ 2.250,00		5000	20%	
8	Alquiler	$ 180,00	0%	$ 180,00				
9	La Bayonesa	$ 950,00	5%	$ 902,50				
10								

Figura 10. La planilla de la **Figura 9**, una vez corregida la tabla auxiliar.

Más funciones: el Asistente

Excel tiene más de 300 funciones distintas. Y muchas son más complejas que **SI** o **BUSCARV**. Para conocerlas bien y saber cómo escribirlas podemos recurrir al Asistente de funciones.

Por ejemplo, sea el caso de obtener la función que nos daba la calificación en letras según la nota obtenida.

El Asistente de funciones — PASO A PASO

❶ Colocamos el cursor en la celda donde queramos escribir la función.

❷ Hacemos un clic en el botón de la **Figura 11**, para llamar al **Asistente de funciones**. Aparece el cuadro de la **Figura 12**.

Figura 11. El botón **Pegar función**.

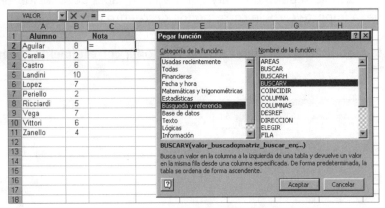

Figura 12. El Asistente para funciones. Contiene más de 300 funciones clasificadas en 10 categorías.

❸ Dentro de Categoría, hacemos un clic en **Búsqueda y referencia**. A la derecha aparecerán las funciones de esta categoría.

❹ Hacemos un clic en BUSCARV, la función elegida.

❺ Hacemos un clic en **Aceptar**. Aparece el cuadro de la **Figura 13**, que da instrucciones sobre la función elegida.

Figura 13. Las instrucciones del asistente para la función BUSCARV.

USO DEL TECLADO

El Asistente de funciones también aparece apretando la combinación SHIFT+F3.

ASISTENTES

Los asistentes son una innovación introducida por Microsoft a principios de los años 90. En inglés se los llama wizards, es decir, magos o hechiceros. Es un nombre mucho más simpático.

❻ Señalamos con el mouse los argumentos de la función según las instrucciones que aparecen en el cuadro.

❼ Indicados todos los argumentos, hacemos un clic en `Aceptar`.

Todas las funciones

Como puede comprobarse con una visita al Asistente, Excel tiene muchas funciones. Más que las uno podría llegar a necesitar. Para manejarlas mejor, el Asistente las clasifica en diez categorías. Cada categoría contiene un tipo determinado de funciones, para un tipo determinado de cálculos.

Financieras

Permiten cálculos tales como tasas de interés, amortización de préstamos, amortización de bienes de uso, tasa interna de retorno y rendimiento de inversiones bursátiles.

Fecha y hora

Permiten todo tipo de cálculos cronológicos: duración de un proyecto, vencimientos, jornales en función de las horas trabajadas o determinación de días hábiles. En el siguiente capítulo hay algunos ejemplos de estas funciones. En el **Capítulo 15, Cálculos con fechas y horas** vemos algunos ejemplos de uso.

Matemáticas y trigonométricas

Se aplican a muchos casos de cálculos técnicos y científicos. Contiene todas las funciones imaginables: seno, coseno, raíz cuadrada, logaritmos (en distintas bases) o exponenciales. Pertenecen a esta categoría las funciones sumatoria (`SUMA`) y `SUBTOTALES` (ver el **Capítulo 11, Operaciones con bases de datos**).

Estadísticas

Permite calcular promedios, desvíos estándares y probabilidades según las distintas estadísticas. También permite hacer regresión lineal y logarítmica. Es una categoría para especialistas.

CREAR COMPLEMENTOS
Podemos crear nuestros propios complementos. Véase el Capítulo 19, Hablemos de macros.

MENÚ
El Asistente de funciones también aparece con las opciones `Insertar/Función`.

Búsqueda y referencia

Las funciones BUSCARV y BUSCARH pertenecen a esta categoría. Incluye otras funciones para aplicaciones muy específicas tales como extraer datos de una tabla, transponer un rango o vincular la planilla a un sitio de Internet.

Base de datos

Permiten hacer cálculos selectivos dentro de una base de datos. Por ejemplo, calcular la edad promedio de los trabajadores extranjeros o el máximo sueldo dentro de las personas que cumplen alguna condición. De estas funciones hablamos en el **Capítulo 11, Operaciones con bases de datos**.

Texto

Sirven para manejar datos tipo texto. Permiten pasar un dato a minúsculas, extraer información parcial dentro de un dato más largo o reemplazar una letra por otra.

Lógicas

Incluye solamente 6 funciones para operaciones lógicas. La más importante es la función condicional SI.

Información

Esta es una categoría que incluye funciones para el desarrollo planillas muy especiales. Permiten averiguar de qué tipo es el contenido de una celda, si es un mensaje de error, o cuál es el sistema operativo en uso.

Ingeniería

Como su nombre lo indica, esta categoría es para ingenieros. La mayoría de las funciones son para el manejo de números complejos. Permite también cálculos con funciones de Bessel (a no asustarse).

Instalación de complementos

Excel tiene aún más funciones que las que, en principio, aparecen en el Asistente. Se incorporan unas cien funciones adicionales al instalar el complemento **Herramientas para análisis**.

LIBRO RECOMENDADO
Todas las funciones de Excel se explican, con ejemplos sencillos, en la *Guía de funciones de Excel* volúmenes 1 y 2, de la colección PC Users Express.

FUNCIONES DE INGENIERÍA
La categoría de funciones de ingeniería aparece en el Asistente sólo luego de instalar el complemento Herramientas para análisis. Véase la explicación a continuación.

Los complementos son como módulos de expansión de Excel: instalándolos, el programa adquiere nuevas habilidades; en el caso de **Herramientas para análisis**, nuevas funciones y comandos.

Para instalar este complemento   PASO A PASO

❶ Tomamos las opciones **Herramientas/Complementos**. Aparece el cuadro de la **Figura 14** con la lista de complementos disponibles.

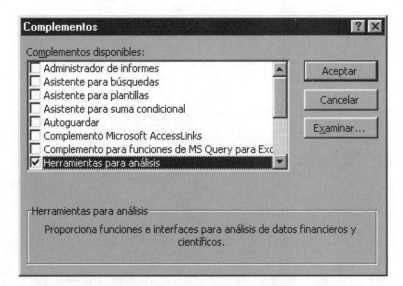

Figura 14. *La lista de complementos que podemos instalar.*

❷ Hacemos un clic en el complemento (o complementos) que queramos instalar. Podemos instalar varios complementos a la vez.

❸ Hacemos un clic en **Aceptar**.

Una vez instalado, el complemento queda "para siempre". No hace falta que lo instalemos nuevamente cada vez que lo necesitamos.

DESINSTALAR UN COMPLEMENTO

Para desinstalar un complemento, repetimos el procedimiento anterior, desmarcando el complemento a desinstalar.

TIEMPO DE INICIO

Los complementos instalados se cargan automáticamente al arrancar Excel, lo que puede retardar en algunos segundos el inicio del programa.

CAPÍTULO 15

Cálculos con fechas y horas

Un caso especial de cálculos que pueden hacerse con Excel es el de los cálculos cronológicos. Es decir, cálculos donde interviene el tiempo tanto en cuanto a fechas como a horas.

En ese capítulo nos detenemos en las cuestiones que hacen a este tipo de cálculos:

- Cálculos con fechas.
- El número de serie.
- Funciones especiales.
- Cálculos con horas.

Como siempre, todo ilustrado con abundantes ejemplos.

Operar con fechas	297
Restar fechas	298
El número de serie	299
Un ejemplo simple: vencimientos	300
Duración de un trabajo: los días hábiles	301
Próximo lunes	303
Cálculos con horas	305
Más problemas	306
Las funciones de fecha y hora	307

Servicio de Atención al Lector
(011) 4959-5000
lectores@tectimes.com

Operar con fechas

En la siguiente planilla hay una fórmula donde interviene una fecha.

GUÍA VISUAL 1. Un cálculo con fechas

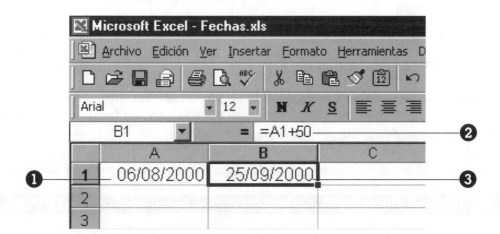

❶ Esta fecha se escribe directamente usando las barras para separar día, mes y año.
❷ En la celda **B1** hay una fórmula que suma el valor cincuenta a la fecha anterior.
❸ El resultado de la fórmula es otra fecha.

¿En qué sentido "seis de agosto más cincuenta" es igual a "veinticinco de septiembre"? En que el veinticinco de septiembre es la fecha que cae cincuenta días después del seis de agosto. Para Excel, las fechas siempre se calculan en días.

FECHA ACTUAL

La expresión =HOY() devuelve la fecha actual. Es la más simple de las funciones para el manejo de este tipo de datos.

Restar fechas

La planilla de la **Figura 1** es (o debería ser) parecida a la de la **Guía Visual 1**. Acá se restan dos fechas. El resultado no se entiende.

	A	B	C	D
1	15/09/2000	04/11/2000	19/02/1900	
2				
3				

Fórmula en C1: =B1-A1

Figura 1. La celda **C1** debería dar la diferencia entre las dos con fechas.

El resultado de la fórmula en **C1** debería ser **50**: hay 50 días entre el 15 de septiembre y el 4 de noviembre. Pero Excel considera ese 50 como una fecha: el 19 de febrero es el quincuagésimo día del año 1900.

Si queremos ver el contenido de la celda **C1** como un número común y corriente:

Cambiar el formato — PASO A PASO

❶ Colocamos el cursor en **C1**.

❷ Tomamos las opciones **Formato/Celdas** y seleccionamos la ficha **Número**.

❸ Dentro de **Categorías**, hacemos un clic en **General**.

❹ Hacemos un clic en **Aceptar**.

FORMATO AUTOMÁTICO
Cuando escribimos una fórmula con fechas, Excel muestra el resultado con formato de fecha.

BORRAR FORMATOS
Otra forma de mostrar el resultado de C1 como un número es eliminando el formato con las opciones Edición/Borrar/Formatos.

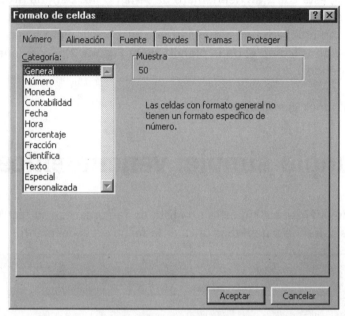

Figura 2. *Si se indica la categoría* `General`, *la celda* `C1` *muestra el resultado como un número.*

Ahora sí la celda mostrará el resultado como **50**.

C1		=	=B1-A1	
	A	B	C	D
1	15/09/2000	04/11/2000	50	
2				
3				

Figura 3. *La planilla de la **Figura 1**, una vez corregido el formato.*

El número de serie

Antes de seguir, detengámonos en la única noción teórica que tenemos que conocer parea entender los cálculos con fechas: el **número de serie**.

Para manejar las fechas, Excel tiene un calendario interno. Este calendario no mide el tiempo en horas, días, meses, etc. sino simplemente en días: los días transcurridos desde el primero de enero de 1900. Así, al 31/1/1900 le corresponde el número 31; al 10/2/1900 le corresponde el 41 y así sucesivamente. Hoy, 6 de agosto de 2000 es el día número 36.744.

Normalmente, esta cuestión del número de serie no nos debería preocupar porque es sólo la manera en que Excel mide el tiempo **internamente**. A nosotros nos muestra la fecha como una fecha en algún formato razonable. Pero a veces aparecen resultados inesperados (como el de la planilla de la **Figura 2**) y conviene saber qué es lo que está pasando.

Pasemos a algunos ejemplos prácticos.

Un ejemplo simple: vencimientos

La planilla de la **Figura 4** muestra una lista de facturas, con su fecha de emisión y su plazo. En la columna D debemos calcular la fecha de vencimiento.

	A	B	C	D	E
1	Cliente	Fecha de emisión	Plazo	Fecha de vencimiento	
2	Leather Creamer	06/08/2000	15		
3	La bonita	08/08/2000	5		
4	Remises La trampa	09/08/2000	30		
5	Imprenta Gutemberg	08/08/2000	15		
6	Remises La trampa	08/08/2000	15		
7	Ríos Razos	06/08/2000	30		

Figura 4. *Queremos obtener la fecha de vencimiento en la columna D en función de la fecha de emisión y del plazo.*

De acuerdo con lo que hemos visto, la fecha de vencimiento se calcula sumando el plazo a la fecha de emisión. La solución aparece en la **Figura 5**.

	D2	=	=B2+C2		
	A	B	C	D	E
1	Cliente	Fecha de emisión	Plazo	Fecha de vencimiento	
2	Leather Creamer	06/08/2000	15	21/08/2000	
3	La bonita	08/08/2000	5	13/08/2000	
4	Remises La trampa	09/08/2000	30	08/09/2000	
5	Imprenta Gutemberg	08/08/2000	15	23/08/2000	
6	Remises La trampa	08/08/2000	15	23/08/2000	
7	Ríos Razos	06/08/2000	30	05/09/2000	

Figura 5. *La planilla de la **Figura 4**, con los vencimientos calculados.*

BISIESTO

El manejo de fechas por parte de Excel tiene un defecto: admite como válida la fecha 29/2/1900. Pero el 1900 no fue bisiesto, excepto en Rusia y otras naciones ortodoxas.

EXTENDER FÓRMULA

Como siempre, la fórmula escrita en D2 debe extenderse al resto de la columna. La forma más simple es con el puntero de estirar.

Duración de un trabajo: los días hábiles

La planilla de la **Figura 6** muestra una serie de trabajos con sus fechas de inicio y de finalización. En la columna **D** se calcula la duración de cada trabajo restando las dos fechas.

D2		=	=C2-B2	
A	B	C	D	E
Etapa	**Inicio**	**Fin**	**Duración**	
Replanteo	07/08/2000	15/08/2000	8	
Selección	16/08/2000	22/08/2000	6	
Registro de datos	25/08/2000	30/08/2000	5	
Análisis de propuestas	01/09/2000	11/09/2000	10	
Definición	13/09/2000	18/09/2000	5	
Aplicación	14/09/2000	22/09/2000	8	
Mantenimiento	25/09/2000	04/10/2000	9	
Evaluación	09/10/2000	18/10/2000	9	

Figura 6. La fórmula de la columna *D* resta la fecha de inicio de la de finalización para calcular la duración de cada etapa.

Alguien podría estar en desacuerdo con los valores que muestra esta planilla, por dos razones:

- Del veinticinco al treinta de agosto **inclusive** hay seis días, no cinco. Tal vez, en la fórmula de la columna D debería sumarse una unidad para tener en cuenta esto.
- Es posible que nos interese la cantidad de días hábiles que insumió cada trabajo, excluyendo sábados y domingos.

La planilla de la **Figura 7** hace lugar a estas dos objeciones.

D2		=	=DIAS.LAB(B2;C2)	
A	B	C	D	E
Etapa	**Inicio**	**Fin**	**Duración**	
Replanteo	07/08/2000	15/08/2000	7	
Selección	16/08/2000	22/08/2000	5	
Registro de datos	25/08/2000	30/08/2000	4	
Análisis de propuestas	01/09/2000	11/09/2000	7	
Definición	13/09/2000	18/09/2000	4	
Aplicación	14/09/2000	22/09/2000	7	
Mantenimiento	25/09/2000	04/10/2000	8	
Evaluación	09/10/2000	18/10/2000	8	

Figura 7. La misma planilla de la *Figura 6*, pero considerando solamente días hábiles. Usa **DIAS.LAB**, una de las funciones especiales para el manejo de fechas.

Esta planilla usa la función **DIAS.LAB**, una de las funciones especiales para el manejo de fechas. Su sintaxis es **=DIAS.LAB(fecha1; fecha2)**. El resultado es la cantidad de días hábiles que median entre ambas fechas, incluyendo ambas pero excluyendo sábados y domingos.

¿Y los feriados?

Ya que estamos objetando estos cálculos, podríamos hacer una objeción más: si excluimos los sábados y domingos, ¿por qué no excluimos también los feriados? Eso es lo que hicimos en la planilla de la **Figura 8**.

	A	B	C	D	E
	D2	▼	=	=DIAS.LAB(B2;C2;$A$12:$A$13)	
1	Etapa	Inicio	Fin	Duración	
2	Replanteo	07/08/2000	15/08/2000	7	
3	Selección	16/08/2000	22/08/2000	4	
4	Registro de datos	25/08/2000	30/08/2000	4	
5	Análisis de propuestas	01/09/2000	11/09/2000	7	
6	Definición	13/09/2000	18/09/2000	4	
7	Aplicación	14/09/2000	22/09/2000	7	
8	Mantenimiento	25/09/2000	04/10/2000	8	
9	Evaluación	09/10/2000	18/10/2000	7	
10					
11					
12		21/08/2000	Aniversario de San Martín		
13		16/10/2000	Día de la Raza		
14					

Figura 8. *La misma planilla de la* **Figura 8**. *Ahora excluimos también los dos feriados que aparecen abajo a la izquierda. Este rango se escribe como tercer argumento en la función* **DIAS.LAB**.

Ocurre que la función **DIAS.LAB** admite un tercer argumento: un rango que contenga la lista de días feriados en el período considerado. Algunas de las duraciones de los trabajos cambia en ambas planillas, debido a estos dos feriados.

DATOS TIPO FECHA

En funciones como DIAS.LAB los argumentos pueden ser fechas escritas directamente o referencias a celdas que contengan datos tipo fecha.

FIJAR COORDENADAS

Al escribir la referencia al rango de feriados en la función DIAS.LAB hay que poner los signos $ para que, al extender luego la fórmula, el rango permanezca fijo en todas las filas.

Primer día hábil

Seguimos cuestionando nuestro trabajo. En la planilla de la **Figura 5** calculamos los vencimientos de unas facturas. No tuvimos en cuenta que, aunque los plazos se cuenten en días corridos, la fecha de vencimiento no puede caer en sábado o domingo. De hecho, esta planilla da el domingo 13 de agosto como primer vencimiento. En la planilla de la **Figura 9** usamos otra función para corregir esto.

	D2	▼	=	=DIA.LAB(B2+C2-1;1)	
	A	B	C	D	E
1	Cliente	Fecha de emisión	Plazo	Fecha de vencimiento	
2	Leather Creamer	06/08/2000	15	21/08/2000	
3	La bonita	08/08/2000	5	14/08/2000	
4	Remises La trampa	09/08/2000	30	08/09/2000	
5	Imprenta Gutemberg	08/08/2000	15	23/08/2000	
6	Remises La trampa	08/08/2000	15	23/08/2000	
7	Ríos Razos	06/08/2000	30	05/09/2000	
8					

Figura 9. *Esta planilla es la misma de la **Figura 5**, pero la fecha de vencimiento se calcula de modo que siempre cae en un día hábil.*

La sintaxis de la función **DIA.LAB** es **=DIA.LAB(fecha; días)** y da la fecha que corresponde **días** hábiles después de **fecha**.

Para calcular la fecha de vencimiento no hacemos **=DIA.LAB(B2;C2)** porque el plazo no se cuenta en días hábiles. Simplemente tomamos la fecha anterior al vencimiento (por eso se resta un día) y luego calculamos el día hábil siguiente.

Próximo lunes

La planilla de la **Figura 10** presenta otro caso interesante. Una empresa paga los trabajos el lunes siguiente a la fecha de entrega. Esta planilla usa la función **DIASEM** para obtener la fecha de ese lunes.

DIA.LAB Y DIAS.LAB
No confundir la función DIA.LAB con DIAS.LAB, que usamos en el ejemplo anterior.

FERIADOS
Al igual que DIAS.LAB, la función DIA.LAB admite una lista de feriados como tercer argumento.

	A	B	C	D
1	Proveedor	Fecha de entregda	Fecha de pago	
2	Aguila S.A.	07/08/2000	14/08/2000	
3	El palacio de la Media Luna	23/08/2000	28/08/2000	
4	Remises La Carreta	20/08/2000	28/08/2000	
5	Casa Leather	10/08/2000	14/08/2000	
6	Sanz, López y Sanjurjo	05/09/2000	11/09/2000	
7	Planeta On Line	14/09/2000	18/09/2000	

C2 = =B2+9-DIASEM(B2)

Figura 10. *La fecha de pago calculada en esta planilla corresponde al primer lunes siguiente a la fecha de entrega.*

En esta planilla usamos la función **DIASEM**. Esta función sirve para calcular el día de la semana en que cae una fecha cualquiera. Admite varias formas pero, en la más simple, devuelve un número del uno al siete: uno es domingo y siete, sábado. Por ejemplo, en la planilla de la **Figura 11** nos enteramos de que el año 2001 comienza en lunes.

	A	B	C
1	01/01/2001	2	
2			

B1 = =DIASEM(A1)

Figura 11. *Según la función DIASEM, el primer día del año 2001 cae en lunes.*

¿Cómo se entiende el uso de esta función en la planilla de la **Figura 10**?

- Si la fecha de entrega es lunes, la función devuelve 2 y la fecha de pago se obtiene sumando 7.
- Si la fecha de entrega es martes, la función devuelve 3 y la fecha de pago se obtiene sumando 6.
- Si la fecha de entrega es miércoles, la función devuelve 4 y la fecha de pago se obtiene sumando 5.

En cada caso, la fecha de pago se obtiene sumando nueve días, menos el número de día de la semana de la fecha de entrega. Por eso la fórmula funciona como es debido.

DIASEM

Esta función admite un segundo argumento según el cual el número devuelto puede ir de 1 (lunes) a 7 (domingo) o de 0 (lunes) a 6 (domingo).

Cálculos con horas

Las horas también podemos sumarlas, restarlas y hacer otros cálculos con ellas. Solamente hay que prestar atención a algunos detalles.

Por ejemplo, la planilla de la **Figura 12** resta las horas de entrada y salida para saber las horas trabajadas.

	A	B	C	D	E
1	Fecha	Entrada	Salida	Horas	
2	02/09/2000	08:02	16:11	08:09	
3	03/09/2000	07:34	14:30	06:55	
4	04/09/2000	08:02	16:44	08:42	
5	05/09/2000	07:48	17:41	09:52	
6	06/09/2000	07:57	16:23	08:26	
7					
8			Total	18:06	

D2 = =C2-B2

Figura 12. La fórmula de la columna **D** obtiene las horas trabajadas en cada día. El total de la celda **D8** no está bien.

Hasta acá no parece haber problemas. Pero en la celda **D8** se suman todos los valores de la columna para obtener el total de la semana. Y el valor que aparece ahí no está bien. Cinco días a (más o menos) ocho horas diarias debería dar un total de unas 40 horas. Cuarenta y dos, para ser más exactos.

Ocurre que el contenido de la planilla de la **Figura 12** son todos números de serie (excepto los títulos, claro). Y Excel interpreta las cuarenta y dos horas de la celda **D8** como un día y dieciocho horas. Como la celda quedó en formato de horas, solamente nos muestra el tiempo que excede a los días completos.

Hay más de una solución, pero la más simple es aplicarle a la celda un formato especial que muestra todas las horas, y no solamente las que exceden a días completos:

FORMATOS PERSONALIZADOS
En el Capítulo 4, Todas las opciones de formato, explicamos cómo se crean los formatos personalizados.

ESCRIBIR HORAS
Las horas se escriben directamente usando los dos puntos como separador entre horas y minutos. Y entre minutos y segundos, si los hubiera.

1. Seleccionamos la celda D8.
2. Tomamos las opciones **Formato/Celdas** y seleccionamos la ficha **Número**.
3. Dentro de **Categorías**, hacemos un clic en **Personalizada**.
4. Dentro **Tipo** escribimos [h]:mm (**Figura 13**).
5. Hacemos un clic en **Aceptar**.

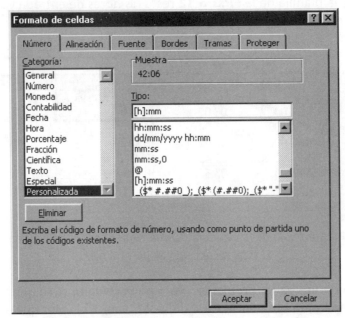

Figura 13. *El formato personalizado a definir para que la celda muestre todas las horas.*

Ahora la celda deberá mostrar el valor correcto: cuarenta y dos horas con seis minutos.

Más problemas

Los problemas con este cálculo de horas no terminaron: en la planilla de la **Figura 14** queremos calcular el salario de la semana multiplicando el total calculado en D8 por el valor hora de D9. Otra vez algo salió mal.

FORMATO AUTOMÁTICO
Cuando escribimos una fórmula con horas, Excel muestra el resultado con formato de hora.

FUNCIÓN AHORA
La expresión =AHORA() da el momento actual como día, mes, año, horas y minutos. Es la más simple de las funciones de hora.

	A	B	C	D	E
	D10		=	=D9*D8	
	A	B	C	D	E
1	Fecha	Entrada	Salida	Horas	
2	02/09/2000	08:02	16:11	08:09	
3	03/09/2000	07:34	14:30	06:55	
4	04/09/2000	08:02	16:44	08:42	
5	05/09/2000	07:48	17:41	09:52	
6	06/09/2000	07:57	16:23	08:26	
7					
8			Total	42:06	
9			Valor hora	$ 3,75	
10			Salario	$ 6,58	
11					

Figura 14. La fórmula de la celda **D10** multiplica el total de horas de la celda **D8** por el valor hora de **D9**. Pero el resultado no es el que debería ser.

El problema sigue teniendo que ver con el valor realmente guardado en **D8**. No importa cómo lo veamos; eso sigue estando expresado en días. No estamos multiplicando 3,75 por 42 sino por 1,75 (el equivalente en días a cuarenta y dos horas).

La solución es simple: tenemos que expresar los días en horas. Entonces multiplicamos por 24. La planilla con el valor correcto aparece en la **Figura 15**.

	A	B	C	D	E
	D10		=	=D9*D8*24	
	A	B	C	D	E
1	Fecha	Entrada	Salida	Horas	
2	02/09/2000	08:02	16:11	08:09	
3	03/09/2000	07:34	14:30	06:55	
4	04/09/2000	08:02	16:44	08:42	
5	05/09/2000	07:48	17:41	09:52	
6	06/09/2000	07:57	16:23	08:26	
7					
8			Total	42:06	
9			Valor hora	$ 3,75	
10			Salario	$ 157,90	
11					

Figura 15. La planilla de la **Figura 14** con la fórmula correcta en la celda **D10**. Ese factor 24 sirve para expresar los días en horas.

Las funciones de fecha y hora

En estos ejemplos usamos varias funciones para el manejo de este tipo de datos. La lista completa es la siguiente:

AHORA:	devuelve el momento actual en fecha y hora.
AÑO:	devuelve el año correspondiente a una fecha dada.
DIA:	devuelve el día del mes (del uno al treinta y uno) correspondiente a una fecha dada.
DIA.LAB:	devuelve el primer día hábil, una cierta cantidad de días hábiles antes o después de la fecha especificada.
DIAS.LAB:	devuelve la cantidad de días hábiles comprendidos entre dos fechas dadas, ambas inclusive.
DIAS360:	devuelve la cantidad de días corridos entre dos fechas dadas suponiendo un año de 360 días.
DIASEM:	devuelve un número que indica el día de la semana correspondiente a la fecha dada.
FECHA:	devuelve el número de serie correspondiente al año, mes y día dados.
FECHA.MES:	devuelve la fecha correspondiente a una cierta cantidad de meses, antes o después de la fecha dada.
FECHANUMERO:	devuelve el número de serie correspondiente a una fecha dada como texto.
FIN.MES:	devuelve la fecha del último día del mes, una cierta cantidad de días antes o después de una fecha dada.
FRAC.AÑO:	calcula la fracción de año que corresponde al tiempo transcurrido entre dos fechas dadas.
HORA:	devuelve la hora correspondiente a un tiempo dado.
HORANUMERO:	devuelve la hora correspondiente a un tiempo dado como texto.
HOY:	devuelve la fecha actual.
MES:	devuelve el número de mes (uno al doce) correspondiente a una fecha dada.
MINUTO:	devuelve los minutos correspondientes a un momento dado.
NSHORA:	devuelve el número de serie correspondiente a un momento dado como horas, minutos y segundos.
NUMSEMANA:	devuelve el número de orden de la semana dada, dentro del año.
SEGUNDO:	devuelve los segundos correspondientes a un momento dado.

Efectivamente, son muchas. El lector queda invitado a probar cómo trabaja cada una de ellas.

CAPÍTULO 16

Funciones financieras

Gracias a un puñado de funciones especiales, Excel permite hacer ciertos cálculos financieros que, de otra manera, serían bastante complejos. Este capítulo está dedicado a esos cálculos:

- Un préstamo.
- Un seguro de retiro.
- Evaluación de un negocio.
- Valor actual neto y tasa interna de retorno.
- Un portfolio de inversiones.

Cada uno de estos cálculos irá acompañado de ejemplos y comentarios afines.

Un préstamo	311
Otro préstamo	312
Los sistemas alemán y francés	313
Un seguro de retiro	315
Evaluación de un negocio	317
Otras funciones	321

Un préstamo

Un banco nos presta $ 1000 a devolver en doce cuotas iguales de $ 100 cada una. ¿Cuál es la tasa de interés que nos está cobrando? La respuesta aparece en la planilla de la **Figura 1**.

Figura 1. Con la función TASA podemos calcular la tasa de interés de un préstamo.

Esta planilla usa la función TASA. Su sintaxis es:

=TASA(cantidad;cuota;importe)

Atención al signo que aparece en la barra de fórmulas de la **Figura 1**. El importe del préstamo es dinero que nos dan. La cuota es dinero que pagamos. En la función, ambos valores deben estar con distinto signo. Si uno es positivo, el otro debe ser negativo.

Otra cosa a tener en cuenta es la **unidad de tiempo**: si las cuotas son mensuales, la tasa calculada también será mensual.

ASISTENTE PARA FUNCIONES
Para escribir las funciones financieras podemos usar el Asistente para funciones. Ver el Capítulo 14, Algunas funciones especiales.

FINANCIACIÓN
Los valores de la planilla de la Figura 1 son los típicos para una compra financiada. Ahora sabemos qué interés nos están cobrando.

Otro préstamo

La planilla de la **Figura 2** corresponde a un caso similar al de la **Figura 1**. Se parece más a un préstamo hipotecario, donde los plazos e importes que se manejan son mayores. Lo que calculamos en este caso es la cuota a pagar.

	A	B	C	D
1	Importe	$ 12.000		
2	Tasa	12%		
3	Pagos	120		
4				
5	Cuota	($172,17)		
6				

Figura 2. Acá usamos la función PAGO para calcular la cuota correspondiente a un préstamo hipotecario.

Para calcular el valor de la cuota, usamos la función **PAGO**, cuya sintaxis es:

`=PAGO(tasa;cantidad de cuotas;importe)`

Como dijimos antes, el importe prestado y la cuota representan valores que se mueven en distintas direcciones: uno va y el otro viene. La función **PAGO** lo sabe y devuelve un valor de signo contrario al importe.

También acá hay que tener en cuenta la unidad de tiempo. Los 120 pagos son mensuales pero la tasa dada en **B2** es anual. Por eso en la función aparece dividida por 12.

OTROS COSTOS

En estos préstamos no estamos teniendo en cuenta otros costos que aparecen al tomar un préstamo, como seguro o gastos administrativos.

Los sistemas alemán y francés

Cuando pagamos las cuotas de un préstamo estamos haciendo dos cosas:

- Devolvemos la plata que nos prestaron. Esto es la amortización del préstamo.
- Pagamos un interés por la plata que debemos hasta terminar de pagar.

Ahora bien, si nos prestaron $ 12.000 a devolver en 120 cuotas, cada mes debemos pagar $ 100 para amortizar el préstamo. El interés por el dinero que seguimos debiendo hasta pagar la última cuota será cada vez menor porque cada vez debemos menos plata.

Amortización fija más interés decreciente dan como resultado una cuota también decreciente. Así es el llamado **Sistema alemán** o de cuota decreciente.

Este sistema no es muy usado ya que, al parecer, la cuota variable representa una complejidad para el que toma el préstamo, que suele preferir pagar una cantidad fija. Para eso existe el **Sistema francés**, de cuota constante.

En el sistema francés, la amortización es creciente para comenzar la disminución de la cuota. El resultado es una cuota cuyo valor es el mismo durante todo el período de amortización. La función PAGO que usamos en la planilla de la **Figura 2** corresponde al sistema francés.

Excel dispone de funciones para calcular las dos partes de la cuota. Son PAGOPRIN y PAGOINT. Y podemos aplicar ambas funciones para el cálculo de la cuota en el sistema alemán. Es lo que se hace en la planilla de la **Figura 3**.

TOTAL

Aunque en los dos sistemas el total pagado es igual, el hecho de haberlo pagado a distinta "velocidad" hace que, financieramente hablando, el resultado final no sea equivalente.

	A	B	C	D
		C7	=PAGOINT(1%;A7;120;-12000)	

	A	B	C	D	E
1		**Sistema Alemán**			
2					
3	Cuota número	Amort. de capital	Intereses	Cuota total	
4	1	$100,00	$120,00	$220,00	
5	2	$100,00	$119,48	$219,48	
6	3	$100,00	$118,95	$218,95	
7	4	$100,00	$118,42	$218,42	
8	5	$100,00	$117,88	$217,88	
9	6	$100,00	$117,34	$217,34	
...					
117	114	$100,00	$11,58	$111,58	
118	115	$100,00	$9,98	$109,98	
119	116	$100,00	$8,36	$108,36	
120	117	$100,00	$6,72	$106,72	
121	118	$100,00	$5,06	$105,06	
122	119	$100,00	$3,39	$103,39	
123	120	$100,00	$1,70	$101,70	
124			Total pagado:	$20.659,82	
125					

Figura 3. *La función* **PAGOINT** *calcula el interés para cada período. La amortización simplemente se obtiene dividiendo el importe del préstamo por la cantidad de cuotas.*

En esta planilla no necesitamos usar ninguna función para calcular la amortización: simplemente dividimos el importe del préstamo por la cantidad de cuotas.

Pero usamos la función **PAGOINT** para calcular el interés. La sintaxis es:

=PAGOINT(tasa; período; cantidad de cuotas; importe)

Aparece el número de cuota (**período**) como variable, ya que el interés cambia cuota a cuota. Una función **SUMA** en **D124** calcula todo lo pagado.

La **Figura 4** hace el desarrollo del préstamo según el sistema francés.

CUOTA

En el caso del sistema francés no hace falta hacer el desarrollo de la Figura 4. Lo que importa es el valor de la cuota, que es fijo y se puede calcular con la función PAGO.

	A	B	C	D	E
	B7		=	=PAGOPRIN(1%;A7;120;-12000)	
1		Sistema Francés			
2					
3	Cuota número	Amort. de capital	Intereses	Cuota total	
4	1	$52,17	$120,00	$172,17	
5	2	$52,69	$119,48	$172,17	
6	3	$53,21	$118,95	$172,17	
7	4	$53,75	$118,42	$172,17	
8	5	$54,28	$117,88	$172,17	
9	6	$54,83	$117,34	$172,17	
117	114	$160,58	$11,58	$172,17	
118	115	$162,19	$9,98	$172,17	
119	116	$163,81	$8,36	$172,17	
120	117	$165,45	$6,72	$172,17	
121	118	$167,10	$5,06	$172,17	
122	119	$168,77	$3,39	$172,17	
123	120	$170,46	$1,70	$172,17	
124			Total pagado:	$20.659,82	
125					

Figura 4. *La función* **PAGOINT** *calcula el interés para cada período como en la planilla de la Figura 3. En la columna B se usa la función* **PAGOPRIN** *para calcular la amortización.*

Como puede verse, la amortización aumenta y el interés disminuye. Pero la cuota (suma de estos dos valores) es constante.

Un seguro de retiro

Vamos a estudiar cómo se forma un seguro de retiro. Supongamos que invertimos $ 100 por mes durante 30 años en una administradora que nos da el 8% anual. Al cabo de esos 30 años (360 cuotas mensuales) habremos acumulado un fondo de casi $ 150.000. Este valor lo obtenemos con la función VF (**valor futuro**) según la planilla de la **Figura 5**.

INTERÉS COMPUESTO

La función valor futuro no hace más que calcular el monto correspondiente a una inversión con interés compuesto.

	A	B	C
1	Pago mensual	$ 100,00	
2	Cantidad de pagos	360	
3	Tasa anual	8%	
4			
5	Acumulado	($149.035,94)	
6			

B5 = =VF(B3/12;B2;B1)

Figura 5. *La función* **VF** *(valor futuro) permite calcular el dinero acumulado por una serie de pagos constantes que producen un interés.*

Otra vez, el resultado es de signo contrario al de la cuota para tener en cuenta el asunto del dinero que va y el dinero que viene. La tasa se divide por 12 porque es anual mientras que los pagos son mensuales.

Ahora digamos que nos jubilamos tras esos 30 años de ahorro y esperamos cobrar una renta durante 20 años más.

El valor de la renta no se obtiene dividiendo los $ 150.000 por 240 (20 años) porque, mientras haya dinero en el fondo, éste sigue produciendo un interés. Tenemos que usar la función **PAGO** porque, en cierta manera, es como si le prestáramos ese dinero a la administradora para que nos la devuelva en cuotas. El cálculo aparece en la **Figura 6**.

B10 = =PAGO(B8/12;B7;B5)

	A	B	C
1	Pago mensual	$ 100,00	
2	Cantidad de pagos	360	
3	Tasa anual	8%	
4			
5	Acumulado	($149.035,94)	
6			
7	Cantidad de pagos	240	
8	Tasa	8%	
9			
10	Renta	$1.246,60	
11			

Figura 6. *La función* **PAGO** *nos dice la renta que producirá durante doscientos cuarenta meses el dinero acumulado en la celda* **B5***.*

OTROS COSTOS

La planilla de la Figura 5 no toma en cuenta la influencia de las comisiones ni el hecho de que la tasa de interés puede no ser fija.

INFLACIÓN

Los $ 1200 de renta mensual no pueden compararse a la ligera con los $ 100 pagados como cuota. Hay, por lo menos, 30 años de devaluación de por medio.

Lo que dice esta planilla es que, pagando $ 100 mensuales durante 30 años, podremos percibir luego una renta mensual de más de $ 1200 durante 20 años.

Evaluación de un negocio

La planilla de la **Figura 7** muestra la evolución de un negocio. Los valores negativos de los tres primeros años representan el dinero que invertimos en el negocio. Los valores positivos indican que a partir del cuarto año empezamos a tener una ganancia.

B12		=	=SUMA(B2:B11)	
	A	B	C	D
1	Período	Flujo de fondos		
2	2001	-$3.000,00		
3	2002	-$1.500,00		
4	2003	-$1.500,00		
5	2004	$500,00		
6	2005	$500,00		
7	2006	$500,00		
8	2007	$1.000,00		
9	2008	$1.000,00		
10	2009	$1.500,00		
11	2010	$2.500,00		
12		$1.500,00		
13				

Figura 7. El flujo de dinero en un negocio. Los valores negativos representan dinero que invertimos; los positivos, dinero que obtenemos como ganancia. El total de la celda B12 indica que nos llevamos más dinero que el que invertimos.

En la celda **B12** hay una sumatoria que indica que esto "es negocio": terminamos llevándonos $ 1.500 más que los que invertimos. Pero la realidad es otra.

El dinero que va y viene a lo largo del tiempo no puede sumarse y restarse directamente. Poner dinero hoy y retirarlo dentro de diez años significa perder el interés que ese dinero hubiera rendido en un plazo fijo u otra inversión conservadora.

La suma de la celda **B12**, pero teniendo en cuenta el factor tiempo, se llama valor actual neto y se puede calcular mediante la función **VNA**, como se ve en la **Figura 8**.

	A	B	C	D
1	Período	Flujo de fondos		
2	2001	-$3.000,00		
3	2002	-$1.500,00		
4	2003	-$1.500,00		
5	2004	$500,00		
6	2005	$500,00		
7	2006	$500,00		
8	2007	$1.000,00		
9	2008	$1.000,00		
10	2009	$1.500,00		
11	2010	$2.500,00		
12		-$726,15		
13				

B12 = =VNA(6%;B2:B11)

Figura 8. La función **VNA** indica que en este negocio se pierde dinero.

Esta función tiene dos argumentos entre los paréntesis:

- La tasa de interés.
- El rango donde están los valores de dinero que entran o salen del negocio.

Considerando una tasa modesta del 6% anual, resulta que, desde este punto de vista, en este negocio perdemos más de setecientos pesos.

La tasa de retorno

Otra forma de evaluar un negocio es obteniendo la **tasa interna de retorno**. Abreviadamente, **TIR**. Por ejemplo, la planilla de la **Figura 9** muestra un negocio mejor que el anterior. El valor actual neto es positivo.

TASA DE INTERÉS

La elección de la tasa de interés en la fórmula de la Figura 8 merecería una discusión más detallada, pero excede el alcance de este libro.

Evaluación de un negocio

	A	B	C	D
	B12		=VNA(6%;B2:B11)	
1	Período	Flujo de fondos		
2	2001	-$2.000,00		
3	2002	-$1.500,00		
4	2003	-$1.000,00		
5	2004	$500,00		
6	2005	$500,00		
7	2006	$500,00		
8	2007	$1.000,00		
9	2008	$1.500,00		
10	2009	$1.500,00		
11	2010	$2.500,00		
12		$950,76		

Figura 9. *Otro negocio. En este caso, el valor actual neto es positivo y, para la tasa considerada, es conveniente.*

En la **Figura 10** usamos la función **TIR** para calcular la tasa interna de retorno. Resulta que es de casi el diez por ciento anual.

	A	B	C	D
	B12		=TIR(B2:B11;1)	
1	Período	Flujo de fondos		
2	2001	-$2.000,00		
3	2002	-$1.500,00		
4	2003	-$1.000,00		
5	2004	$500,00		
6	2005	$500,00		
7	2006	$500,00		
8	2007	$1.000,00		
9	2008	$1.500,00		
10	2009	$1.500,00		
11	2010	$2.500,00		
12		9,70%		

Figura 10. *La función **TIR** nos dice que la tasa interna de retorno de este negocio es de casi el diez por ciento.*

TASA DE RETORNO

Aunque no nos demos cuenta, Excel calcula la tasa de retorno por aproximaciones sucesivas. Debemos suministrar un valor estimado para iniciar la aproximación. Ese valor es el 1 que aparece como segundo argumento de la función TIR.

TASA ACTIVA Y PASIVA

En el análisis comparamos la tasa de retorno con la tasa de un plazo fijo, es decir, con la tasa pasiva. También deberíamos compararla con la tasa activa para saber si conviene endeudarnos para invertir en este negocio.

¿Cómo se interpreta este valor? En términos no técnicos significa que este negocio equivale a poner el dinero a plazo fijo con un interés del 9,7% anual. Si no conseguimos una tasa tan buena, el negocio es conveniente.

Un portfolio de inversiones

En los negocios que acabamos de evaluar, el dinero se movía a intervalos regulares. O, al menos, eso suponíamos.

No siempre es así; por ejemplo, en el caso de un portfolio de inversiones como el de la **Figura 11**.

	C13	▼	=	=VNA.NO.PER(6%;C2:C11;A2:A11)	
	A	B	C	D	E
1	Fecha	Operación	Importe		
2	6-Sep-2000	Compra C.Puerto	-$1.400		
3	22-Sep-2000	Compra C.Puerto	-$1.200		
4	22-Sep-2000	Compra TEAR	-$750		
5	4-Oct-2000	Venta C.Puerto	$2.012		
6	29-Oct-2000	Compra BOCON	-$850		
7	26-Nov-2000	Compra GARO	-$1.200		
8	4-Dic-2000	Venta TEAR	$812		
9	3-Ene-2001	Venta GARO	$1.650		
10	19-Ene-2001	Compra BOCON	$910		
11	7-Feb-2001	Compra GE	$345		
12					
13		**Resultado neto**	$277,29		
14					

Figura 11. Un portfolio de inversiones. El dinero entra y sale a intervalos variables según se compran o venden los valores. Una función especial calcula el valor actual neto en la celda C13.

En esta planilla, los valores negativos representan dinero que se paga (al comprar las acciones) y los valores positivos representan dinero que se cobra (al hacer una venta). Nos preguntamos: ¿vamos ganando o perdiendo?

Ya sabemos que no sirve hacer la suma por el asunto del factor tiempo. Pero tampoco podemos usar la función VNA porque los períodos de tiempo no son constantes.

COMPLEMENTOS

Para poder usar la función VNA.NO.PER tenemos que instalar el complemento Herramientas para análisis. Ver el Capítulo 14, Algunas funciones especiales.

FUNCIONES

Para profundizar en el conocimiento de las funciones financieras, recomendamos el volumen uno de la *Guía de Funciones de Excel*, publicada en la colección Users Express.

Entonces tenemos que usar **VNA.NO.PER**, que calcula el valor actual neto para estos casos "aperiódicos".

Eso es lo que se hizo en la planilla de la **Figura 11**. Como el valor es positivo, representa un resultado "a favor".

Otras funciones

Las funciones financieras son más de cincuenta. Las hay para los casos que ya estudiamos, para inversiones bursátiles más complejas, para amortización de bienes de uso y muchos otros casos más. Pero, en general su uso es relativamente simple para quien tenga los conocimientos técnicos de contabilidad y finanzas. No profundizaremos en ellas.

CAPÍTULO 17

Validación

Con el comando de validación podemos hacer que una planilla rechace los datos que no cumplan con ciertas condiciones:

• Valores demasiado grandes o demasiado chicos.
• Valores que produzcan ciertos resultados.
• Valores que no pertenezcan a una lista preestablecida.
• Textos demasiado largos.

Todo esto acompañado de mensajes de orientación para el que debe cargar estos datos y mensajes de error ante datos inválidos.

El caso más simple	325
Definir un mensaje de entrada	326
Mensaje de error	328
Otros criterios de validación	331
Longitud de texto	334
Validación de fechas	336
Otros criterios de validación	338

Servicio de Atención al Lector
(011) 4959-5000
lectores@tectimes.com

El caso más simple

En la planilla de la **Figura 1** tenemos que escribir las edades de un grupo de personas. Queremos establecer algún tipo de control de modo que solamente podamos escribir edades "razonables". Por ejemplo, menores a 100 años.

	A	B	C
1	**Apellido y nombre**	**Edad**	
2	PERIELLO, Susana		
3	AVELEYRA, Rosa		
4	GRATTON, Carlos		
5	RICCIARDI, Stella Maris		
6	CALDERON, Miryam A.		
7	REVUELTO, Julio		
8	QUEL, Maria J.		
9	LOPEZ, Liliana		
10	CASTRO, Ema		
11			

Figura 1. Las edades de la columna B deben ser menores a 100 años.

Este control es el más sencillo que podemos establecer con el comando de validación:

1. Seleccionamos el rango de las edades; en el ejemplo es el rango `B2:B10`.
2. Tomamos las opciones `Datos/Validación`. Aparece el menú de la **Figura 2**.
3. Donde dice `Permitir`, descolgamos las opciones y seleccionamos `Número entero`.
4. Donde dice `Datos`, descolgamos las opciones y seleccionamos `Menor que`.
5. Donde dice `Máximo` escribimos `100`.
6. Hacemos un clic en `Aceptar`.

> **AYUDANTE**
>
> Si tenemos activado el ayudante de Office, él nos presentará el mensaje de error.

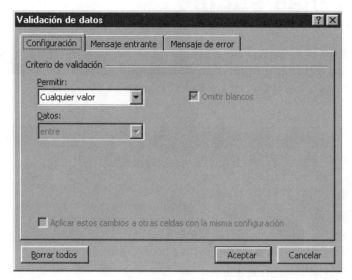

Figura 2. *Acá indicamos el criterio que deben cumplir los datos válidos.*

Veamos si esto funciona. Escribamos una edad inválida en la celda **A1**. Debe aparecer un mensaje como el de la **Figura 3**.

Figura 3. *Excel avisa que el valor indicado no cumple con el criterio de validación.*

Excel rechazará este dato hasta que ingresemos alguna edad que cumpla con el criterio de validación, o que dejemos la celda vacía.

Definir un mensaje de entrada

El comando de validación nos permite definir un mensaje que oriente al usuario acerca de qué dato debe escribir. Algo así como lo que aparece en la **Figura 4**.

Definir un mensaje de entrada

	A	B	C
1	**Apellido y nombre**	**Edad**	
2	PERIELLO, Susana		
3	AVELEYRA, Rosa		
4	GRATTON, Carlos		EDAD
5	RICCIARDI, Stella Maris		Ingrese un valor menor que 100
6	CALDERON, Miryam A.		
7	REVUELTO, Julio		
8	QUEL, Maria J.		
9	LOPEZ, Liliana		
10	CASTRO, Ema		
11			

Figura 4. *El mensaje de entrada avisa qué valores se consideran válidos.*

Definir el mensaje de entrada   PASO A PASO

❶ Seleccionamos el rango de las edades.

❷ Tomamos las opciones **Datos/Validación** y seleccionamos la ficha **Mensaje entrante** (**Figura 5**).

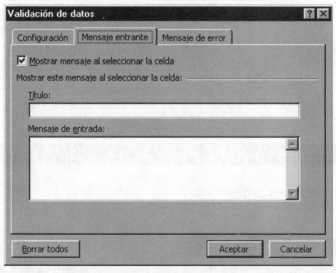

Figura 5. *En la ficha* **Mensaje de entrada** *indicamos el texto del cuadro que aparecerá al cargar el dato a validar.*

LA BIBLIA DE EXCEL

❸ Marcamos (si es que ya no lo está) la opción **Mostrar mensaje al seleccionar la celda**.

❹ En las opciones **Título** y **Mensaje de entrada** escribimos los textos que deben aparecer como mensaje de entrada.

❺ Hacemos un clic en **Aceptar**.

Ahora el texto indicado aparecerá al poner el cursor en cualquier celda de edades, tal como se ve en la **Figura 4**.

Mensaje de error

El mensaje que aparece al escribir un dato inválido también lo podemos ajustar a gusto para que sea algo más explicativo que el de la **Figura 3**; como el de la **Figura 6**.

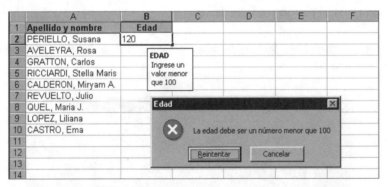

***Figura 6.** El mensaje de error puede configurarse a gusto.*

Modificar el mensaje de error — PASO A PASO

❶ Seleccionamos el rango de las edades.

DATOS DECIMALES

Para limitar datos no enteros, la lista descolgable en `Permitir` incluye la opción `Decimal`.

328

❷ Tomamos las opciones **Datos/Validación** y seleccionamos la ficha **Mensaje de error**.

❸ Marcamos (si es que ya no lo está) la opción **Mostrar mensaje de error si se introducen datos no válidos**.

❹ En las opciones **Título** y **Mensaje de error** escribimos los textos que deben aparecer como mensaje de error, algo así como los que se ven en la **Figura 7**.

❺ Hacemos un clic en **Aceptar**.

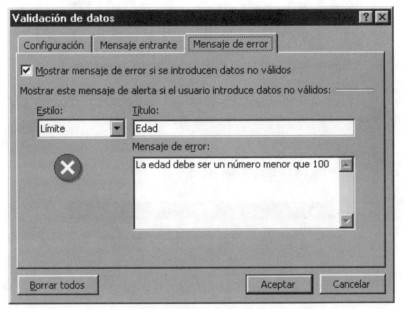

Figura 7. Acá indicamos las características del mensaje de error.

Tipos de error

En el cuadro de la **Figura 7** hay una opción que habla del **Estilo** del error. En el ejemplo, usamos la opción **Límite**; quiere decir que Excel rechazará el dato inválido y no permitirá ingresarlo. Pero hay otras posibilidades:

PROTECCIÓN

Si queremos evitar que un dato sea modificado debemos usar las opciones de protección de celdas. Ver el Capítulo 12, La seguridad.

Si indicamos el estilo **Advertencia**, Excel avisará que el dato no cumple el criterio de validación y nos dará tres opciones (**Figura 8**).

- **Sí** acepta el dato, a pesar de todo.
- **No** rechaza el dato e invita a probar de nuevo.
- **Cancelar** deja sin efecto la carga del dato.

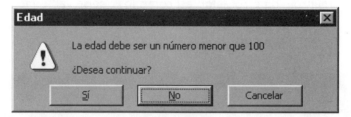

Figura 8. *Un mensaje de error de estilo* ***Advertencia****.*

Si indicamos el estilo **Información**, Excel avisará que el dato no cumple el criterio de validación y nos dará dos opciones (**Figura 9**).

- **Aceptar** acepta el dato, a pesar de todo.
- **Cancelar** deja sin efecto la carga del dato.

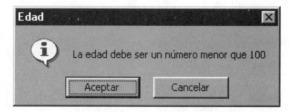

Figura 9. *Un mensaje de error de estilo* ***Información****.*

Si establecimos un criterio de validación luego podemos eliminarlo:

TIPOS DE ERROR

El símbolo que aparece a la izquierda del mensaje de error da una idea de la gravedad o importancia del mismo.

ELIMINAR CRITERIO

Las opciones **Edición/Borrar/Todo** elimina el contenido de la celda, su formato y su criterio de validación, si lo hubiera.

Eliminar un criterio de validación · PASO A PASO

① Seleccionamos el rango de celdas donde establecimos el criterio a eliminar.

② Tomamos las opciones **Datos/Validación**.

③ Hacemos un clic en el botón **Borrar todos** (**Figura 10**).

④ Hacemos un clic en **Aceptar**.

Figura 10. Con un clic en este botón eliminamos el criterio de validación.

Otros criterios de validación

El que usamos en el ejemplo de las edades es el más simple de los criterios de validación. Pero hay otros.

Lista de valores

En la planilla de la **Figura 11** se indican nombres y sectores de un grupo de trabajadores. Los sectores válidos a escribir en la columna **B** son los que se ven en la tabla de la derecha.

RANGO DE LA LISTA

El rango de la lista debe seleccionarse con el mouse. Si queremos escribir sus coordenadas debemos preceder el rango por un signo =.

	A	B	C	D	E
1	**Apellido y nombre**	**Sector**			
2	LANDINI, Silvia			Comercial	
3	VITTORI, Celso			Gerencia	
4	PUERTAS, Eduardo			Planta	
5	GODOY, Ernesto			Logística	
6	GIMENEZ, Adulio				
7	MARTINEZ, Maria Rosa				
8	REVUELTO, Julio				
9	QUEL, Maria J.				
10	LOPEZ, Liliana				
11	CASTRO, Ema				

Figura 11. La tabla de la derecha contiene los sectores válidos a escribir en la columna **B**.

Establecer criterio de validación — PASO A PASO

① Seleccionamos el rango donde se escribirán los sectores. En el ejemplo es el rango **B2:B11**.

② Tomamos las opciones **Datos/Validación** y seleccionamos la ficha **Configuración**.

③ Donde dice **Permitir**, descolgamos las opciones y seleccionamos **Lista**.

④ Donde dice **Origen** indicamos, arrastrando el mouse, el rango donde figuran los datos válidos. En el ejemplo es **D2:D5**. Las opciones deben quedar como en la **Figura 12**.

⑤ Hacemos un clic en **Aceptar**.

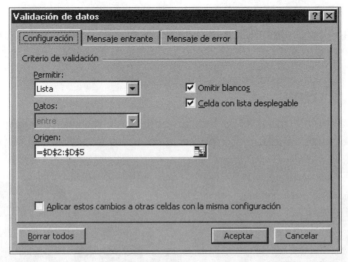

Figura 12. Las opciones de validación para el ejemplo de la *Figura 11*.

Luego de especificar este criterio de validación, cuando colocamos el cursor sobre una de las celdas de sectores aparece una flechita. Si hacemos un clic en esta flechita se descuelga la lista de valores permitidos. Tal como se ve en la **Figura 13**.

	A	B	C
1	Apellido y nombre	Sector	
2	LANDINI, Silvia		
3	VITTORI, Celso	Comercial	
4	PUERTAS, Eduardo	Gerencia	
5	GODOY, Ernesto	Planta	
6	GIMENEZ, Adulio	Logística	

Figura 13. Las celdas donde se especifica este criterio de validación encierran una lista descolgable con los valores permitidos.

De todas formas, también podemos escribir el valor directamente. Pero, en cualquier caso, los que no pertenezcan a la lista serán rechazados.

Fórmula de validación

En la planilla de la **Figura 14** se deben indicar la cantidad pedida para el artículo indicado. Por una cuestión administrativa, el importe total debe ser menor que $ 25.

B8	=	=B7*B6	
	A	B	C	D
1	Nombre	Luis Aguirre		
2	Dirección	Hueco de las ánimas 340		
3				
4				
5	Código pedido	5	Líneas	
6	Precio unitario	$ 1,56		
7	Cantidad			
8	Importe total	$ -		

Figura 14. El importe del pedido (calculado en la celda B8) debe ser menor que $ 25.

MENSAJES
Para el criterio de lista también se pueden indicar mensajes de entrada y de error.

USO DEL TECLADO
Para descolgar los valores de la lista podemos apretar las combinaciones ALT+FLECHA ABAJO O ALT +FLECHA ARRIBA.

Por supuesto, como cada artículo tiene un precio establecido, el importe total se limita por la cantidad pedida. Entonces, el valor a indicar en la celda B7 será válido o no según el importe obtenido en B8. Se trata de un criterio de validación **por fórmula**. Se establece como los demás:

1. Colocamos el cursor sobre la celda donde se establecerá el criterio de validación. En el ejemplo se trata de la celda B7.
2. Tomamos las opciones **Datos/Validación** y seleccionamos la ficha **Configuración**.
3. Donde dice **Permitir**, descolgamos las opciones y seleccionamos **Personalizada**.
4. Donde dice **Fórmula** escribimos el criterio de validación. En este caso escribimos =B8<25. El criterio queda como en la **Figura 15**.
5. Hacemos un clic en **Aceptar**.

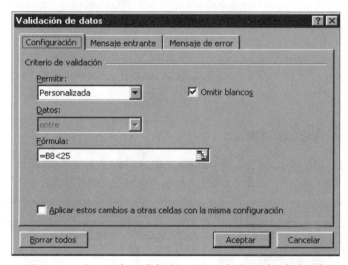

Figura 15. Las opciones de validación para el ejemplo de la Figura 14.

Longitud de texto

En la planilla de la **Figura 16** vamos a aplicar otro tipo de criterio de validación: la descripción a escribir en la columna C no debe superar los 35 caracteres. Es una restricción por longitud del texto.

	A	B	C	D
1	Apellido y nombre	Fecha	Motivo de la ausencia	
2	AVELEYRA, Rosa	26/07/2000		
3	GRATTON, Carlos	23/07/2000		
4	RICCIARDI, Stella Maris	24/07/2000		
5	CALDERON, Miryam A.	22/07/2000		
6	REVUELTO, Julio	23/07/2000		
7	QUEL, Maria J.	24/07/2000		
8	LOPEZ, Liliana	26/07/2000		
9	CASTRO, Ema	24/07/2000		
10	VEGA, Aldo	24/07/2000		
11	VIDAL, Laura	24/07/2000		
12				

Figura 16. La descripción a escribir en la columna C no debe superar los 35 caracteres de longitud.

Establecer la longitud de un texto — PASO A PASO

1 Seleccionamos el rango donde se establecerá el criterio. En el ejemplo es el rango **C2:C11**.

2 Tomamos las opciones **Datos/Validación** y seleccionamos la ficha **Configuración**.

3 Donde dice **Permitir**, descolgamos las opciones y seleccionamos **Longitud del texto**.

4 Donde dice **Datos**, descolgamos las opciones y seleccionamos **Menor o igual que**.

5 Donde dice **Máximo** escribimos **35**. Las opciones deben quedar como en la **Figura 17**.

6 Hacemos un clic en **Aceptar**.

MENSAJES
También para este criterio podemos indicar mensajes de entrada y de error.

LONGITUD DE TEXTO
Este tipo de criterio puede usarse cuando la planilla será impresa, para asegurarse que los datos no superen los límites de la hoja.

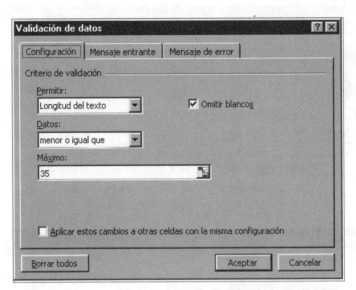

*Figura 17. Las opciones de validación para el ejemplo de la **Figura 16**.*

Como siempre, una vez establecido el criterio, la planilla rechazará los valores que no lo satisfagan.

Validación de fechas

Un ejemplo más: en la planilla de la **Figura 18** se escriben las fechas de ingreso. La planilla no nos deja indicar una fecha de ingreso anterior al día actual; se establece la restricción mediante un criterio de fechas.

VALIDACIÓN DE FECHAS

En realidad, este caso podría resolverse también con un criterio como el del primer ejemplo.

Validación de fechas

	A	B	C	D
1	Apellido y nombre	Fecha de Ingreso		
2	AVELEYRA, Rosa	12/12/1999		
3	GRATTON, Carlos	21/12/1999		
4	RICCIARDI, Stella Maris	08/01/2000		
5	CALDERON, Miryam A.	20/02/2000		
6	REVUELTO, Julio	15/04/2000		
7	QUEL, Maria J.	12/05/2000		
8	LOPEZ, Liliana	30/06/2000		
9	CASTRO, Ema			
10	VEGA, Aldo			
11	VIDAL, Laura			
12				

Figura 18. *Las fechas a ingresar en la columna B no deben ser anteriores a la de hoy.*

1. Seleccionamos el rango de las fechas. En el ejemplo es el rango **B2:B11**.
2. Tomamos las opciones **Datos/Validación** y seleccionamos la ficha **Configuración**.
3. Donde dice **Permitir**, descolgamos las opciones y seleccionamos **Fecha**.
4. Donde dice **Datos**, descolgamos las opciones y seleccionamos **Mayor o igual que**.
5. Donde dice **Fecha inicial** escribimos la función **=HOY()**. Las opciones deben quedar como en la **Figura 19**.
6. Hacemos un clic en **Aceptar**.

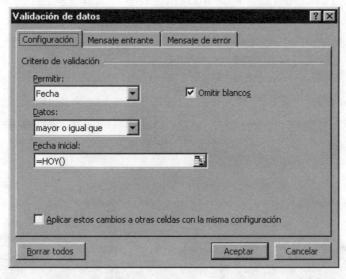

Figura 19. *Las opciones de validación para el ejemplo de la **Figura 18**.*

Otros criterios de validación

Si bien quedarían un par de criterios más para discutir (el de hora, por ejemplo), se manejan esencialmente de la misma manera que los que ya vimos. Pasemos a un último tema, entonces.

Los círculos de validación

Excel incluye otra opción relacionada con validación.

Por ejemplo, en la **Figura 20** aparece la misma planilla del comienzo del capítulo; un par de datos que no satisfacen el criterio aparecen rodeados por una línea de color. Esta línea la pone Excel al usar una opción muy escondida.

	A	B	C
1	Apellido y nombre	Edad	
2	PERIELLO, Susana	45	
3	AVELEYRA, Rosa	32	
4	GRATTON, Carlos	25	
5	RICCIARDI, Stella Maris	150	
6	CALDERON, Miryam A.	66	
7	REVUELTO, Julio	28	
8	QUEL, Maria J.	200	
9	LOPEZ, Liliana	41	
10	CASTRO, Ema	22	
11			

Figura 20. El óvalo señala dos datos que no satisfacen el criterio de validación.

BARRAS DE HERRAMIENTAS
Las barras de herramientas que aparecen flotantes sobre la planilla las podemos tomar por su borde azul para llevarlas a otra parte.

BARRAS DE HERRAMIENTAS
La barra de herramientas Auditoría la podemos eliminar haciendo un clic sobre su botón Cerrar; es la x que aparece arriba y a su derecha.

Otros criterios de validación

Para obtener la línea:

1. Tomamos las opciones **Herramientas/Auditoría/Mostrar barra de auditoría**. Aparecerá una nueva barra de herramientas sobre la planilla.
2. Hacemos un clic en el botón **Rodear con un círculo datos no válidos** (**Figura 21**).

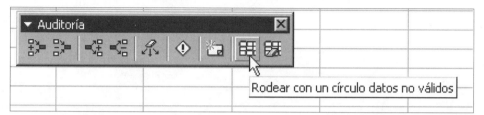

Figura 21. *Un clic en este botón señalará los datos inválidos.*

Esta opción no es dinámica: los círculos no aparecen automáticamente al obtener datos inválidos ni desaparecen al corregirlos. Tenemos que usar el botón de la **Figura 21** (o el de su derecha) cada vez.

Y esto es todo lo que tenemos que decir acerca del comando de validación.

FORMATOS CONDICIONALES

Los formatos condicionales también pueden usarse para establecer mensajes de advertencia ante ciertos datos o resultados. Y, a diferencia de los círculos, sí son dinámicos. Ver Capítulo 10, El formato condicional.

CAPÍTULO 18
Diálogos

Los diálogos son objetos que podemos poner en la planilla para controlar sus valores. Es como si, en vez de escribir los valores en las celdas, los ajustáramos girando una perilla o seleccionando opciones.

En este apéndice vamos a mostrar cómo se obtienen y usan los principales objetos de diálogo:

- Barras de desplazamiento.
- Listas descolgables.
- Casillas de verificación.

Es un tema muy atractivo porque resulta mucho más sencillo de lo que podría pensarse y nos permite crear planillas con aspecto muy profesional.

Una planilla con objetos de diálogo	343
Casillas de verificación	347
Las propiedades de una casilla de verificación	349
Listas descolgables	351
Otros objetos	354

Visite nuestro sitio en la Web
libros.tectimes.com
Las últimas novedades • Capítulos gratis • Compra on-line
• Comentarios de los lectores

Una planilla con objetos de diálogo

La planilla de la **Figura 1** es muy simple; calcula el importe de una compra a partir de unos pocos datos:

- Son datos el precio unitario, la cantidad y el porcentaje de descuento.
- El subtotal se obtiene multiplicando cantidad por precio.
- El neto se obtiene multiplicando el subtotal por uno menos el descuento.

Figura 1. Una planilla para calcular el importe de una compra.

También hay un par de chiches (una ilustración y un título en tipografía más elegante), pero eso no tiene importancia. Lo que queremos hacer es que la planilla calcule el importe de la compra sin que debamos meternos en las celdas para cargar los datos: usando diálogos.

Las barras de desplazamiento

Una cosa que podemos hacer es usar una barra de desplazamiento para indicar la cantidad de artículos, como se ve en la **Figura 2**.

DIÁLOGOS

Usamos este nombre para designar estos objetos porque así se los llamaba en versiones anteriores de Excel. Después de todo, los usamos para dialogar con la planilla, indicándole qué queremos hacer.

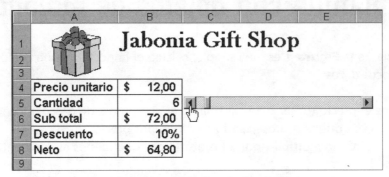

Figura 2. El contenido de la celda **B5** se controla mediante la barra de desplazamiento de la derecha.

El contenido de la celda **B5** cambia deslizando el cursor a lo largo de la barra. Eso es una barra de desplazamiento, uno de los objetos de diálogo.

Inserción de objetos de diálogo – La barra de herramientas Formularios

Para insertar la barra de desplazamiento (y los demás objetos de diálogo) necesitamos una barra de herramientas que no tenemos a mano: la barra de herramientas Formularios. Comencemos por obtener esa barra:

- Tomamos las opciones **Ver/Barras de herramientas/Formularios**.

Aparecerá, en algún lugar de la pantalla, una barra de herramientas como la de la **Figura 3**. Ésa es la barra de herramientas Formularios.

Figura 3. La barra de herramientas Formularios.

Con esta barra podremos insertar todos los objetos de diálogo.

POSICIÓN DE LAS BARRAS DE HERRAMIENTAS

DATOS ÚTILES

Podemos tomar las barras de herramientas con el mouse y llevarlas a cualquier punto de la pantalla. En la Figura 3 la barra está en posición flotante: encima de la planilla.

Insertando la barra de desplazamiento

1. Hacemos un clic en el botón de la **Figura 4**, dentro de la barra de herramientas Formularios. El puntero se convertirá en una pequeña cruz.
2. Definimos, arrastrando el mouse, un rectángulo de aproximadamente una fila de alto y tres columnas de ancho, en la posición de la **Figura 2**.

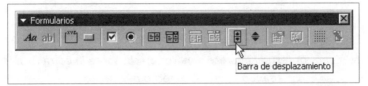

Figura 4. El botón para insertar la barra de desplazamiento.

Al soltar el botón aparecerá la barra sobre la planilla. Ahora tenemos que definirle sus propiedades.

Las propiedades de una barra de desplazamiento

Queremos que, al deslizar el cursor a lo largo de la barra, cambie el valor de la celda **B5**. Decimos entonces que B5 es la **celda vinculada** a la barra. Tenemos que establecer esta vinculación:

Establecer el vínculo — PASO A PASO

1 Hacemos un clic sobre la barra, pero usando el botón derecho del mouse. Aparece el menú contextual de la **Figura 5**.

ELIMINAR UN OBJETO DE DIÁLOGO

Para eliminar un objeto de diálogo, lo seleccionamos y apretamos la tecla SUPR (DELETE).

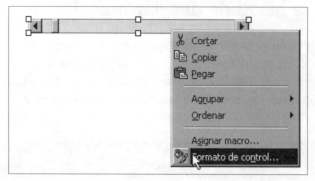

Figura 5. Este menú contextual aparece al hacer un clic sobre la barra de desplazamiento, usando el botón derecho del mouse.

❷ Tomamos la opción `Formato de control`. Aparece el cuadro de la **Figura 6**.

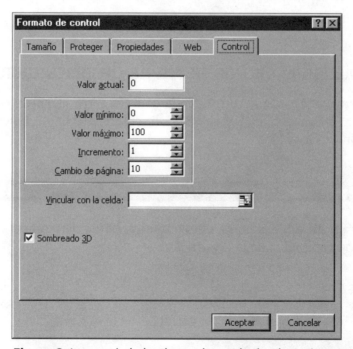

Figura 6. Las propiedades de una barra de desplazamiento.

CELDAS VINCULADAS

Las celdas vinculadas se indican escribiendo sus coordenadas o señalándolas con el mouse.

③ Donde dice `Vincular con la celda`, indicamos `B5`.

④ Donde dice `Valor mínimo`, escribimos 1.

⑤ Donde dice `Valor máximo`, escribimos 100.

⑥ Donde dice `Incremento`, escribimos 1.

⑦ Donde dice `Cambio de página`, escribimos 5.

⑧ Hacemos un clic en `Aceptar`.

⑨ Hacemos un clic fuera de los límites de la casilla.

Además de la celda vinculada, establecimos los valores máximo y mínimo que puede tomar la barra y como cambiarán. El `Incremento` es el cambio en el valor de la celda vinculada al deslizar el cursor a lo largo de la barra. El `Cambio de página` es el cambio en el valor de la celda vinculada al hacer un clic dentro de la barra.

Ya podemos probar si la barra funciona. Haciendo clics en las flechitas de los extremos de la barra, o tomando el cursor con el puntero y deslizando a lo largo de la barra, deberá cambiar el valor de la celda `B5`.

Casillas de verificación

En la celda `B7` se indica un descuento del 10%. En realidad, este descuento está reservado a los socios. Los no socios no reciben ningún descuento (o, lo que es matemáticamente equivalente, reciben un descuento del 0%).

La planilla de la **Figura 7** muestra una casilla de verificación. En el caso de atender la compra de un socio, el operador marcará la casilla. De alguna manera vincularemos el valor de la celda `B7` con el estado de la casilla.

OTRA FORMA DE OBTENER UNA BARRA DE HERRAMIENTAS

Haciendo un clic sobre cualquier barra de herramientas, usando el botón derecho del mouse, aparece una lista de barras de herramientas disponibles.

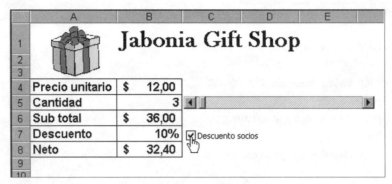

Figura 7. El valor de la celda B7 se controla con la casilla de verificación.

Obtener esta casilla   PASO A PASO

❶ Hacemos un clic en el botón de la **Figura 8**, dentro de la barra de herramientas `Formularios`. El puntero se convertirá en una pequeña cruz.

❷ Definimos, arrastrando el mouse, un rectángulo de aproximadamente una fila de alto y una columna de ancho, en la posición de la **Figura 2**, a la derecha de la celda del descuento.

Figura 8. El botón para insertar una casilla de verificación, dentro de la barra de herramientas Formularios.

Tenemos que cambiar el texto de la casilla por algo así como "descuento socios":

MANIPULAR LOS OBJETOS DE DIÁLOGO

Los objetos de diálogo se manejan como cualquier otro objeto que insertemos en la planilla. Podemos tomarlos por sus puntos de agarre para cambiarles el tamaño o llevarlos de un lado a otro de la planilla.

SELECCIONAR UN OBJETO DE DIÁLOGO

Los objetos de diálogo se seleccionan haciendo un clic sobre ellos, mientras mantenemos apretada la tecla CTRL.

Las propiedades de una casilla de verificación

Modificar el texto — PASO A PASO

❶ Hacemos un clic sobre la casilla, usando el botón derecho del mouse. Aparece un menú contextual.

❷ Tomamos la opción **Modificar texto**. Comenzará a titilar un cursor dentro del texto actual.

❸ Escribimos **Descuento socios** y borramos el texto anterior.

❹ Hacemos un clic fuera de los límites del objeto.

Hablemos ahora de las propiedades.

Las propiedades de una casilla de verificación

Lo aclaramos ya mismo: **B7** no es la celda vinculada a la casilla. La celda vinculada es una celda auxiliar que toma el valor **VERDADERO** cuando la casilla está marcada y **FALSO** cuando no lo está. Entonces tenemos que dar una vuelta.

Supongamos que la celda vinculada es **A19** (celda auxiliar, según dijimos). Entonces en **B7** escribimos esta expresión condicional:

$$=SI(A19;10\%;0)$$

Si la casilla está marcada, en **A19** aparecerá el valor **VERDADERO** y la función anterior devolverá el valor 10%. Si la no está marcada, en **A19** aparecerá el valor **FALSO** y la función anterior devolverá el valor 0.

Se trata entonces de escribir la fórmula anterior en **B7** y de establecer **A19** como celda vinculada a la casilla:

BARRA CONTROLES
La barra de herramientas Controles también permite insertar los objetos usados en este capítulo, pero su uso es más complejo.

FORMATO DE CONTROL
Las propiedades relevantes de los objetos de diálogo se establece siempre en la ficha CONTROL.

Vincular la celda — PASO A PASO

❶ Hacemos un clic sobre la casilla, usando el botón derecho del mouse. Aparece un menú contextual.

❷ Tomamos la opción `Formato de control`. Aparece el cuadro de la **Figura 9**.

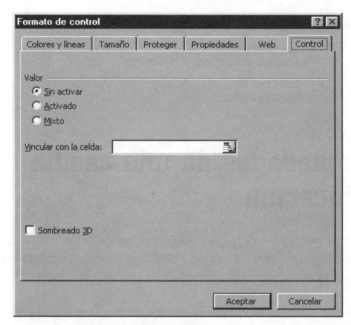

Figura 9. *Las propiedades de una casilla de verificación.*

❸ Donde dice `Vincular con la celda` indicamos `A19`.

❹ Hacemos un clic en `Aceptar`.

❺ Hacemos un clic fuera de los límites de la casilla.

¿Funciona esto? Si es así, marcando y desmarcando la casilla el valor de la celda B7 deberá cambiar entre 10% y 0.

Listas descolgables

El precio del artículo se establece mediante una lista descolgable como la de la **Figura 10**. Este objeto es un poco más complejo. Comencemos la explicación por el final.

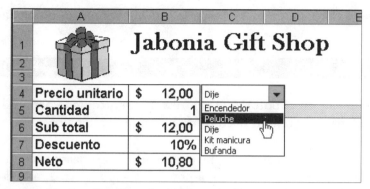

Figura 10. *Esta lista descolgable muestra los artículos disponibles.*

Para el funcionamiento de la lista necesitamos también la tabla auxiliar de la **Figura 11**.

	A	B	C	D
11				
12	1	Encendedor	15	
13	2	Peluche	8	
14	3	Dije	12	
15	4	Kit manicura	35	
16	5	Bufanda	20	
17				

Figura 11. *Esta tabla auxiliar complementa la lista descolgable.*

La lista descolgable tiene dos direcciones vinculadas:

- El rango con los nombres de los artículos que aparecerán al descolgar la lista. En el ejemplo es **B12:B16**.
- Una celda auxiliar. En el ejemplo es **A18**.

Al hacer un clic en la flechita de la derecha, se descuelga la lista de artículos disponibles. Al hacer un clic en el artículo elegido, el número de orden correspondiente aparecerá en la celda auxiliar **A18**.

En la celda **B4** escribimos una función de búsqueda en tablas para que, con el número de orden que apareció en **A18**, encontremos el precio correspondiente del artículo elegido:

=BUSCARV(A18;A12:C16;3)

El último argumento de la función indica que el precio se encuentra en la tercera columna de la tabla de artículos.

Si todo quedó claro, pasemos a insertar la lista y a definir sus propiedades:

Insertar una lista — PASO A PASO

① Hacemos un clic en el botón de la **Figura 12**, dentro de la barra de herramientas Formularios. El puntero se convertirá en una pequeña cruz.

② Definimos, arrastrando el mouse, un rectángulo de aproximadamente una fila de alto y una columna de ancho, en la posición de la **Figura 2**, a la derecha de la celda del precio.

Figura 12. El botón para insertar una lista descolgable, dentro de la barra de herramientas Formularios.

Ahora establecemos sus propiedades:

Definir sus propiedades — PASO A PASO

① Hacemos un clic sobre la lista, usando el botón derecho del mouse. Aparece un menú contextual.

② Tomamos la opción `Formato de control`. Aparece el cuadro de la **Figura 13**.

CURIOSIDADES

CUADRO COMBINADO

El nombre oficial de este objeto es Cuadro combinado. Pero Lista descolgable es mucho más descriptivo.

DATOS ÚTILES

FUNCIÓN BUSCARV

La función de búsqueda en tablas se explica en el Capítulo 14, Algunas funciones especiales.

Listas descolgables

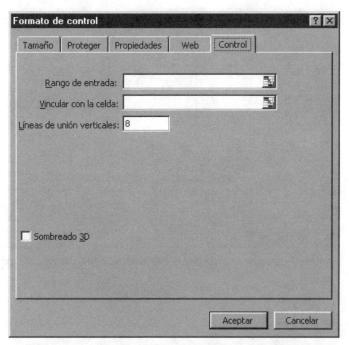

Figura 13. *Las propiedades de una lista descolgable.*

❸ Donde dice `Rango de entrada` indicamos el rango de los nombres de los artículos. En este ejemplo es `B2:B16`.

❹ Donde dice `Vincular con la celda` indicamos `A18`.

❺ Hacemos un clic en `Aceptar`.

❻ Hacemos un clic fuera de los límites de la lista.

¿La probamos? Descolgamos las opciones y seleccionamos un artículo. En `A18` aparecerá el número de orden del artículo seleccionado y la función de `B4` deberá aparecer el precio correcto.

La planilla completa aparece en la **Figura 14**. Podemos ocultar las celdas auxiliares y la lista de artículos aplicándoles un relleno negro o llevándolas a un rango distante.

APAGAR LA GRILLA

La planilla queda mejor si apagamos la grillas. Para eso tomamos las opciones `Herramientas/Opciones/Ver` y desmarcamos la opción `Líneas de división`.

ELIMINAR LA BARRA DE HERRAMIENTAS

Una vez que no necesitamos más la barra de herramientas Formularios, la sacamos de la vista con las opciones `Ver/Barras de herramientas/Formularios`. Podemos recuperarla cada vez que la necesitemos.

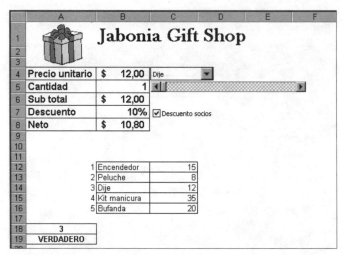

Figura 14. *La planilla terminada, íntegramente operada mediante objetos de diálogo.*

Otros objetos

Este ejemplo da una idea de las cosas que podemos hacer con los objetos de diálogo. Hay más objetos: `Botón de macro`, `Botón de opción`, `Control de número`, `Cuadro de lista`. Su uso es similar al de los objetos que acabamos de ver. Queda para el lector el desafío de aplicarlos en alguna planilla.

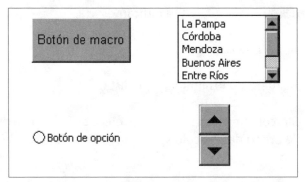

Figura 15. *Otros objetos de diálogo:* `Botón de macro`, `Botón de opción`, `Control de número`, `Cuadro de lista`.

CAPÍTULO 19

Hablemos de macros

El tema Macros está considerado como el más difícil de Excel. Decir en público que uno "sabe macros" es ganarse la admiración general.

Sin embargo, no es para tanto. Es cierto que, desde cierto punto de vista, con las macros se alcanza el máximo aprovechamiento del programa, pero no es un tema muy difícil. Como en todos los casos, se trata de comenzar por el principio.

En este capítulo veremos qué son las macros, cómo se crean y cómo se usan:

- Creación de macros.
- Uso del grabador.
- Uso del editor de Visual Basic.
- Cómo se ejecuta una macro.
- Definición de funciones.
- Bibliotecas de macros y funciones.

¿Qué son las macros?	357
Cómo se crea una macro	357
La macro por dentro	359
El código	361
Creando una macro en el editor	362
Una macro, dos operaciones	363
Botón de muestra	364
Funciones en VBA	367
El alcance de macros y funciones - Bibliotecas	368
Crear un complemento	369
Instalación de la biblioteca	370
Para profundizar...	371

¿Qué son las macros?

Las macros sirven para agilizar el trabajo con Excel. Son como súper comandos: con una única orden, se ejecutan varias operaciones sucesivas.

Por ejemplo, la planilla de la **Figura 1** muestra una lista de personal. Por razones confidenciales, a veces se imprime esta lista ocultando la columna de los sueldos; para eso usamos las opciones **Formato/Columna/Ocultar**. Cuando queremos recuperar la columna, usamos las opciones **Formato/Columna/Mostrar**.

	A	B	C	D	E	F
1	Legajo	Apellido y nombre	Sección	Sueldo	Obra social	
2	7679	PERIELLO, Susana	Planta	$ 653,00	Uopba	
3	1232	AVELEYRA, Rosa	Despacho	$ 622,00	Asease	
4	7229	GRATTON, Carlos	Planta	$ 1.108,00	Asease	
5	5616	RICCIARDI, Stella Maris	Comercial	$ 1.245,00	Uopba	
6	3694	CALDERON, Miryam A.	Comercial	$ 1.116,00	Asease	
7	1970	REVUELTO, Julio	Despacho	$ 932,00	Uopba	
8	1798	QUEL, Maria J.	Despacho	$ 946,00	Uopba	
9	9137	LOPEZ, Liliana	Administración	$ 1.118,00	Uopba	
10	7851	CASTRO, Ema	Planta	$ 937,00	Asease	
11	9938	VEGA, Aldo	Administración	$ 786,00	Uopba	
12	8903	VIDAL, Laura	Administración	$ 1.283,00	Uopba	
13	9902	CARELLA, Ana Maria	Administración	$ 1.038,00	Asease	
14	6997	LANDINI, Silvia	Planta	$ 613,00	Uopba	
15	9800	VITTORI, Celso	Administración	$ 1.140,00	Uopba	
16	2686	PUERTAS, Eduardo	Despacho	$ 1.137,00	Uopba	
17	8795	GODOY, Ernesto	Administración	$ 683,00	Asease	
18	6313	GIMENEZ, Adulio	Planta	$ 1.260,00	Asease	
19	9093	MARTINEZ, Maria Rosa	Administración	$ 647,00	Uopba	
20						

Figura 1. Necesitamos una forma rápida y sencilla de ocultar o mostrar a voluntad la columna D.

En realidad, esto es un poco fastidioso. Vamos a ver cómo agilizar las cosas con una macro.

Cómo se crea una macro

Acá podríamos ponernos a hablar de sentencias, de lenguaje Visual Basic y de otros temas de programación. Eso lo dejamos para más tarde. Ahora vamos directamente a los hechos:

OCULTAR Y MOSTRAR COLUMNAS

Estos comandos se explican en el Capítulo 3, La cosmética.

Crear una macro — PASO A PASO

❶ Tomamos las opciones **Herramientas/Macro/Grabar nueva macro**. Aparece el cuadro de la **Figura 2**.

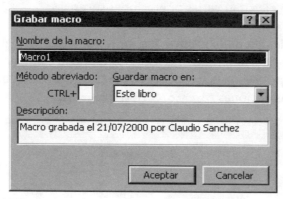

Figura 2. Con este cuadro comienza la creación de la macro.

❷ Donde dice **Nombre de la macro** escribimos **OcultarSueldos**.

❸ Donde dice **Método abreviado** apretamos la combinación **SHIFT+A**. Estas dos teclas, junto con **CONTROL**, servirán luego para ejecutar la macro.

❹ Hacemos un clic en **Aceptar**.

Acabamos de prender el **grabador de macros**. Es un enanito que tomará nota de todo lo que hagamos a continuación y escribirá la macro equivalente a esas acciones. Aparece también la barra de herramientas de la **Figura 3**. El primer botón de esta barra servirá para apagar el grabador cuando hayamos terminado.

Figura 3. La barra de herramientas Grabar macro.
El primer botón sirve para apagar el grabador.

MÉTODO ABREVIADO

Conviene elegir combinaciones de teclas de la forma CONTROL+SHIFT+Letra. Las combinaciones CONTROL+Letra son más cómodas pero suelen tener otras funciones ya asignadas.

GRABANDO

Mientras está prendido el grabador, aparece un cartel que dice Grabando, abajo y a la izquierda de la pantalla.

Con el grabador prendido, procedemos a ocultar la columna:

1. Colocamos el cursor sobre cualquier celda de la columna a ocultar (la D).
2. Tomamos las opciones **Formato/Columna/Ocultar**.

Lista la operación, apagamos el grabador con un clic en el botón de la **Figura 3**. Ya está creada la macro y podemos hacerla funcionar:

- Apretamos la combinación CONTROL+SHIFT+A, que es la que indicamos cuando iniciamos la grabación. Si todo salió bien la columna de los importes habrá quedado oculta.

El siguiente paso es crear una segunda macro para volver a mostrar la columna. Pero antes, vamos a ver qué es exactamente lo que acabamos de hacer.

La macro por dentro

Creamos una macro y parece que funciona.

Ver la macro por dentro — PASO A PASO

❶ Tomamos las opciones **Herramientas/Macro/Macros**. Aparece el cuadro de la **Figura 4**, con la "lista" de macros disponibles (lista que por ahora consta solamente de la macro OcultarSueldos).

❷ Hacemos un clic sobre la macro OcultarSueldos.

❸ Hacemos un clic en **Modificar**.

LENGUAJE BASIC

El lenguaje de las macros está basado en BASIC, un lenguaje desarrollado en los años 60 con fines educativos. Se dice que fue con una versión de este lenguaje que Bill Gates obtuvo su primer millón.

USO DEL TECLADO

El cuadro de la Figura 4 aparece también al apretar la combinación ALT+F8.

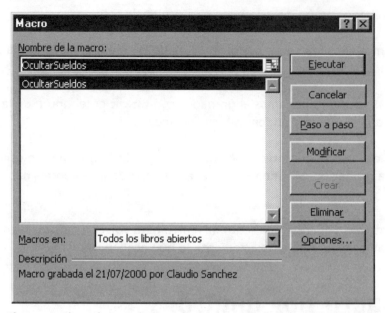

Figura 4. El cuadro con la lista de macros creadas hasta el momento.

Se abrirá una ventana con un nuevo programa: el **Editor de Visual Basic** (**Figura 5**). Ocurre que hasta ahora no lo habíamos dicho, pero las macros son programas escritos en lenguaje Visual Basic. Cada línea de la macro es una instrucción que, traducida a Visual Basic, equivale a un comando u operación de Excel. A ver si entendemos lo que dice ahí.

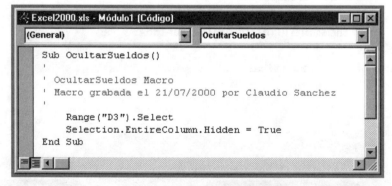

Figura 5. El editor de Visual Basic mostrando el código de la macro.

El código

- La macro comienza con la instrucción especial `Sub`, seguida del nombre elegido para la macro.
- Luego aparecen unas líneas precedidas por un apóstrofo. Éstos son comentarios para el programador y no forman parte de la macro.
- La siguiente instrucción tiene dos partes: el *objeto* y la *acción*, separados por un punto. Concretamente, el objeto es el rango D3 y la acción es seleccionar ese rango. Esta instrucción, entonces, corresponde a la operación de seleccionar la celda D3 que, justamente, fue lo primero que hicimos luego de prender el grabador.
- La siguiente instrucción también tiene partes separadas por puntos, pero es más compleja. Significa que, de la dirección actualmente seleccionada, se toma toda la columna y se le da la propiedad oculta (*hide*, en inglés). Esta instrucción podríamos considerarla de la forma *objeto.propiedad*. El objeto es la columna a la cual pertenece la selección actual; la propiedad es su carácter de oculto. Las estructuras *objeto.acción* y *objeto.propiedad* aparecen mucho en Visual Basic.
- Finalmente, la macro termina con la instrucción `End Sub`.

Por supuesto, esto no es un manual de Visual Basic, pero con un poco de ingenio y lógica podemos "meternos" a programar. Vean si no.

Metiendo mano en el código

Nuestra macro tiene dos instrucciones:

- Seleccionar una celda de la columna D.
- Ocultar la columna correspondiente a la celda seleccionada.

Pero a la luz de lo que acabamos de decir acerca de objetos, propiedades y acciones, estas dos instrucciones se podrían reducir a una: ocultar la columna correspondiente a la celda D2. Traducido a Visual Basic sería:

```
Range("D3").EntireColumn.Hidden = True
```

VISUAL BASIC EN CASTELLANO
Hasta la versión 5 de Excel, había una versión de Visual Basic en castellano. Ya no.

MODIFICAR EL CÓDIGO
Para escribir o modificar el código en el editor valen las operaciones típicas de un procesador de textos.

Y es así nomás. Podemos meternos en el editor, trabajando como si fuera un procesador de textos, y modificar el código reemplazando las dos instrucciones en la forma que acabamos de mostrar para que quede como en la **Figura 6**. Volviendo a Excel, la macro deberá funcionar tan bien como antes. Y hay más todavía.

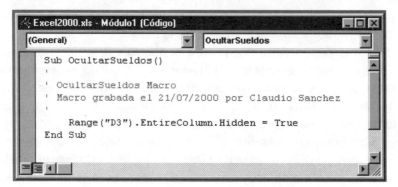

Figura 6. La macro modificada.

Creando una macro en el editor

Vamos a crear la segunda macro: una que vuelva a mostrar la columna D. Nada de grabador esta vez. En la ventana del editor escribimos este código:

```
Sub MostrarSueldos()
Range("D3").EntireColumn.Hidden = False
End Sub
```

¿Se entiende, verdad? Esta macro es como **OcultarSueldos**, pero le pusimos otro nombre y cambiamos el **True** (en inglés, verdadero) por **False** (falso).

La instrucción le da el carácter "falso" a la propiedad "oculta" del objeto "columna correspondiente a la celda **D3**". Se tarda más en decirlo que en entenderlo.

Para hacer funcionar esta segunda macro tenemos que asignarle una combinación de teclas:

MÉTODO ABREVIADO	GUARDAR LA MACRO
Si elegimos una combinación de teclas ya asignada a otra operación, la vieja asignación quedará sin efecto.	La macro pertenece a la planilla donde fue creada. Al grabar la planilla, se graba la macro. Si no grabamos la planilla, perdemos la macro.

Asignar una combinacón de teclas — PASO A PASO

① Tomamos las opciones **Herramientas/Macro/Macros**. Vuelve a aparecer el cuadro, con la lista de macros disponibles. Primer Eureka: en la lista aparece la macro **MostrarSueldos**.

② Hacemos un clic sobre la macro **MostrarSueldos**.

③ Hacemos un clic en **Opciones**. Aparece el cuadro de la **Figura 7**.

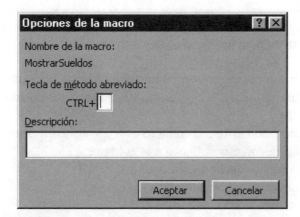

Figura 7. Acá asignamos una combinación de teclas para la ejecución de la macro.

④ Donde dice **Tecla de método abreviado** indicamos **SHIFT+S** (o cualquier otra combinación adecuada).

⑤ Hacemos un clic en **Aceptar**.

⑥ Hacemos un clic en **Cancelar** (ya no tenemos nada que hacer acá).

Probemos entonces: apretamos la combinación **CONTROL+SHIFT+S**. Segundo Eureka: la columna D reaparece. Y si ejecutamos sucesivamente las dos macros, veremos aparecer y desaparecer la columna de los importes. Pero esto no es nada.

Una macro, dos operaciones

Todavía podemos ir un paso más allá. Sería mucho más cómodo trabajar con una sola macro; ocultaría la columna **D** si estuviera visible, y la haría visible su estuviera oculta. Esta macro debería ser como la de la **Figura 8**.

```
Excel2000.xls - Módulo1 (Código)
(General)                           OcultarMostrar

Sub OcultarMostrar()
    If Range("D3").EntireColumn.Hidden = False Then
        Range("D3").EntireColumn.Hidden = True
    Else
        Range("D3").EntireColumn.Hidden = False
    End If
End Sub
```

Figura 8. Esta macro reemplaza las dos que creamos antes; sirve tanto para ocultar la columna *D* como para hacerla visible.

Esta nueva macro usa la instrucción condicional **If**, que en inglés quiere decir "si". Las instrucciones que aparecen en el código de la **Figura 8** podrían traducirse así:

- Si la columna correspondiente a la celda **D3** está a la vista, entonces... (en inglés, *then*)
- ...ocultar la columna correspondiente a la celda **D3**.
- Si no (en inglés, *else*) es decir, si está oculta...
- ...mostrar la columna correspondiente a la celda **D3**.
- Fin (*end*) de la condicional.

Las instrucciones de la forma **If... Then... Else...** se llaman condicionales porque ejecutan una u otra operación según el cumplimiento o no de una condición. Este tipo de estructura aparece en muchos lenguajes y Visual Basic no es la excepción.

Botón de muestra

En los ejemplos anteriores ejecutamos las macros mediante una combinación de teclas, pero hay otras formas. Probablemente, la más elegante es insertando un botón en la planilla.

CONDICIONALES
No confundir la instrucción **If** de Visual Basic con la función condicional **SI**.

ESQUEMA
La macro del ejemplo cumple la misma función que el comando Herramientas/Agrupar y esquema.

Los botones de macro los obtenemos en la barra de herramientas **Formularios** (**Figura 9**), de modo que tenemos que activar esa barra con las opciones **Ver/Barras de herramientas/Formularios**.

Figura 9. *La barra de herramientas Formularios.*
El botón señalado permite insertar in botón para la ejecución de una macro.

1. Hacemos un clic en el botón **Botón**, dentro de la barra de herramientas Formularios. El puntero se convertirá en una pequeña cruz.
2. Definimos, arrastrando el mouse, un rectángulo del tamaño deseado para el botón.
3. Al soltar el botón del mouse aparecerá el botón en la planilla, junto con el cuadro de la **Figura 10**.
4. Seleccionamos la macro que queremos asignar al botón.
5. Hacemos un clic en **Aceptar**.

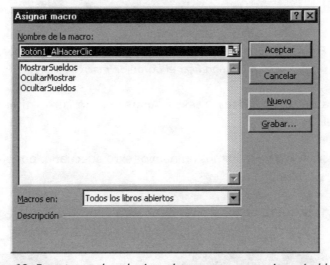

Figura 10. *En este cuadro elegimos la macro que se asignará al botón.*

Ahora podemos ejecutar la macro de **Ocultar/Mostrar** haciendo clic en este botón. Quedaría mejor si el botón tuviera un rótulo adecuado.

Cambiar el texto del botón

Al insertar el botón, éste aparece con el nombre **Botón**, seguido de un número de orden. Para cambiar este texto:

Cambiar el texto del botón — PASO A PASO

① Hacemos un clic sobre el botón, usando el botón derecho del mouse. Aparece el menú contextual de la **Figura 11**.

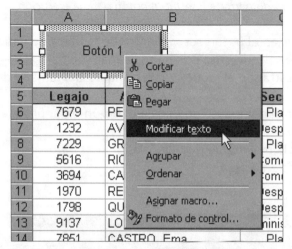

Figura 11. Este menú contextual contiene diversas opciones para modificar el botón de macro.

② Tomamos la opción **Modificar texto**. Aparecerá un cursor titilando dentro del texto actual.

③ Borramos este texto y escribimos un nuevo texto adecuado; por ejemplo, **Ocultar o mostrar sueldos**.

④ Hacemos un clic fuera de los límites del botón.

REASIGNAR MACRO
El menú de la Figura 11 contiene la opción Asignar macro, por si queremos cambiar la macro asociada al botón.

DIÁLOGOS
En el Capítulo 18, Diálogos, se explican otros usos de la barra de herramientas Formularios.

Funciones en VBA

Las instrucciones de Visual Basic pueden usarse también para crear funciones. Estas funciones son parecidas a las macros, pero se usan en forma distinta.

Por ejemplo, la **Figura 12** muestra una planilla con una función que devuelve la calificación (en palabras) según la nota en números.

	A	B	C	D
1	Apellido	Nota	Calificación	
2	VITTORI	5	Aprobado	
3	PUERTAS	6	Bueno	
4	GODOY	4	Aprobado	
5	GIMENEZ	2	Insuficiente	
6	MARTINEZ	10	Sobresaliente	
7	CHAVEZ	8	Distinguido	
8	VARA	4	Aprobado	
9	ROLLAN	2	Insuficiente	
10	CICCHINI	5	Aprobado	
11	DIODATI	4	Aprobado	
12	DUCAU	9	Distinguido	
13				

Figura 12. Esta planilla usa una función especial para obtener la calificación en palabras, según la nota numérica.

Esta función no es ninguna de las que incluye Excel en forma estándar: fue definida por el usuario desde el editor de Visual Basic.

Como las macros, las funciones tienen un código que indica el tipo de operación que debe hacer. El código de la función **EVAL** aparece en la **Figura 13**.

FUNCIÓN BUSCARV

En el Capítulo 14, Algunas funciones especiales se explica otra forma de resolver el problema de las calificaciones, usando la función BUSCARV.

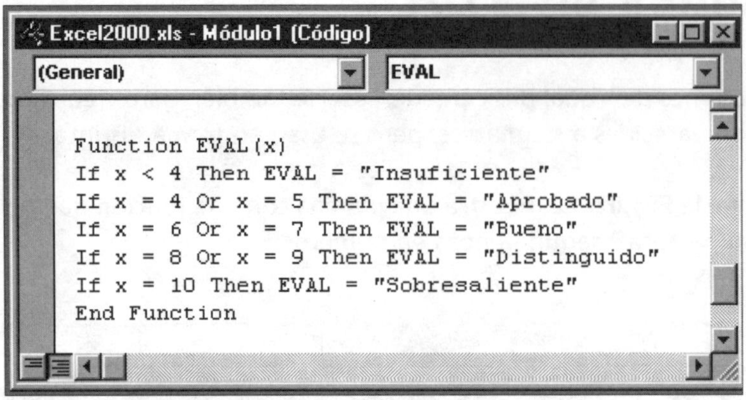
Excel2000.xls - Módulo1 (Código)
(General)
EVAL
Function EVAL(x)
If x < 4 Then EVAL = "Insuficiente"
If x = 4 Or x = 5 Then EVAL = "Aprobado"
If x = 6 Or x = 7 Then EVAL = "Bueno"
If x = 8 Or x = 9 Then EVAL = "Distinguido"
If x = 10 Then EVAL = "Sobresaliente"
End Function

Figura 13. *El código de la función* **EVAL**.

Hay unos pocos detalles que distinguen el código de una macro del de una función:

- El código comienza con la instrucción **Function**.
- El nombre elegido por la función debe aparecer, en el código, a la izquierda de un signo igual.
- El código termina con la instrucción **End Function**.

Por lo demás, la función usa varias instrucciones **If** para saber el rango en que se encuentra la nota.

El valor que devuelve la función al usarla en una planilla es el que se le asigna en el código al nombre de la función. En este ejemplo, una palabra que depende de la nota en número.

Tal como se ve en la planilla de la **Figura 12**, las funciones definidas en Visual Basic se usan como cualquier otra función de Excel.

El alcance de macros y funciones - Bibliotecas

Como regla general, las macros y las funciones solamente pueden usarse en la planilla donde fueron creadas, por eso se dice que son "de alcance local".

Normalmente esto no es una limitación, porque las macros (y las funciones) las creamos para fines específicos que solamente tienen sentido en una determinada planilla.

Pero a veces creamos macros para propósitos más generales y nos gustaría poder usarlas en varias planillas diferentes. Serían macros "de alcance global".

Con el tiempo, todo programador va armando una biblioteca personal con las macros que ha creado y que copia, según el caso, sobre las planillas que las necesitan. Sería más cómodo que estas macros pudieran usarse directamente, sin copiarlas.

Crear un complemento

La forma más cómoda de crear una biblioteca con macros y funciones globales es copiar el código de todas esas macros en una sola planilla y luego grabarla como complemento:

Crear un complemento — PASO A PASO

1. Tomamos las opciones **Archivo/Guardar como**. Aparece el cuadro donde debemos indicar los parámetros del archivo a grabar (disco, nombre, etc.)

2. Navegamos por el cuadro hasta localizar el disco y la carpeta donde queremos grabar.

3. En **Nombre del archivo** escribimos **Biblioteca** (o algún otro nombre adecuado).

4. En **Guardar como tipo**, descolgamos las opciones y seleccionamos **Complemento de Microsoft Excel (*.xla)**.

5. Hacemos clic en **Guardar**.

ALCANCE DE UNA MACRO
En realidad, una macro puede ejecutarse sobre otro libro si abrimos la planilla donde la macro fue creada.

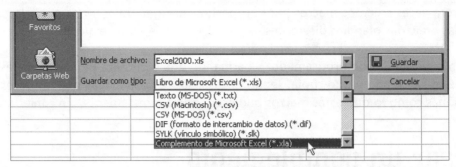

Figura 14. Los complementos se graban como cualquier otra planilla, especificando el tipo adecuado en la opción **Guardar como tipo**.

Ahora resta solamente instalar este complemento.

Instalación de la biblioteca

Para que las macros de la biblioteca estén disponibles, hay que instalar el complemento que acabamos de crear:

Instalar el complemento creado   PASO A PASO

❶ Tomamos las opciones **Herramientas/Complementos**. Aparece el cuadro de la **Figura 15** con la lista de complementos disponibles. Seguramente, en esta lista no figura el complemento que acabamos de crear.

❷ Hacemos un clic en **Examinar**. Aparece un nuevo cuadro, como el de apertura de archivos.

❸ Navegamos en este cuadro hasta localizar el archivo de la biblioteca.

❹ Una vez localizado, lo seleccionamos.

MACROS AUTOMÁTICAS
Los complementos se llamaban antes macros automáticas.

USO DEL TECLADO
Oprimir la tecla F12 es equivalente a las opciones Archivo/Guardar como.

⑤ Hacemos un clic en **Aceptar**. La biblioteca aparecerá ahora en la lista de complementos disponibles, seleccionada.

⑥ Hacemos un clic en **Aceptar**.

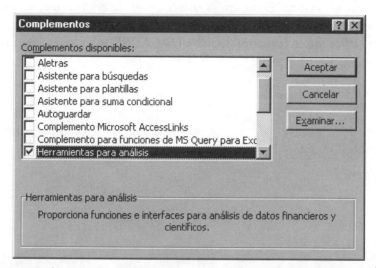

Figura 15. *Ésta es la lista de complementos disponibles para su instalación. Haciendo un clic en **Examinar**, podemos buscar otros complementos.*

A partir de ahora las macros y funciones de la biblioteca estarán disponibles en todas las planillas que usemos en nuestro equipo. El complemento se abre automáticamente al cargar Excel.

Para profundizar...

Esto es solamente una parte de lo que puede decirse sobre las macros. Si conocemos bien el tema podremos llegar a desarrollar verdaderos sistemas: para liquidación de expensas, de sueldos, para control de inventarios y para casi cualquier aplicación administrativa, científica o industrial.

DESINSTALAR UNA BIBLIOTECA	TIEMPO DE INICIO
Para desinstalar la biblioteca, se repite el procedimiento anterior, desmarcándola en la lista de complementos disponibles.	La presencia del complemento puede demorar unos pocos segundos el inicio de Excel.

Para llegar a crear sistemas así, hay muchos libros que permiten profundizar todo lo relacionado con macros y lenguaje Visual Basic con muchos ejemplos de programación. Recomendamos dos:

- *Proyectos con Macros en Excel*, de la colección PC Users Express, escrito por Claudio Sánchez.
- *Macros en Office*, de la colección COMPUMAGAZINE Soluciones, escrito por Gustavo Du Mortier.

APÉNDICE A

Lo nuevo de Excel 2000

La mayoría de los comandos descriptos en este libro han permanecido inalterados desde 1992, cuando apareció Excel 5. Hubo novedades, pero en cuestiones más bien secundarias.

Lo anterior quiere decir que cualquiera que sepa manejar Excel 5, Excel 95 o Excel 97 no tendrá problemas con Excel 2000. Pero, por supuesto, conviene saber qué hay de nuevo. De eso hablaremos en este capítulo:

- Los menúes limitados.
- El portapapeles.
- La galería de imágenes.
- Sumatoria inteligente.
- Formateo por adyacencia.

Y alguna otra cuestión.

Los menúes "limitados"	375
Configurando los menúes	376
Mostrando las tipografías	377
El Portapapeles	378
Una incompatibilidad	379
La galería de imágenes	380
Sumatoria inteligente	381
Puede fallar	382
Formateo por adyacencia	383
El ayudante	384
Más novedades	384

Servicio de Atención al Lector
(011) 4959-5000
lectores@tectimes.com

Los menúes "limitados"

Al principio, parecería que Excel 2000 tiene menos comandos que sus antecesores. Por ejemplo, en el submenú de `Insertar` no aparecen las subopciones `Filas` ni `Columnas` (**Figura 1**).

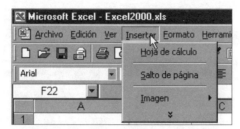

Figura 1. Al descolgar un submenú en Excel 2000 aparecen muchas menos opciones que en las versiones anteriores.

Pero, si esperamos unos segundos, el submenú se abrirá mostrando todas sus opciones, como se ve en la **Figura 2**.

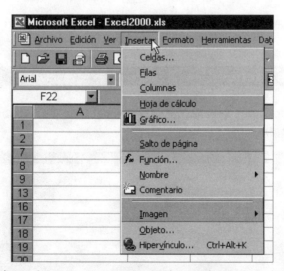

Figura 2. El submenú `Insertar`, como se ve luego de esperar algunos segundos.

¿Qué pretendían los programadores de Microsoft al implementar esta modalidad? Tal vez, "descongestionar" un poco los menúes y evitar que aparezcan demasiadas opciones que desorienten al usuario, mostrando solamente las más usadas e importantes.

De todas formas, cuando aparece el submenú como en la **Figura 1**, no hace falta esperar para que se descuelguen todas las opciones; podemos lograr lo mismo haciendo un clic en la doble flecha que aparece como última opción en el submenú reducido.

Además, luego de tomar alguna opción en el menú extendido, esta opción aparecerá en adelante en el menú reducido sin necesidad de esperar ni de hacer clic en la doble flecha. Por ejemplo, la **Figura 3** muestra el submenú `Insertar` cuando lo llamamos por segunda vez, luego haber usado la opción `Filas`.

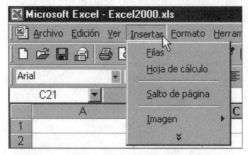

Figura 3. En algún momento se tomó la opción `Filas` en el submenú extendido. De ahora en adelante, la subopción aparecerá en el submenú reducido.

Configurando los menúes

Este comportamiento de los menúes de Excel 2000 puede configurarse:

Configurar los menúes   PASO A PASO

❶ Tomamos las opciones **Herramientas/Personalizar** y seleccionamos la ficha **Opciones** (**Figura 4**).

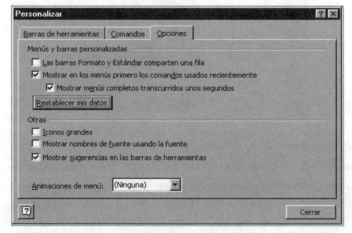

Figura 4. En esta ficha podemos configurar el comportamiento de los menúes de Excel 2000.

② Desmarcando la opción **Mostrar en los menús primero los comandos usados recientemente**, los menúes se descolgarán en forma completa desde el primer momento.

③ Desmarcando la opción **Mostrar menús completos transcurridos unos segundos**, los menúes solamente se descolgarán en forma completa haciendo un clic en la doble flecha final.

④ Establecidas las opciones deseadas, hacemos un clic en **Cerrar**.

Mostrando las tipografías

En la barra de herramientas **Formato** hay un botón para descolgar las tipografías. Ahora podemos hacer que se vean los nombres de las tipografías y sus formas, como aparece en la **Figura 5**.

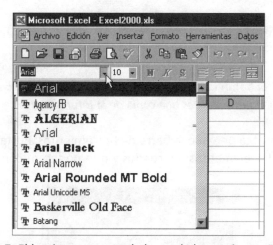

Figura 5. El botón Fuente, en la barra de herramientas Formato, muestra las tipografías disponibles con su forma.

Activar esta opción — PASO A PASO

① Tomamos las opciones **Herramientas/Personalizar** y seleccionamos la ficha **Opciones**. Vuelve a aparecer la ficha de la **Figura 4**.

② Marcamos la opción **Mostrar nombres de fuente usando la fuente**.

③ Hacemos un clic en **Cerrar**.

El Portapapeles

Cada vez que tomamos las opciones **Edición/Copiar** o **Edición/Cortar** (o cualquiera de sus equivalentes en botones o teclas) la información seleccionada se guarda en el portapapeles. Si ya había algo guardado ahí, la nueva información desaloja a la anterior. En Excel 2000 tenemos un portapapeles extendido que puede recordar hasta doce datos diferentes.

Por ejemplo   PASO A PASO

❶ Seleccionamos un rango cualquiera en la planilla y tomamos las opciones **Edición/Copiar** (o hacemos un clic en el botón de la **Figura 6**).

❷ Seleccionamos un segundo rango y volvemos a tomar la opción **Edición/Copiar**.

Figura 6. El botón **Copiar**. Equivale a las opciones **Edición/Copiar** y pone en el portapapeles una copia de la información seleccionada.

Es posible que aparezca una nueva barra de herramientas: Portapapeles (**Figura 7**), indicando que hay dos elementos guardados y que podemos copiar.

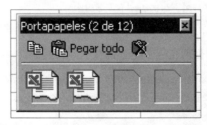

Figura 7. Esta barra de herramientas muestra el contenido actual del Portapapeles.

Si la barra de herramientas de la **Figura 7** no aparece, podemos obtenerla como cualquier otra, con las opciones **Ver/Barras de herramientas/Portapapeles**.

Para pegar cualquiera de estos elementos, simplemente hacemos un clic en el elemento deseado en la barra de herramientas Portapapeles.

El portapapeles puede guardar de todo (o casi). Por ejemplo, en la **Figura 8**, la barra de herramientas Portapapeles muestra que hay guardados tres rangos de Excel, dos textos de Word y una imagen.

Figura 8. En la barra de herramientas Portapapeles, se indica qué tipo de información ha sido llevada a éste. Hay íconos de distinto aspecto según el tipo de información guardada, por ejemplo, si es un rango de Excel, un texto de Word, una imagen, etc.

Como dijimos antes (y como sugiere la propia barra de herramientas) el portapapeles puede guardar hasta doce elementos diferentes; esto significa que el elemento número trece desalojará al primero.

Independientemente de esto, el portapapeles puede vaciarse haciendo un clic en el botón de la **Figura 9**.

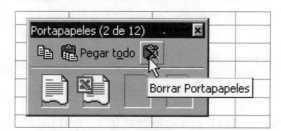

Figura 9. Haciendo un clic en este botón vaciamos el Portapapeles.

Una incompatibilidad

Como se sabe, el portapapeles de Office 97 solamente puede guardar un rango (o bloque de texto, o ilustración, etc.) por vez. Trabajar con las opciones de copiar, cortar y pegar en Office 97, manteniendo abierto algún programa de Office 2000 puede hacer que se cuelgue el programa de la versión 97.

La galería de imágenes

Las opciones **Insertar/Imagen/Imágenes prediseñadas** conducen a la nueva versión de la Galería de imágenes de Microsoft (**Figura 10**).

Figura 10. *La Galería de imágenes de Microsoft. Aparece al tomar las opciones* **Insertar/Imagen/Imágenes prediseñadas**.

Esta galería muestra las imágenes clasificadas en categorías (como su antecesora) y permite buscar imágenes a través de palabras clave:

1. Donde dice **Buscar los clips:** escribimos una o más palabras clave, por ejemplo, "gatos".
2. Apretamos **ENTER**.

El resultado aparece en la **Figura 11**.

Figura 11. *La Galería de imágenes mostrando las ilustraciones disponibles en el tema "gatos".*

Por otra parte, la galería no se cierra cuando insertamos la imagen elegida. Esto es muy cómodo cuando queremos insertar varias imágenes sucesivamente. Podemos ir y venir entre Excel y la Galería de imágenes usando los botones de la barra de tareas (o con la combinación **ALT-TAB**).

El manejo de las imágenes insertadas en la planilla es similar al de versiones anteriores. En el capítulo **Gráficos con estilo** hay un ejemplo no convencional de uso de estas ilustraciones.

Sumatoria inteligente

Esta es una de las opciones más interesantes de Excel 2000. En la planilla de la **Figura 12**, la celda **B7** contiene una sumatoria que calcula el total del rango **B2:B6**. Si queremos incluir un nuevo valor en la suma tenemos que insertar una fila en blanco encima del total o mover la celda **B7** una fila hacia abajo.

	A	B	C	D
1	**Apellido**	**Ventas**		
2	González	$ 934,01		
3	Montaña	$ 389,20		
4	Russo	$ 593,04		
5	Dell'Oro	$ 561,55		
6	Aguilar	$ 527,03		
7	**Total**	$ 3.004,83		
8				

B7 = =SUMA(B2:B6)

Figura 12. En esta planilla necesitamos incluir un nuevo valor en el total.

Normalmente, luego de "hacer lugar" para el nuevo valor tenemos que modificar la sumatoria. En Excel 2000 no hace falta. Al escribir un nuevo dato en **B7**, el rango de la sumatoria se modifica automáticamente para tener en cuenta esta nueva cantidad. Pero atención con lo que sigue.

Puede fallar

Lo anterior no funciona en todos los casos:

- La lista de valores que se suman debe tener por lo menos tres elementos. No hubiera funcionado si solamente hubiese dos vendedores y agregáramos un tercero.
- Hay que habilitar esta opción entrando por **Herramientas/Opciones**, ficha **General** (**Figura 13**) y marcando la opción `Extender formatos de lista y fórmulas`.

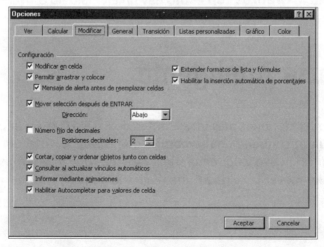

Figura 13. Para que una sumatoria se extienda automáticamente al agregar un sumando hay que marcar la opción `Extender formatos de lista y fórmulas` en la ficha General, dentro de Herramientas/Opciones.

Formateo por adyacencia

Esta opción es muy parecida a la anterior. En la planilla de la **Figura 14** queremos agregar una columna más para escribir el teléfono de cada persona.

	A	B	C	D	E
1	**Nombre**	**Apellido**	**Edad**		
2	Graciela	González	25		
3	Lucía	Montaña	40		
4	Betiana	Russo	32		
5	Adriana	Dell'Oro	42		
6	Juliana	Aguilar	18		
7					
8					

Figura 14. *En esta planilla queremos escribir los teléfonos en la columna* **D**.

Escribir un título adecuado PASO A PASO

❶ Ponemos el cursor en la celda **D1**.

❷ Escribimos **Teléfono** (atención con la **Figura 15**).

❸ Apretamos **ENTER** (miren ahora la **Figura 15**).

	A	B	C	D
1	**Nombre**	**Apellido**	**Edad**	Teléfono
2	Graciela	González	25	
3	Lucía	Montaña	40	
4	Betiana	Russo	32	
5	Adriana	Dell'Oro	42	
6	Juliana	Aguilar	18	
7				

	A	B	C	D
1	**Nombre**	**Apellido**	**Edad**	**Teléfono**
2	Graciela	González	25	
3	Lucía	Montaña	40	
4	Betiana	Russo	32	
5	Adriana	Dell'Oro	42	
6	Juliana	Aguilar	18	
7				

Figura 15. *Escribimos el título para la nueva columna (figura de la izquierda) y, al presionar* **ENTER**, *el título adquiere automáticamente el formato de sus vecinos (derecha).*

Esto es lo que llamamos **formateo por adyacencia**: cuando agregamos un elemento a una lista (en fila o en columna), el nuevo elemento adquiere el mismo formato que su vecino.

Sobre esta opción tenemos que hacer la misma advertencia que en el caso de la sumatoria inteligente (ver donde dice **Puede fallar**):

- Solamente funciona en listas de, por lo menos, tres elementos con el mismo formato.
- Hay que habilitar la opción.

El ayudante

En la versión 97 aparecieron los ayudantes. Son unos personajes, como el Dr. Genio de la **Figura 16**, que aparecen de vez en cuando ofreciéndonos su colaboración.

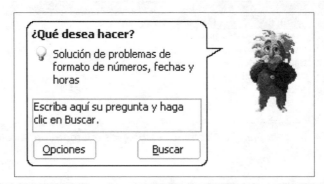

Figura 16. *El Dr. Genio invitándonos a hacerle una pregunta.*

Para muchos usuarios, el ayudante es molesto, entrometido y no hace más que hablar pavadas. En realidad, muchas veces la información espontánea que nos da no tiene nada que ver con lo que queremos hacer, pero cada tanto aprendemos algo nuevo.

De todas formas, el ayudante puede hacerse desaparecer. La forma más sencilla es tomando las opciones `Ayuda` (el signo de pregunta en el extremo derecho del menú) `Ocultar el ayudante de Office`.

Lo recuperamos con las opciones `Ayuda/Mostrar el ayudante de Office`.

Más novedades

Hay unas cuantas novedades más, por ejemplo, los comandos para proteger archivos con contraseña y la creación de tablas dinámicas. Estos dos temas los tratamos en los capítulos respectivos.

Y también hay otras diferencias menores. De éstas no vamos a hablar.

APÉNDICE B
Organigramas

Desde la versión 97, los programas de Office llevan integrado un programa para la construcción de organigramas: Microsoft Organization Chart.
Con él podemos crear organigramas de todo tipo, tamaño y complejidad. Este apéndice está dedicado a conocer las distintas opciones del programa:

- Cómo crear un organigrama.
- Cómo insertar o eliminar cuadros.
- Cómo cambiar el estilo del organigrama.
- Opciones de formato.
- Cómo eliminar un organigrama.

Además, otras opciones relacionadas.

Cómo crear un organigrama - Microsoft Organization Chart	387
Escribir los datos	388
Eliminar un cuadro	389
Insertar un cuadro	389
Insertar varios cuadros a la vez	390
Cambiar el estilo del organigrama	391
Entrar y salir de Chart	393
Atención al guardar	394
La cosmética	395
Para eliminar un organigrama	399
El organigrama es un objeto	399

Cómo crear un organigrama - Microsoft Organization Chart

En la planilla de la **Figura 1** se ha insertado un organigrama: un esquema que muestra cómo se relacionan los integrantes de una jerarquía. Puede hacerse con Excel, recurriendo a un programa auxiliar: **Microsoft Organization Chart** (en adelante, simplemente Chart).

Figura 1. Un organigrama.

Este programa (o subprograma) contiene una serie de comandos específicos para crear y modificar organigramas. Para llamar a este programa desde Excel:
Tomamos las opciones `Insertar, Imagen, Organigrama`.

Con esto abrimos Chart (**Figura 2**) y aparece un organigrama básico que tendremos que adaptar a nuestras necesidades, de modo de que se vea como el de la **Figura 1**.

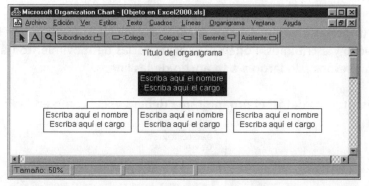

Figura 2. El organigrama básico que brinda Chart. Recurriendo a las diversas opciones del programa, podemos adaptarlo hasta que se vea como el de la **Figura 1**.

Para adaptar este organigrama tenemos que hacer distintas operaciones:

- Escribir en los cuadros los nombres de los integrantes de la jerarquía.
- Quitar algunos cuadros y agregar otros.
- Cambiar la forma en que los cuadros se van descolgando (el "estilo" del organigrama).
- Cambiar opciones como la tipografía, color de los cuadros, etc.

Una vez completadas las adaptaciones, salimos de Chart y el organigrama queda insertado en la planilla. Vamos por partes.

Escribir los datos

En principio, sobre los cuadros de un organigrama creado con Chart podemos escribir hasta cuatro líneas de texto (**Figura 3**):

- Nombre.
- Título o cargo.
- Dos líneas de comentarios.

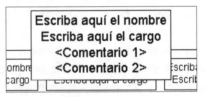

Figura 3. Las cuatro líneas de texto que puede contener un cuadro del organigrama.

El máximo es cuatro, pero nosotros solamente tenemos que ocupar las líneas que nos interesen.

Escribir la información dentro de los cuadros es muy fácil: simplemente hacemos clic sobre el cuadro y escribimos. Podemos usar las teclas de movimiento (las cuatro flechas) para movernos a lo largo y a lo ancho de las líneas.

Una vez escritos los datos, el organigrama deberá verse como en la **Figura 4**.

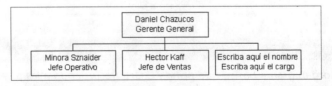

Figura 4. El organigrama, una vez escritos los datos.

Eliminar un cuadro

El organigrama que brinda inicialmente Chart tiene un cuadro para el máximo nivel (en nuestro caso, el gerente general) y tres cuadros para el segundo. Para el ejemplo de la **Figura 1** necesitamos solamente dos cuadros en este segundo nivel (los dos jefes), de modo que debemos eliminar uno:

1. Hacemos un clic sobre el cuadro que queremos eliminar, para seleccionarlo (**Figura 5**).
2. Apretamos la tecla SUPRIMIR (DELETE).

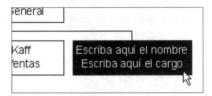

Figura 5. Haciendo un clic sobre un cuadro cualquiera, lo seleccionamos.

Es decir que los cuadros de un organigrama los eliminamos como muchos otros objetos en Windows: primero lo seleccionamos con un clic y luego oprimimos la tecla SUPRIMIR.

Insertar un cuadro

Ahora tenemos que agregar los cuadros que representan el tercer nivel dentro de la jerarquía: tres para los empleados a cargo de **Minora** y dos para los de **Héctor**.

Agregar un cuadro — PASO A PASO

❶ Hacemos un clic en el botón **Subordinado** (**Figura 6**).

❷ Hacemos un clic en el cuadro de **Minora**.

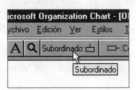

Figura 6. El botón para agregar cuadros de subordinados bajo otro cuadro dentro del organigrama.

Efectivamente, este cuadro que agregamos corresponde a un empleado subordinado a **Minora**.

El procedimiento anterior inserta un único cuadro; deberíamos repetirlo para cada uno de los cuadros que debamos agregar. Pero hay otra posibilidad.

Insertar varios cuadros a la vez

Existe una forma abreviada para insertar varios cuadros al mismo tiempo. Por ejemplo, para insertar los dos cuadros que faltan como subordinados a **Minora**:

1. Hacemos dos clics en el botón de la **Figura 6**.
2. Hacemos un clic en el cuadro de **Minora**.

Una vez agregados todos los cuadros, escribimos los nombres tal como aparecen en el organigrama de la **Figura 1**.

Junto con el botón Subordinado aparecen otros botones para insertar cuadros de distinta jerarquía. Por ejemplo, si fuera el caso de agregar un tercer jefe junto a Minora y a Héctor tenemos dos posibilidades:

1. Hacemos un clic en el botón Subordinado.
2. Hacemos un clic en el cuadro del gerente general.

O también:

1. Hacemos un clic en alguno de los botones Colega (**Figura 7**).
2. Hacemos un clic en cualquiera de los cuadros de jefes.

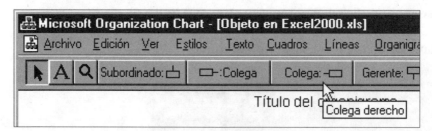

Figura 7. El botón para agregar un cuadro de la misma jerarquía que otro dado.

Efectivamente, un nuevo jefe tanto puede considerarse como un subordinado al gerente o como un colega de los otros dos jefes. Lo de `Colega izquierdo` o `Colega derecho` indica a qué lado aparece el nuevo cuadro.

Otra opción interesante es la que aparece en el organigrama de la **Figura 8**: así se acostumbra ubicar el cuadro correspondiente a una secretaria o asistente. Para insertar un cuadro así se usa el botón `Asistente` (**Figura 9**).

Figura 8. *Este cuadro que sale del costado de la línea de unión corresponde a una secretaria o asistente.*

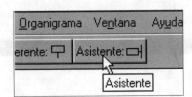

Figura 9. *El botón para agregar un cuadro como el de la* **Figura 8**.

Cambiar el estilo del organigrama

En este momento, el organigrama deberá verse como en la **Figura 10**. La diferencia con el de la **Figura 1** es la forma en que se descuelgan los cuadros del tercer nivel. Decimos que los dos organigramas tienen distinto **estilo**.

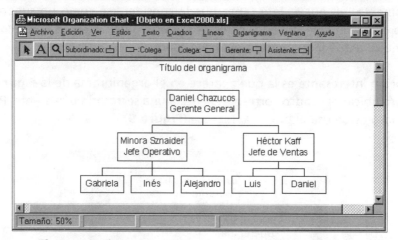

Figura 10. El organigrama, una vez completados los datos.

Es habitual que los cuadros de los niveles inferiores se descuelguen hacia abajo, en vez de abrirse hacia los costados, para evitar que el organigrama resulte demasiado ancho.

Cambiar el estilo de un organigrama — PASO A PASO

① Definimos, arrastrando el mouse, un rectángulo que abarque todos los cuadros del tercer nivel. Al soltar el botón quedarán seleccionados esos cuadros (**Figura 11**).

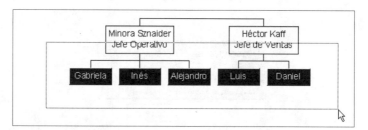

Figura 11. Arrastrando el mouse podemos seleccionar todos los cuadros de un nivel al mismo tiempo.

② Tomamos la opción **Estilos**. Aparecerán distintas opciones de estilo (**Figura 12**).

③ Hacemos un clic en el estilo elegido.

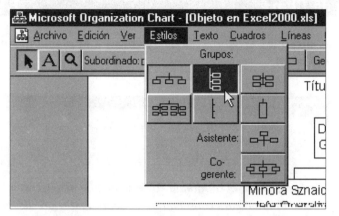

Figura 12. Los distintos estilos que ofrece Chart.

Ahora el organigrama deberá verse como en la **Figura 13**. Listo con el estilo.

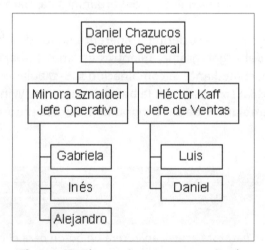

Figura 13. El organigrama, ya terminado.

Entrar y salir de Chart

Es probable que, a lo largo del trabajo, tengamos que hacer ajustes y reajustes en el organigrama, entrando y saliendo de Chart una y otra vez sobre el mismo organigrama.

Para entrar a Chart, hacemos **doble clic** sobre el organigrama.

Para salir de Chart   PASO A PASO

❶ Tomamos las opciones **Archivo, Salir** (y volver a la planilla). Aparecerá el cuadro de la **Figura 14**.

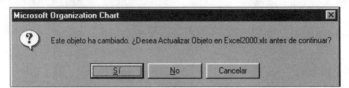

Figura 14. *Al salir de Chart, el programa advierte que hemos hecho modificaciones en el organigrama. Para conservarlas, debemos hacer un clic en Sí.*

❷ Hacemos un clic en **Sí**.

❸ Hacemos un clic fuera de los límites del organigrama, para deseleccionarlo.

También es posible "salir" accidental y aparentemente de Chart haciendo un clic fuera de los límites del organigrama, mientras estamos trabajando. En un caso así, debemos volver a Chart mediante la combinación **Alt-TAB**ulador u oprimiendo el botón **Microsoft Organization Chart**, en la barra de tareas de Windows (**Figura 15**) tal como hacemos al cambiarnos de un programa a otro cuando trabajamos habitualmente en Windows.

Figura 15. *Mientras Chart está activo, aparecerá un botón para él en la barra de tareas.*

Atención al guardar

En realidad, cuando contestamos que sí a la pregunta de la **Figura 14** no estamos realmente guardando el organigrama; solamente lo estamos transfiriendo a la planilla. El organigrama quedará grabado en forma segura cuando grabemos la planilla.

Eso nos lleva a otra cuestión. Si estamos trabajando con un organigrama y volvemos a Excel sin salir de Chart no podremos grabar la planilla. No podremos porque el organigrama estará como "a caballo" entre dos programas: aplicado sobre la planilla Excel, pero abierto en Chart.

De hecho, si en estas condiciones tomamos las opciones **Archivo/Guardar**, aparecerá la advertencia de la **Figura 16**.

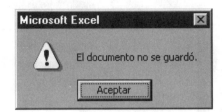

Figura 16. *Pretendemos grabar la planilla en Excel mientras tenemos el organigrama abierto en Chart. No podemos.*

Para grabar la planilla con su organigrama primero tenemos que salir de Chart, aceptar la invitación a guardar los cambios y luego grabar en Excel.

La cosmética

Como ocurre con las planillas, Chart también tiene opciones para mejorar el aspecto del organigrama. Hay unas cuantas cosas que podemos hacer al respecto: cambiar el tipo de letra, el color de los cuadros, el estilo y grosor de las líneas, etc. Veamos algunas de estas opciones.

En todos los casos, tenemos que estar dentro del programa Chart. Si no es así, primero debemos hacer doble clic sobre el organigrama.

Cambiar la tipografía

Cambiar la tipografía — PASO A PASO

1. Seleccionamos, arrastrando el mouse, todos los cuadros cuya tipografía queramos cambiar, tal como hicimos cuando modificamos el estilo.

2. Tomamos las opciones **Texto/Fuente** (**Figura 17**).

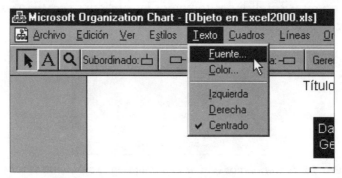

Figura 17. *Las opciones para cambiar el tipo de letra dentro del organigrama. Para tomar esta opción, primero debemos seleccionar uno o más cuadros.*

❸ Al aparecer el cuadro de la **Figura 18**, indicamos el tipo de letra deseado, tamaño, estilo, etc.

❹ Hacemos un clic en `Aceptar`.

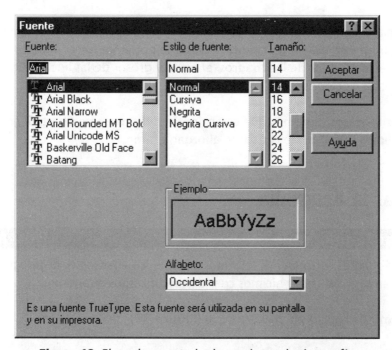

Figura 18. *El cuadro con todas las opciones de tipografía.*

Opción más, opción menos, el cuadro de la **Figura 18** es similar a los cuadros que aparecen habitualmente para cambiar la tipografía en Excel y en otros programas de Windows.

El submenú de la **Figura 17** ofrece también opciones para cambiar el color de la letra y la alineación.

Cambiar el tipo de los cuadros

Las opciones de Chart nos permiten cambiar a los cuadros el color, la forma del borde, el efecto de sombra, etc.

Cambiar el borde de un cuadro — PASO A PASO

① Seleccionamos, arrastrando el mouse, todos los cuadros cuyo tipo queramos cambiar.

② Tomamos las opciones **Cuadros/Estilo del borde**.

③ Hacemos un clic en el tipo de borde elegido (**Figura 19**).

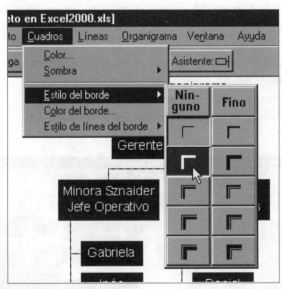

Figura 19. *Las distintas opciones de estilo de borde que ofrece Chart.*

Tal como se observa en la **Figura 19**, la opción **Cuadros** muestra distintas subopciones que hacen al aspecto de los cuadros. Estas subopciones se manejan tal como las que ya conocemos.

Efecto de sombra

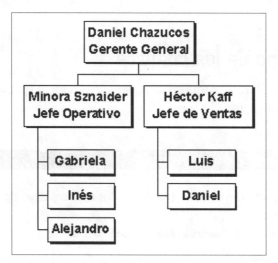

Figura 20. *Estos cuadros parecen proyectar una sombra.*

El organigrama de la **Figura 20** es más elegante: sus cuadros tienen un efecto de sombra. Para obtener este efecto:

1. Seleccionamos, arrastrando el mouse, todos los cuadros a los que le queramos aplicar la sombra.
2. Tomamos las opciones Cuadros/Sombra.
3. Hacemos un clic en el tipo de sombra elegido (**Figura 21**).

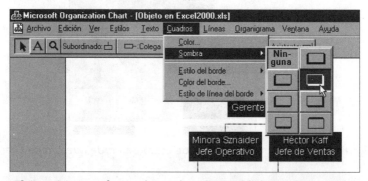

Figura 21. *Los efectos de sombra disponibles para los cuadros.*

Y así podríamos seguir con todas las opciones. No hace falta.

Para eliminar un organigrama

Luego de todo esto, es posible que el organigrama no nos guste para nada y queramos eliminarlo. Si todavía estamos en Chart, salimos sin guardar. Pero si lo tenemos insertado en la planilla y lo queremos eliminar:

1. Hacemos un clic sobre el organigrama, para que aparezcan los "puntos de agarre" (**Figura 22**). Ahora tenemos seleccionado el organigrama.
2. Apretamos la tecla SUPRIMIR (DELETE).

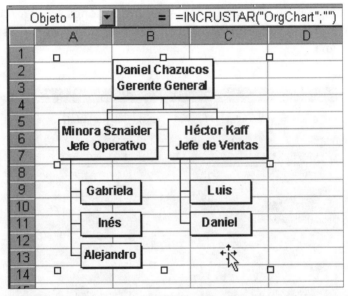

Figura 22. *Al hacer un clic sobre el organigrama, aparecen los puntos de agarre que indican que el organigrama ha sido seleccionado.*
Ahora podemos eliminarlo, moverlo, copiarlo, etc. como cualquier otro objeto.

Es decir que el organigrama se elimina como cualquier otro objeto: primero lo seleccionamos con un clic y luego oprimimos la tecla SUPRIMIR. Deberíamos haberlo sospechado.

El organigrama es un objeto

El procedimiento anterior prueba que un organigrama aplicado sobre la planilla se comporta como cualquier otro objeto en Windows: además de eliminarlo podemos tomarlo con el mouse y moverlo, copiarlo en otro sitio o cambiarle el tamaño u otras características:

- Tomando el organigrama por los puntos de agarre de las esquinas, podemos cambiar su tamaño, manteniendo su proporción.
- Tomando el organigrama por los puntos de agarre laterales, podemos cambiar su ancho, manteniendo su altura.
- Tomando el organigrama por los puntos de agarre de los bordes superior o inferior, podemos cambiar la altura, manteniendo el ancho.
- Tomando el organigrama por su parte central, podemos llevarlo a otra parte.
- Tomando el organigrama por su parte central, manteniendo apretada la tecla **Control**, podemos duplicarlo.
- Usando las opciones de "cortar y pegar", podemos llevar el organigrama a otra aplicación (Word, Power Point, etc.).
- Si seleccionamos el organigrama y tomamos las opciones **Formato/Objeto** aparece un menú de varias fichas (**Figura 23**) con opciones que hacen al aspecto general del organigrama.

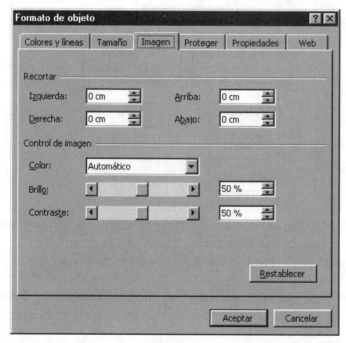

Figura 23. *Teniendo seleccionado el organigrama, las opciones* **Formato/Objeto** *muestra un menú de fichas con opciones que hacen al aspecto general del organigrama.*

Todas estas opciones son de Excel, no de Chart.

En particular, la ficha **Colores y líneas**, del menú de la **Figura 23**, permite establecer el fondo y el borde del marco que contiene al organigrama. La **Figura 1** corresponde a las opciones **Sin relleno** y **Sin línea**.

APÉNDICE C
WordArt

WordArt es un programita para realizar textos con ciertos efectos especiales: colores en degradé, perspectivas con puntos de fuga, efectos en relieve, etc. Al igual que Microsoft Organization Chart, WordArt está integrado en los programas de Office, entre ellos, Excel.
Este apéndice está dedicado a conocer las distintas opciones del programa:

- Cómo crear un objeto de WordArt.
- Cómo aplicar los distintos efectos.
- Cómo cambiar los efectos aplicados.
- Cómo eliminar un objeto de WordArt.

Siendo WordArt un programa presente también en Word o Power Point, estas explicaciones sirven además para crear textos desde esas aplicaciones.

Los objetos de WordArt	403
Modificar un objeto de WordArt	405
La forma del objeto	407
Un punto especial	408
La tipografía	410
Otras opciones de formato	416
Eliminar un objeto de WordArt	417
Manipulaciones generales de los objetos de WordArt	418

Servicio de Atención al Lector
(011) 4959-5000
lectores@tectimes.com

Los objetos de WordArt

La planilla de la **Figura 1** tiene insertado un "objeto de **WordArt**": un texto con efectos especiales de color, relieve y perspectiva. Recuerda mucho a los carteles que se hacían con el famoso **Banner Mania**, pero puede hacerse en Excel recurriendo a un programa auxiliar: **WordArt**.

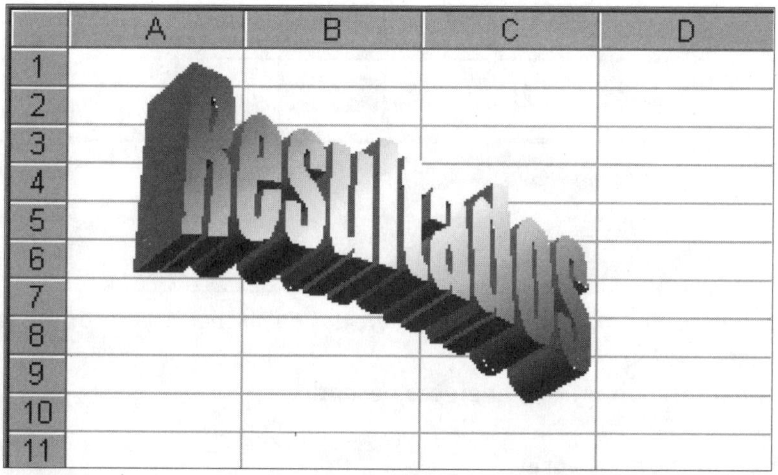

Figura 1. Un texto creado con *WordArt*.

Este programa (o subprograma) contiene una serie de comandos específicos que permiten crear y modificar textos como el de la **Figura 1**. Para llamar a este programa desde Excel:

Insertar un objeto de WordArt — PASO A PASO

❶ Tomamos las opciones **Insertar/Imagen/WordArt**. Aparece el cuadro de la **Figura 2**, con todos los efectos de perspectiva que admite el programa.

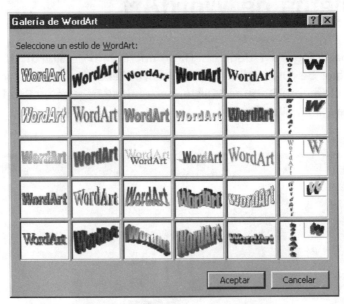

Figura 2. *Este cuadro muestra los distintos efectos de perspectiva que ofrece **WordArt**.*

❷ Seleccionamos (con un clic) el efecto deseado.

❸ Hacemos un clic en `Aceptar`.

❹ Aparece entonces el cuadro de la **Figura 3**. Aquí tenemos que escribir el texto que queremos insertar. También hay unas pocas opciones para elegir el tipo de letra del texto.

❺ Hacemos un clic en `Aceptar`.

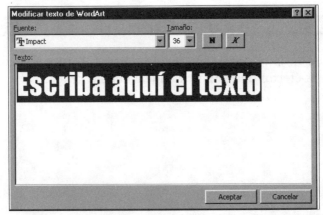

Figura 3. *En este cuadro escribimos el texto que queramos insertar como objeto de **WordArt**. Hay también una barra de herramientas con opciones para la tipografía.*

Luego de estas operaciones, aparece en la planilla el objeto, tal como se observa en la **Figura 1**. Además, y mientras el objeto permanece seleccionado, aparece una barra de herramientas (**Figura 4**) con opciones adicionales para hacer modificaciones en el objeto insertado. La barra desaparecerá haciendo un clic fuera de los límites del objeto, deseleccionándolo. Más tarde vamos a hablar de esta barra.

Figura 4. La barra de herramientas de WordArt. Aparece en la pantalla mientras esté seleccionado el objeto insertado.

Podría ser que la barra de la **Figura 4** no apareciera aunque tuviéramos seleccionado el objeto. Si ése fuera el caso, la obtendríamos con las opciones `Ver/Barras de herramientas/WordArt`.

Modificar un objeto de WordArt

Por supuesto, una vez insertados, los objetos de **WordArt** pueden ser modificados. Por "modificar" podemos entender dos cosas:

- Modificar el texto propiamente dicho.
- Modificar el formato (tipografía, color, perspectiva, etc.).

Veamos los distintos casos.

Cómo cambiar el texto — PASO A PASO

❶ Hacemos un clic en el objeto de **WordArt** para que aparezcan los puntos de agarre. Ahora el objeto está seleccionado (**Figura 5**) y debe aparecer la barra de herramientas de la **Figura 4**.

Figura 5. Haciendo un clic sobre un objeto de **WordArt**, aparecen los puntos de agarre que indican que el objeto está seleccionado.

❷ Hacemos un clic en el botón `Modificar texto`, dentro de la barra de herramientas de WordArt (**Figura 6**). Aparece otra vez el cuadro de la **Figura 3** mostrando el texto actual.

Figura 6. El botón `Modificar texto`, dentro de la barra de herramientas de **WordArt**. Tomando esta opción podemos escribir un nuevo texto o modificar el actual.

❸ Modificamos el texto como si estuviéramos en un procesador de textos.

❹ Hacemos un clic en `Aceptar`.

❺ Hacemos un clic fuera de los límites del objeto para deseleccionarlo.

Si se trata de modificar alguna característica de formato de un objeto de **WordArt**, hay un procedimiento más o menos general:

Cambiar el formato — PASO A PASO

① Hacemos un clic en el objeto de **WordArt** para seleccionarlo.

② Sobre la barra de herramientas que aparece, hacemos un clic en el botón que corresponda a la opción que queramos modificar.

Según el caso, aparecerán cuadros o submenúes con opciones para que elijamos la que nos parezca más adecuada.

Vamos a ver cómo se manejan las opciones más:

La forma del objeto

El texto que insertamos al principio cae de izquierda a derecha describiendo una curva. Esta forma la podemos cambiar. Por ejemplo, la **Figura 7** muestra el mismo texto pero más recto.

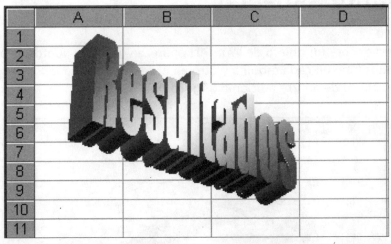

*Figura 7. El mismo texto de la **Figura 1**, pero recto. Lo obtenemos mediante el botón* Forma de WordArt, *dentro de la barra de herramientas de la **Figura 4**.*

Cambiar de forma — PASO A PASO

① Hacemos un clic en el objeto de **WordArt** para seleccionarlo.

❷ Sobre la barra de herramientas que aparece hacemos un clic en el botón **Forma de WordArt**. Aparecerá un submenú (**Figura 8**) con distintas opciones de forma para el objeto.

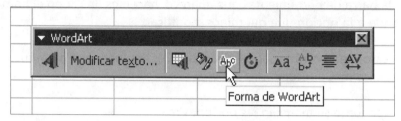

Figura 8. El botón **Forma de WordArt**, junto con sus subopciones, dentro de la barra de herramientas de Word Art.

❸ Hacemos un clic sobre el botón con la forma deseada.

❹ Hacemos un clic fuera de los límites del objeto, para deseleccionarlo.

Un punto especial

Al hacer clic sobre un objeto de WordArt aparecen los ocho puntos de agarre que ya conocemos (uno en cada esquina y otro en el centro de cada lado), pero también aparece un punto de agarre adicional (**Figura 9**).

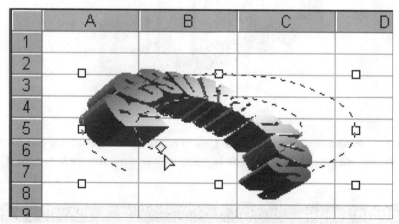

Figura 9. Tomando el objeto de WordArt por este punto de agarre, podemos deformarlo cambiando el efecto de perspectiva.

Si tomamos el objeto por este punto de agarre podemos cambiar el efecto de perspectiva. No es fácil explicar exactamente lo que sucede; lo mejor es probarlo. En todo caso, si el resultado no nos satisface, siempre podemos dar marcha atrás con el cambio mediante las opciones **Edición/Deshacer** o mediante la combinación **Control+Z**.

Además de la forma y el efecto de perspectiva, podemos cambiar el aspecto del objeto, girándolo:

Girar el objeto — PASO A PASO

❶ Hacemos un clic en el objeto de **WordArt** para seleccionarlo.

❷ Sobre la barra de herramientas que aparece hacemos un clic en el botón **Girar libremente** (**Figura 10**). Aparecerán en las esquinas cuatro puntos de agarre especiales, redondos y de color verde.

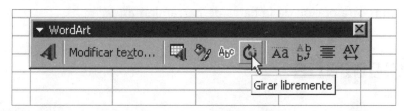

Figura 10. *El botón* **Girar libremente**, *dentro de la barra de herramientas de WordArt.*

❸ Tomamos el objeto por estos puntos de agarre y, manteniendo apretado el botón del mouse, lo inclinamos en un sentido u otro (**Figura 11**).

❹ Una vez obtenido el ángulo deseado, soltamos el botón del mouse.

❺ Hacemos un clic fuera de los límites del objeto, para deseleccionarlo.

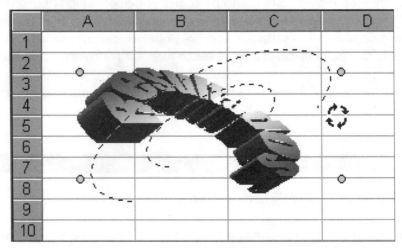

Figura 11. *Tomando el objeto por estos puntos de agarre, podemos hacer girar el objeto.*

Los puntos de agarre de rotación se mantienen mientras no deseleccionemos el objeto ni usemos otra opción de la barra de herramientas.

La tipografía

El botón `Modificar texto`, dentro de la barra de herramientas **WordArt**, conduce a un cuadro para modificar la tipografía (**Figura 12**). Actuando con estas opciones podemos cambiar:

- El tipo de letra.
- El tamaño.
- Aplicar estilo de **negrita**.
- Aplicar estilo de *cursiva*.

Figura 12. *Esta barra de herramientas permite cambiar la tipografía del objeto.*

Por ejemplo, el objeto de la **Figura 13** es el mismo de la **Figura 1**, pero con otro tipo de letra.

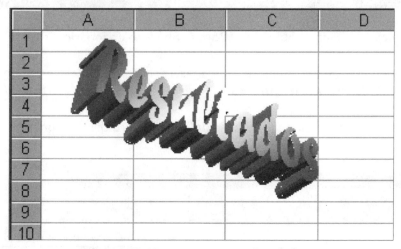

Figura 13. *Un texto con otro tipo de letra.*

La **Figura 14** muestra un objeto de **WordArt** de formato vertical. Puede obtenerse con otra de las opciones del programa:

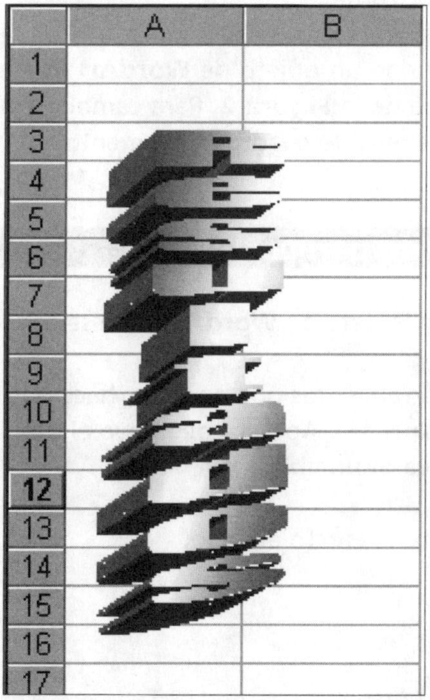

Figura 14. *Un texto de formato vertical.*

Disponer el texto de forma vertical — PASO A PASO

① Hacemos un clic en el objeto de **WordArt** para seleccionarlo.

② Sobre la barra de herramientas que aparece, hacemos un clic en el botón `Texto vertical de WordArt` (**Figura 15**).

③ Hacemos un clic fuera de los límites del objeto, para deseleccionarlo.

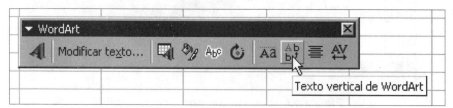

Figura 15. El botón `Texto vertical de WordArt`, dentro de la barra de herramientas de Word Art.

Si el texto ya está dispuesto en forma vertical, un clic en el botón de la **Figura 15** lo vuelve a la posición horizontal.

El efecto de perspectiva de un objeto de **WordArt** lo elegimos al crear el objeto, cuando aparece el cuadro de la **Figura 2**. Para cambiar este efecto en un objeto ya creado, necesitamos obtener este cuadro nuevamente:

Cambiar el efecto de perspectiva — PASO A PASO

① Hacemos un clic en el objeto de **WordArt** para seleccionarlo.

② Sobre la barra de herramientas que aparece, hacemos un clic en el botón `Galería de WordArt` (**Figura 16**). Aparece de nuevo el cuadro de la **Figura 2**, con los efectos de perspectiva disponibles.

③ Hacemos un clic sobre el efecto elegido.

La tipografía

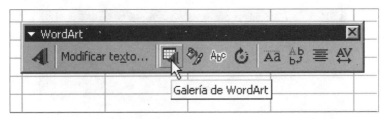

Figura 16. *El botón* `Galería de WordArt`*, dentro de la barra de herramientas de WordArt.*

❹ Hacemos un clic en `Aceptar`.

❺ Hacemos un clic fuera de los límites del objeto, para deseleccionarlo.

El objeto de **WordArt** tiene dos colores principales: el del relleno de las letras y el de su contorno. Podemos cambiar cualquiera de estos colores recurriendo al botón `Formato de WordArt` (**Figura 17**).

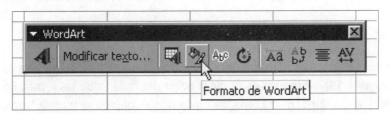

Figura 17. *El botón* `Formato de WordArt`*, dentro de la barra de herramientas de WordArt.*

Cambiar el color del objeto — PASO A PASO

❶ Hacemos un clic en el objeto de **WordArt** para seleccionarlo.

❷ Hacemos un clic en el botón de la **Figura 17**. Aparece el cuadro de la **Figura 18**, que es un menú de cuatro fichas.

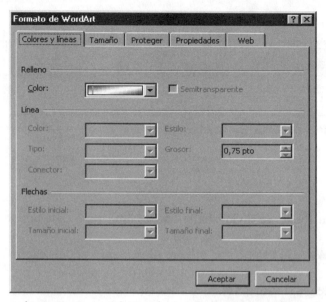

Figura 18. El cuadro Colores y líneas dentro de las opciones Formato de WordArt.

❸ Seleccionamos la ficha **Colores y líneas**.

❹ Haciendo clic en **Color**, dentro de la opción **Relleno** se descuelga una paleta de colores (**Figura 19**) podemos cambiar el color del relleno de las letras. En particular, eligiendo la opción **Sin relleno** hacemos que el objeto se vuelva transparente.

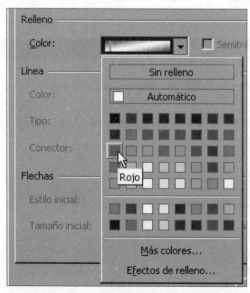

Figura 19. De esta paleta podemos elegir el color del relleno de las letras del objeto de WordArt. La opción Sin relleno corresponde a letras transparentes.

❺ Haciendo clic en **Color**, dentro de la opción **Líneas** se descuelga una paleta similar a la anterior para cambiar el color del contorno de las letras.

❻ Hacemos un clic en **Aceptar**.

❼ Hacemos un clic fuera de los límites del objeto, para deseleccionarlo.

Por supuesto, si en el paso 4 elegimos **Sin relleno** y en el paso 6 elegimos **Sin línea**, el objeto se hace invisible.

Si alguno de los botones del menú de la **Figura 18** aparece atenuado es porque esa opción no está disponible para el objeto seleccionado.

La opción **Efectos de relleno** de la paleta de la **Figura 17** conduce a otro menú de fichas en el que podemos cambiar el tipo de relleno. Normalmente es un degradé, pero también podemos elegir diversos tipos de tramas, patrones de rayado o imágenes. En particular, la ficha **Textura** (**Figura 20**) ofrece rellenos con apariencia de mármol, gotas de agua, papel arrugado, etc.

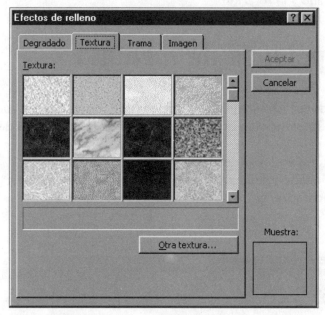

*Figura 20. La opción **Efectos de relleno**, dentro de la paleta de la **Figura 19**, permite cambiar el relleno en degradé por otro con tramas, rayados o imágenes.*

Por ejemplo, el texto de la **Figura 21** se obtuvo aplicando la textura **Esterilla**, en el cuadro de la **Figura 20**.

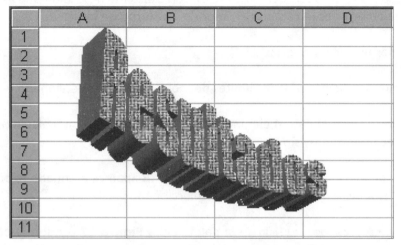

Figura 21. Un texto con apariencia de esterilla.

El menú de la **Figura 18** tiene otras fichas que permiten cambiar más opciones; por ejemplo, el tamaño y la rotación.

Otras opciones de formato

Como podemos ver, el manejo de las opciones de formato es más o menos siempre el mismo. Las demás opciones que ofrece la barra de herramientas de **WordArt** son:

- Igualar las alturas de las letras del texto (**Figura 22**).
- Cambiar la alineación del texto (izquierda, derecha, centrado, etc.) (**Figura 23**).
- Cambiar la separación entre las letras del texto (**Figura 24**).

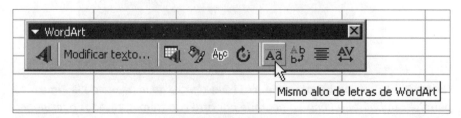

Figura 22. Haciendo un clic en este botón se igualan las alturas de todas la letras, mayúsculas o minúsculas.

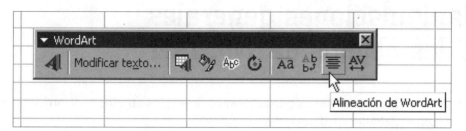

Figura 23. *El botón* **Alineación**, *dentro de la barra de herramientas de WordArt. Permite elegir entre alineación* **Izquierda, Derecha, Centrado** *y otras más especiales.*

Figura 24. *Este botón permite alterar la separación entre las letras dentro de un objeto de WordArt.*

Finalmente, el botón de la **Figura 25** permite insertar un nuevo objeto de WordArt. El proceso comienza desde cero, manteniendo el objeto (u objetos) existente.

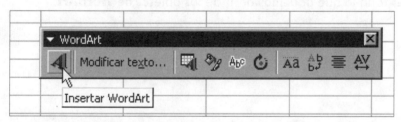

Figura 25. *Este botón permite insertar un nuevo objeto de WordArt, dejando inalterables los demás, si los hubiera.*

Eliminar un objeto de WordArt

Los objetos de **WordArt** se eliminan como cualquier otro objeto insertado:

1. Hacemos un clic sobre el objeto, para que aparezcan los puntos de agarre. Ahora tenemos seleccionado el objeto.
2. Apretamos la tecla SUPRIMIR (DELETE).

Manipulaciones generales de los objetos de WordArt

Además de todas las opciones que acabamos de ver, los objetos de WordArt se comportan como cualquier otro objeto en Windows:

- Tomando el objeto por los puntos de agarre de las esquinas, podemos cambiar su tamaño, manteniendo su proporción.
- Tomando el objeto por los puntos de agarre laterales, podemos cambiar su ancho, manteniendo su altura.
- Tomando el objeto por los puntos de agarre de los bordes superior o inferior, podemos cambiar la altura, manteniendo el ancho.
- Tomando el objeto por su parte central, podemos llevarlo a otra parte.
- Tomando el objeto por su parte central, manteniendo apretada la tecla Control, podemos duplicarlo.
- Usando las opciones de "cortar y pegar", podemos llevar el objeto a otra aplicación (**Word**, **Power Point**, etc.).
- Si seleccionamos el objeto y tomamos las opciones Formato, WordArt (o las teclas CONTROL+1), aparece otra vez el menú de fichas de la **Figura 18** con opciones generales del aspecto del objeto.

Y esto es todo lo que podemos decir de los objetos de **WordArt**.

Servicios al lector

Excel en Internet	421
Excel 2000 Menú X Menú	431
Atajos de teclado	438
Índice alfabético	439

Servicio de Atención al Lector
(011) 4959-5000
lectores@tectimes.com

Excel en Internet

Internet es una excelente fuente de información sobre Excel. Hay innumerables páginas (la mayoría, mantenidas por aficionados) con trucos, programas adicionales, ejemplos, macros, etc.; algunas brindan información para el principiante, otras para el entendido. No todas las páginas están actualizadas a Excel 2000, pero los contenidos suelen ser aplicables a cualquier versión.

Los sitios que reseñamos en este capítulo no son los únicos ni los mejores; los elegimos para presentar una selección más o menos representativa. Esperamos ansiosamente que nos escriban para comentarnos qué les parecieron, o para recomendar otros sitios.

Particularmente, hay que considerar que el contenido de Internet se actualiza continuamente y no podemos estar seguros de que la información aquí reseñada tenga vigencia. Agradeceremos, entonces, cualquier información que nos hagan llegar al respecto.

La página oficial de Office 2000

www.microsoft.com/office

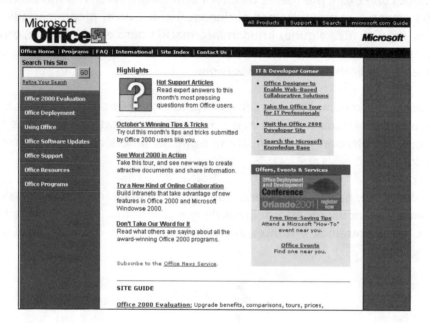

Este es el sitio oficial de Office en Internet, mantenido por Microsoft. Consta de centenares de páginas con el contenido más diverso: trucos, una lista de las consultas más frecuentes (FAQs), archivos para bajar a nuestro disco (*download*) y otros servicios. Tal vez por eso no siempre es fácil orientarse en ella.

La estructura del sitio también se renueva cada tanto; por ende, las distintas páginas que lo forman pueden cambiar de dirección con el tiempo.

Páginas no oficiales

Mr.Excel.com
www.mrexcel.com

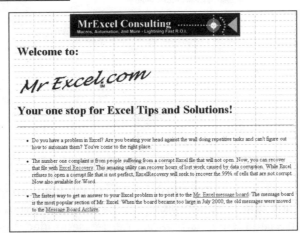

El responsable de esta página (Mr. Excel, claro) dice ser un experto en el tema. Su página contiene decenas de trucos, incluyendo el "consejo de la semana" y el "desafío del mes", lo que brinda una idea de la frecuencia con que se actualiza su contenido.

Cyberteach Excel tips and tricks
www.cyberteach.com.au/tips/excel.htm

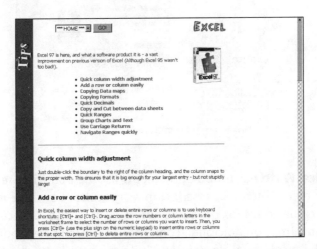

Cyberteach es una consultora australiana. Una de sus páginas consiste en una selección de cien trucos, algunos de los cuales se refieren a Excel. La lista no es extensa pero hay que conocerla.

Tipworld
www.tipworld.com

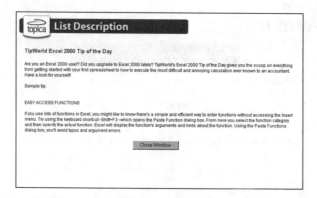

Esta página está dedicada a trucos (*tips*). Los trucos no aparecen en la página (salvo el "truco del día") sino que, para consultarlo, debemos suscribirnos a un boletín. Hay un boletín dedicado a cada tema: hardware, Internet, seguridad y, desde luego, Excel.

Woody's Office Watch
www.wopr.com/wow

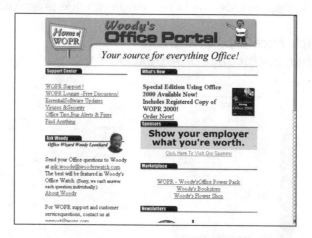

Woody's Office Watch es un boletín electrónico de aparición semanal. Se distribuye por correo electrónico y su suscripción es gratuita. Contiene información muy actualizada acerca de todos los productos de la línea Office. Ofrece links a sitios de donde obtener información adicional, comentarios sobre libros, código de funciones y macros, y también columnas de opinión. En la misma página desde donde se hace la suscripción es posible obtener los ejemplares anteriores y links a páginas con información adicional.

The Spreadsheet Web
www.heliosbeheer.com/sweb

El título de esta página es un poco pretencioso. No se destaca por el volumen de información, pero tiene buenos trucos y ejemplos.

Excel a la carte
www.geocities.com/SiliconValley/Network/1030/ExcelTop.html

Esta página está dedicada a trucos y consejos sobre macros y programación en VBA. Su responsable es Dave Steppan y permite bajar los ejemplos de aplicación.

PC questions & answers
www.pcqna.com

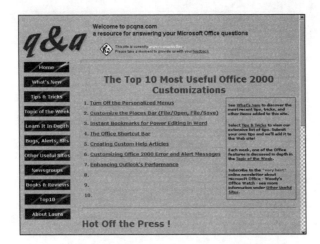

Este sitio está a cargo de la experta Laura Stewart, autora de varios libros sobre el tema. Contiene una selección de trucos y consejos que se actualiza frecuentemente. Incluye la dirección de Laura, para que le hagamos llegar nuestras dudas o lo que sea.

Excel Help Page
www.lacher.com/

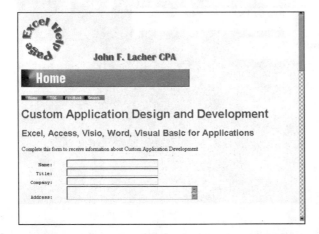

En esta página podemos registrarnos y dejar nuestra consulta. John Lacher, responsable de la página, nos enviará la respuesta más tarde. Invitamos a los lectores a poner a prueba los conocimientos de Mr. Lacher.

The Spreadsheet page
www.j-walk.com/ss/excel/tips/index.htm

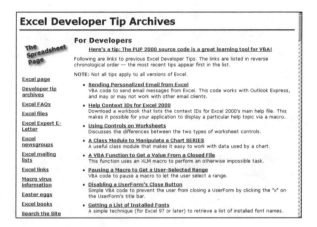

Ésta es una de las páginas más completas que pudimos encontrar, no solamente por su contenido (dedicado a Excel y a otros programas similares) sino por la abundancia y calidad de links a otras páginas similares. Podemos decir que es el portal de Excel en Internet.

Anthony's VBA Page
www.geocities.com/WallStreet/9245

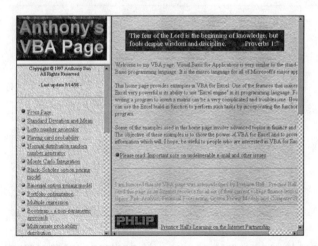

Don Antonio sabe mucho de macros y programación en VBA. Su página es mencionada en muchos libros sobre este tema y tiene ejemplos de aplicación sobre los temas más curiosos.

Stephen Bullen's Excel page
www.bmsltd.co.uk/Excel/Default.htm

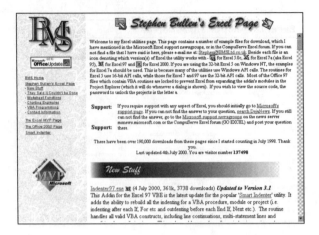

Otro aficionado entusiasta, Stephen Bullen nos ofrece su colección de ejemplos de funciones, gráficos y macros, que podemos bajar gratuitamente. Incluye, por supuesto, la consabida sección de trucos y consejos.

Micrsoft Excel VBA Examples
www.mindspring.com/~tflynn/excelvba.html

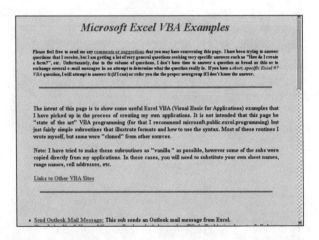

Como su nombre lo indica, esta página está dedicada íntegramente a temas de programación. Aunque tiene un diseño poco atractivo, hay bastantes ejemplos dirigidos al principiante.

CNET Help.com
www.help.com/cat/ht/index.html

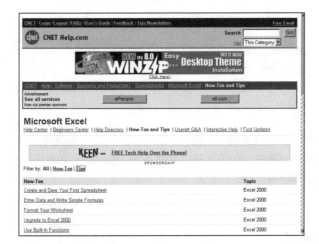

CNET es **The Computer Network**, una empresa dedicada a la computación y a las telecomunicaciones; mantiene centenares de páginas en Internet. En particular, Help.com contiene muchos trucos y consejos para usuarios de todos los niveles. También incluye links a foros de discusión para que dejemos nuestras consultas para los expertos.

Listas de correo

Otra forma de obtener información en el ciberespacio es a través de listas de correo. Un administrador recibe todos los mensajes enviados a la lista y luego los reenvía a los suscriptores. Por este medio podemos intercambiar información y recibir consejos, pero en forma menos dinámica.

La siguiente es una lista en inglés sobre temas de Excel en general. Podemos suscribirnos (para recibir los mensajes en forma permanente) o enviar una consulta sin suscribirnos.

Para consultas: xlesp@egrups.com.
Para suscribirse, enviar un mensaje vacío a xlesp-subscribe@egrups.com.

Esta otra lista es similar a la anterior, pero especializada en programación y VBA:
Para consultas: vba_xlesp@egrups.com.
Para suscribirse, enviar un mensaje vacío a vba_xlesp-subscribe@egrups.com.

Otra lista en castellano (y argentino) es **Office Ayuda**, moderada por Tulio Pablo Fiorentino.

Para suscribirse, hay que enviar un mensaje vacío a officeayuda-subscribe@egroups.com.

Otra lista de origen argentino puede consultarse en www.eListas.net/foro/trucos_de_office.

que está moderada por Alejandro Rodríguez y, como su nombre lo indica, se refiere a trucos de Office.

Evaluar una lista de correo es bastante difícil porque depende de los suscriptores y no del administrador. Otra vez, los lectores que decidan suscribirse están invitados a enviarnos sus comentarios.

Excel 2000 Menú X Menú

En esta práctica sección de referencia se recorren todas las barras de menúes del programa. Los menúes están ordenados por área de Outlook en la que se encuentran.

Archivo

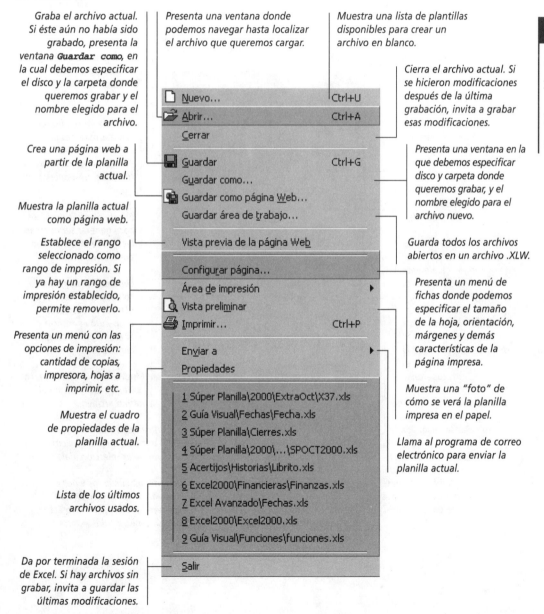

Edición

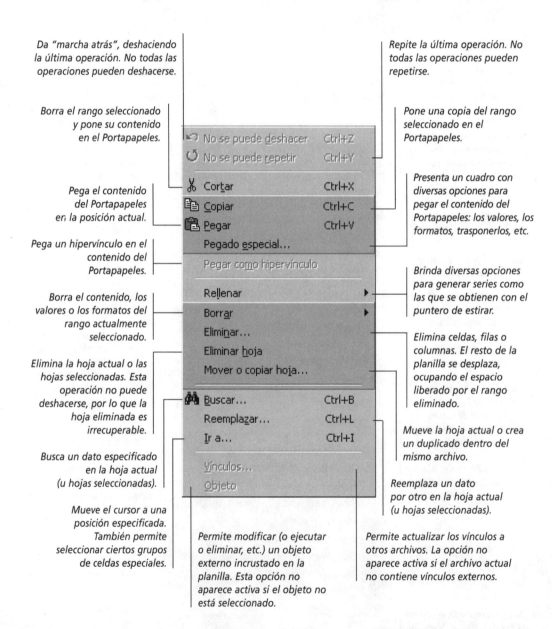

Da "marcha atrás", deshaciendo la última operación. No todas las operaciones pueden deshacerse.

Repite la última operación. No todas las operaciones pueden repetirse.

Borra el rango seleccionado y pone su contenido en el Portapapeles.

Pone una copia del rango seleccionado en el Portapapeles.

Pega el contenido del Portapapeles en la posición actual.

Presenta un cuadro con diversas opciones para pegar el contenido del Portapapeles: los valores, los formatos, trasponerlos, etc.

Pega un hipervínculo en el contenido del Portapapeles.

Borra el contenido, los valores o los formatos del rango actualmente seleccionado.

Brinda diversas opciones para generar series como las que se obtienen con el puntero de estirar.

Elimina la hoja actual o las hojas seleccionadas. Esta operación no puede deshacerse, por lo que la hoja eliminada es irrecuperable.

Elimina celdas, filas o columnas. El resto de la planilla se desplaza, ocupando el espacio liberado por el rango eliminado.

Busca un dato especificado en la hoja actual (u hojas seleccionadas).

Mueve la hoja actual o crea un duplicado dentro del mismo archivo.

Mueve el cursor a una posición especificada. También permite seleccionar ciertos grupos de celdas especiales.

Reemplaza un dato por otro en la hoja actual (u hojas seleccionadas).

Permite modificar (o ejecutar o eliminar, etc.) un objeto externo incrustado en la planilla. Esta opción no aparece activa si el objeto no está seleccionado.

Permite actualizar los vínculos a otros archivos. La opción no aparece activa si el archivo actual no contiene vínculos externos.

Ver

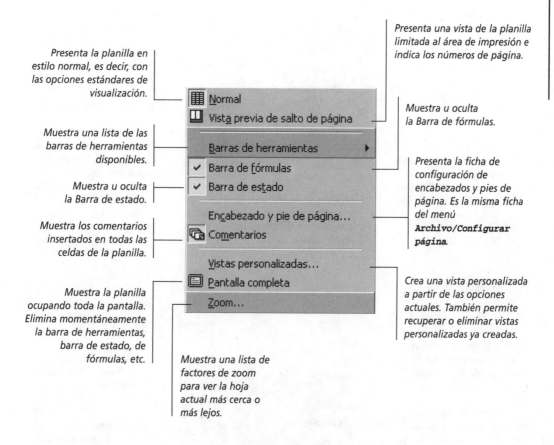

Insertar

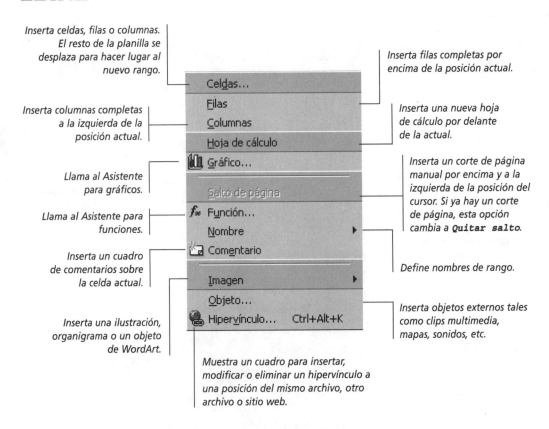

Formato

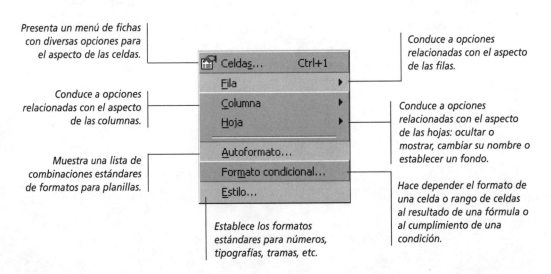

Herramientas

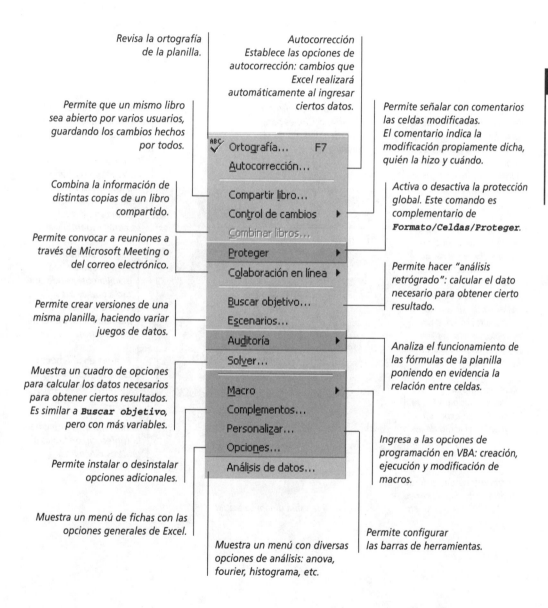

Revisa la ortografía de la planilla.

Autocorrección
Establece las opciones de autocorrección: cambios que Excel realizará automáticamente al ingresar ciertos datos.

Permite que un mismo libro sea abierto por varios usuarios, guardando los cambios hechos por todos.

Permite señalar con comentarios las celdas modificadas. El comentario indica la modificación propiamente dicha, quién la hizo y cuándo.

Combina la información de distintas copias de un libro compartido.

Activa o desactiva la protección global. Este comando es complementario de **Formato/Celdas/Proteger**.

Permite convocar a reuniones a través de Microsoft Meeting o del correo electrónico.

Permite hacer "análisis retrógrado": calcular el dato necesario para obtener cierto resultado.

Permite crear versiones de una misma planilla, haciendo variar juegos de datos.

Analiza el funcionamiento de las fórmulas de la planilla poniendo en evidencia la relación entre celdas.

Muestra un cuadro de opciones para calcular los datos necesarios para obtener ciertos resultados. Es similar a **Buscar objetivo**, pero con más variables.

Permite instalar o desinstalar opciones adicionales.

Ingresa a las opciones de programación en VBA: creación, ejecución y modificación de macros.

Muestra un menú de fichas con las opciones generales de Excel.

Permite configurar las barras de herramientas.

Muestra un menú con diversas opciones de análisis: anova, fourier, histograma, etc.

Datos

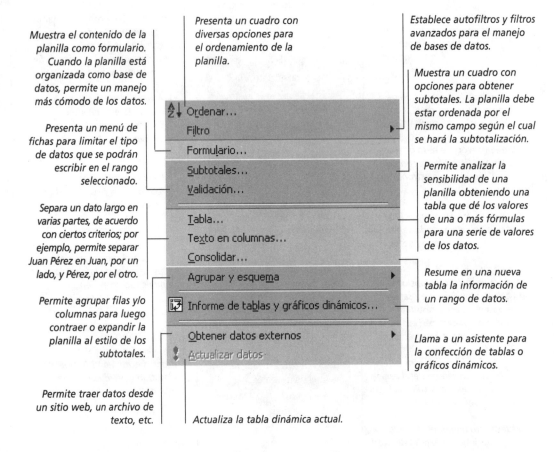

Muestra el contenido de la planilla como formulario. Cuando la planilla está organizada como base de datos, permite un manejo más cómodo de los datos.

Presenta un menú de fichas para limitar el tipo de datos que se podrán escribir en el rango seleccionado.

Separa un dato largo en varias partes, de acuerdo con ciertos criterios; por ejemplo, permite separar Juan Pérez en Juan, por un lado, y Pérez, por el otro.

Permite agrupar filas y/o columnas para luego contraer o expandir la planilla al estilo de los subtotales.

Permite traer datos desde un sitio web, un archivo de texto, etc.

Presenta un cuadro con diversas opciones para el ordenamiento de la planilla.

Actualiza la tabla dinámica actual.

Establece autofiltros y filtros avanzados para el manejo de bases de datos.

Muestra un cuadro con opciones para obtener subtotales. La planilla debe estar ordenada por el mismo campo según el cual se hará la subtotalización.

Permite analizar la sensibilidad de una planilla obteniendo una tabla que dé los valores de una o más fórmulas para una serie de valores de los datos.

Resume en una nueva tabla la información de un rango de datos.

Llama a un asistente para la confección de tablas o gráficos dinámicos.

Ventana

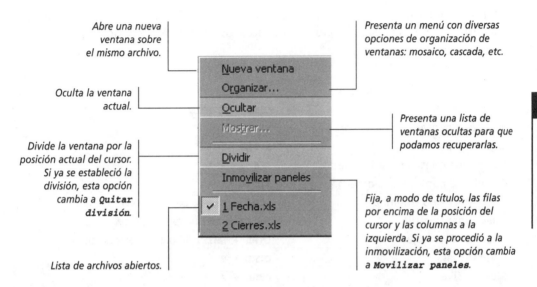

Ayuda

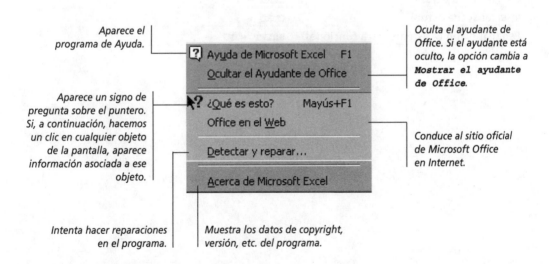

Atajos de teclado

Al igual que la mayoría de los programas, Excel también ofrece combinaciones de teclas que permiten realizar acciones sin sacar las manos del teclado.

Ir a la primera columna de la fila	**INICIO**
Ir a la celda A1	**CTRL + INICIO**
Subir una pantalla (20 filas aprox.)	**REPÁG**
Bajar una pantalla	**AVPÁG**
Correr una pantalla a la izquierda	**ALT + REPÁG**
Correr una pantalla a la derecha	**ALT + AVPÁG**
Seleccionar una columna	**CTRL + BARRA ESPACIADORA**
Seleccionar una fila	**SHIFT + BARRA ESPACIADORA**
Seleccionar la hoja	**CTRL + SHIFT + BARRA ESPACIADORA**
Ocultar filas	**CTRL + 9**
Mostrar filas	**CTRL + (**
Ocultar columnas	**CTRL + 0**
Mostrar columnas	**CTRL +)**
Dibujar un borde a la celda	**CTRL + &**
Eliminar los bordes	**CTRL + <_>** (guión bajo)
Caracteres tachados	**CTRL + 5**
Autosuma	**ALT + =**
Insertar hora actual	**CTRL + :**
Insertar fecha actual	**CTRL + ;**
Pegar función (Asistente para funciones)	**SHIFT + F3**

Indice alfabetico

A

Abrir una planilla	41, 239
Acomodar hojas	193
Activar protección de celdas	243
Actualizar datos en una tabla dinámica	253
Agregar hojas	191
Alineación	71, 83
Alto automático	95
Altura de filas	94
Análisis de una planilla	249
Ancho automático	93, 95
Ancho de columnas	75, 91
Asistente de funciones	289
Asistente para gráficos	124
Aumentar decimales	50, 88
Autofiltros	220
personalizados	222
Autosuma	34, 35, 62, 229

B

Barra de fórmulas	35
Barra de herramientas Auditoría	339
Barra de herramientas Formato	45
Barra de herramientas Formulario	344
Barra de herramientas Tabla dinámica	257
Barras de desplazamiento	343
Bases de datos	215
Bibliotecas de macros	368
Bloquear celdas	245
Bordes	69, 72, 85
Botón de macro	364, 366
BUSCARV	283, 351
Búsqueda en tablas	282, 351
Búsquedas en bases de datos	220

C

Campos	215
Casillas de verificación	347
Celda actual	26
Celdas vinculadas a un diálogo	345, 350
Centrado	44, 69, 70
Cerrar Excel	46
Cerrar la planilla	40
Círculos de validación	338
Código de macros	359, 361
Color de relleno	44, 86
Color de un objeto de WordArt	414
Combinar celdas	83
Complementos	292, 369
Condicional	279, 349
Configurar hoja	109
Configurar Página	105

Contraseñas	237	Eliminar contraseña	240
Copiar datos	165	Eliminar filas y columnas	99
Copiar formatos	77, 167	Eliminar hojas	192
Corregir errores	28, 29	Eliminar subtotales	272
Corte de página	113	Eliminar un criterio de validación	331
Cosmética	42, 67, 81	Eliminar un cuadro en un organigrama	389
de un gráfico	130	Eliminar un formato condicional	208
de un organigrama	395	Eliminar un formato personalizado	89
Criterios de búsqueda	224, 227	Eliminar un objeto de WordArt	417
Criterios de subtotalización	269	Eliminar un organigrama	399
Cuadros combinados		Encabezados y pies de página	107, 114
Cursiva	68	Error de validación	329
Cursor	26	ESCape	28
		Escribir datos	27
		Estilo de un organigrama	391
D		Estirar con el botón derecho	176
Datos del gráfico	126	Estirar datos	169
Degradés en un gráfico	150	Estirar fórmulas	32, 51, 54, 58, 60, 171, 288
Desactivar protección de celdas	244	Evaluación de un negocio	317
Deshacer	29	Expandir o contraer grupos de subtotales	271
Diálogos	343	Extender un formato condicional	205
Días hábiles	301, 303	Extracción de sub bases	232
Direcciones absolutas	33, 55, 284		
Direcciones relativas	33, 55		
Disminuir decimales	51	**F**	
		Fechas	211, 297
		Fechas y horas	297
E		Feriados	302
Ejecutar una macro	359, 363	Filtrar datos en una tabla dinámica	255
Ejes de un gráfico	134	Filtros automáticos	220
Eliminar autofiltros	230		

Filtros avanzados	229	dinámicos	262
Fondo ilustrado	90	Guardar cambios	46
Formato automático	51	Guardar organigrama	394
Formato condicional	201	Guardar/Guardar como	39
Formato condicional con fechas	211		
Formato de números	82	**H**	
Formato de porcentaje	50	Horas	305
Formato de un objeto de WordArt	407, 416		
Formato monetario	68	**I**	
Formato por adyacencia	383	Ilustraciones	89, 155
Formatos condicionales múltiples	206	Ilustraciones en gráficos	153
Formatos de fechas	298	Imprimir	110
Formatos de horas	306	un gráfico	144
Formatos personalizados	87	Inclinación de textos	73
Fórmulas	31	Insertar celdas	97
de cuatro dimensiones	196	Insertar columnas	76, 96
tridimensionales	188	Insertar filas	96
Fuentes	43, 67, 68, 84, 377	Insertar un cuadro en un organigrama	389
Funciones en VBA	367	Introducir	53
Funciones especiales	279, 291, 308, 311		
Funciones financieras	311	**L**	
		Leyendas	131, 136
G		Líneas de división en un gráfico	135
Galería de imágenes	155, 380	Listas descolgables	351
Girar un objeto de WordArt	409		
Grabador de macros	358	**M**	
Grabar la planilla	36	Macros	357
Gráficos	123	Manipular un objeto de WordArt	418
de torta	139, 141	Manipular un organigrama	399

Márgenes	106	Organigramas	387
Mensaje de entrada en validación	327	Organizar ventanas	194
Mensaje de error en validación	328		
Menú contextual	76, 191	**P**	
Menúes limitados	375	Perspectiva en un gráfico	142
Microsoft Organization Chart	387, 393	Perspectiva en un objeto de WordArt	412
Modificar un dato	28	Planillas con subtotales	267
Modificar un objeto de WordArt	405	Porcentajes	49, 59
Modificar una macro	361	Portapapeles	378
Modificar una tabla dinámica	254	Portfolio de inversiones	320
Mosaico	195	Préstamos	311
Mostrar filas y columnas ocultas	100	Promedios	259
Mostrar hojas	193	Protección de archivos	237
Mover datos	164	Protección de datos	242
Mover o copiar hojas	165	Puntero de estirar	30, 60
Multihojas	187	Punteros	26, 163
N		**R**	
Negrita	43, 67	Rango	26, 70
Nombre de hoja	191	de impresión	116
Novedades de Excel 2000	375	Recálculo automático	42, 281
Número de serie de fecha	299	Recuperar una planilla	41
		Registros	215
O		Regrabaciones	39
Objetos y propiedades	131	Rellenos en textos	152
Ocultar filas y columnas,	100	Rellenos en un gráfico	147
Operaciones en una tabla dinámica	256, 261	Repetir títulos	114
Ordenar por varios criterios	219	Restar fechas	298
Ordenar una lista	216, 217	Retroceso	28

Rótulos de datos en un gráfico	137	Tipografías	43, 67, 68, 84, 377
		Títulos en un gráfico	127, 133

S

Seguridad	237	**U**	
Seguro de retiro	315	Ubicación de un gráfico	128
Series	30, 172, 174, 178		
Series cronológicas	179	**V**	
Series prestablecidas	174	Validación	325
SI	279, 349	por fechas	336
Signos matemáticos	32	por fórmulas	333
Sistemas francés y alemán	313	por listas	331
Sub subtotales	273	por longitud de texto	334
Subtotales	228, 267	Valor futuro	316
Sumatoria	33, 35	Vencimientos	300
Sumatoria inteligente	381	Ventanas	194
Suprimir	28	Viajar por la planilla	26
		Viajar por un libro	190
		Vista preliminar	103
T		Visual Basic	360, 367
Tabla de datos en un gráfico	138		
Tablas dinámicas	249, 252	**W**	
Tasa de interés	311	WordArt	403
Tasa de retorno	318		
Teclas de movimiento	26		
Terminar el trabajo	46		
Texto en un organigrama	388		
Texturas en un gráfico	148		
Tipo de gráfico	124		
Tipografía de un objeto de WordArt	410		

Otros libros sobre el tema...

Excel 2000
Claudio Sánchez, el especialista en Excel de la revista USERS, explica de manera clara y visual cada una de las tareas a realizar con una planilla de cálculo. Desde cómo grabarla hasta conceptos avanzados como las herramientas de análisis.

COLECCIÓN: GUÍAS VISUALES USERS
$19,90 / ISBN 987-526-062-2
240 págs. / Peso: 396 grs.

Técnicas avanzadas con Excel 2000
Este libro propone superar los conocimientos de un usuario medio de Excel. Con prácticos ejemplos, y un lenguaje simple y sin tecnicismos, explica las características poco aprovechadas del programa y sus secretos.

COLECCIÓN: COMPUMAGAZINE
$17,90 / ISBN 987-526-020-7
286 págs. / Peso: 502 grs.

Excel 2000 para PyMEs
Desde los conceptos hasta las mejores aplicaciones de cada herramienta para sacar mayor provecho de sus datos, controlar el acceso a la información, manejar las funciones específicas y mucho más.

COLECCIÓN: PYMES
$16,90 / ISBN 987-526-009-6
269 págs. / Peso: 395 grs.

Guía de funciones de Excel (volumen 1)
Claudio Sánchez, el especialista en Excel, explica, en sólo 2 volúmenes, cada una de las 327 funciones de Excel. En esta entrega, las funciones financieras, de fecha y hora, matemáticas y para bases de datos.

COLECCIÓN: PC USERS EXPRESS
$13,90 / ISBN 987-526-057-6
244 págs. / Peso: 367 grs.

Guía de funciones de Excel (volumen 2)
El segundo volumen de esta valiosa obra incluye todas las novedades de la última versión: Excel 2000. Además, el desarrollo de las funciones de información, de ingeniería, estadísticas y de manejo de textos.

COLECCIÓN: PC USERS EXPRESS
$13,90 / ISBN 987-526-005-3
232 págs. / Peso: 337 grs.

Proyectos con macros en Excel
La mejor manera de dar solución a un tema difícil de abordar. Esta propuesta brinda las soluciones para el manejo de las técnicas de programación en Office y Excel, con ejemplos claros.

COLECCIÓN: PC USERS EXPRESS
$13,90 / ISBN 987-97441-3-6
239 págs. / Peso: 343 grs.

Visite nuestro sitio en la Web
libros.tectimes.com

Fundamentos de e-commerce
Conozca las ventajas de estar en Internet para que su empresa venda más y afiance la relación con los clientes. El posicionamiento en la Red desde la etapa previa hasta los servicios posventa, pasando por la venta, la logística y la cobranza de productos.

COLECCIÓN: PYMES
$16,90 / ISBN 987-526-063-0
240 págs. / Peso: 396 grs.

Microsoft Outlook 2000
Los pasos necesarios para dominar el organizador más poderoso y versátil del mercado. Con explicaciones paso a paso, ejemplos de práctica, guías de ayuda y material complementario para conocer los secretos del programa de manera fácil y entretenida.

COLECCIÓN: MANUALES USERS
$17,90 / ISBN 987-526-064-9
320 págs. / Peso: 521 grs.

Los Sims. Guía de estrategia
Todos los secretos del juego de estrategia más innovador de los últimos tiempos. Cómo crear Sims y controlar sus vidas: las diferentes personalidades, el sistema económico, promover sus amistades y romances, o convertir sus vidas en un verdadero desastre.

COLECCIÓN: PC JUEGOS
$12,90 / ISBN 987-526-060-6
316 págs. / Peso: 569 grs.

MP3. La revolución ya empezó
El nuevo Especial MP3 cuenta cómo sigue la polémica Metallica vs. Napster. Además, todos los dispositivos, programas y sitios relacionados con el formato digital que revoluciona el mundo de la música. **En los CDs:** ¡180 temas en MP3 y 650 MB del mejor software!

COLECCIÓN: ESPECIALES USERS
$12,90 / ISBN 987-526-061-4
80 págs. / Peso: 125 grs.

Linux fácil
Una guía rápida, completa y explicada paso a paso para todo aquel que quiera iniciarse en el nuevo mundo del sistema operativo Linux.
En el CD: la última versión completa de Corel Linux, paquetes con juegos, aplicaciones administrativas y herramientas de mantenimiento.

COLECCIÓN: MANUALES USERS
$19,90 / ISBN 987-526-043-6
264 págs. / Peso: 415 grs.

BackOffice
Domine las aplicaciones del sistema operativo de red Windows NT Server 4.0 para la administración de correo, bases de datos, acceso a Internet, etc. **En el CD:** las mejores aplicaciones y el texto completo del libro *Resource Kit de Small Business Server 4.5* en versión digital.

COLECCIÓN: COMPUMAGAZINE
$19,90 / ISBN 987-526-042-8
264 págs. / Peso: 415 grs.

Servicio de Atención al Lector **(011) 4959-5000 int. 1031**   lectores@tectimes.com

Windows 98 Segunda Edición
Con todo lo necesario para la instalación, la navegación por Internet, las herramientas de mantenimiento y el programa de correo Outlook Express. **En el CD:** Windows 98 SE y los mejores programas relacionados.

COLECCIÓN: MANUALES USERS
$19,90 / ISBN 987-526-041-X
318 págs. / Peso: 500 grs.

Nuevas actividades informáticas para EGB
Ideas prácticas para integrar las ventajas del software educativo con los objetivos curriculares de cada ciclo lectivo. **En el CD:** todas las actividades del libro y más de 50 programas educativos.

COLECCIÓN: PIZARRÓN
$19,90 / ISBN 987-526-036-3
320 págs. / Peso: 507 grs.

Word 2000
Explica no sólo cómo utilizar bien el programa, sino también cómo no utilizarlo mal. Desde el uso básico hasta sus características avanzadas. **En el CD:** todos los ejemplos y el mejor soft relacionado.

COLECCIÓN: MANUALES USERS
$19,90 / ISBN 987-526-038-X
272 págs. / Peso: 456 grs.

Bases de datos en Visual Basic 6.0
Las últimas técnicas para el manejo de bases de datos. Cómo se diseñan y cómo se emplea el lenguaje SQL, entre otros temas clave. **En el CD:** SQL Server 7 y Visual Basic 6 Working Model (versiones de prueba).

COLECCIÓN: COMPUMAGAZINE
$19,90 / ISBN 987-526-037-1
344 págs. / Peso: 537 grs.

3D Studio MAX
El mejor programa para iniciarse en el diseño 3D. **En el CD:** ejercicios resueltos para comprobar los resultados, modelos 3D de alta calidad, scripts y texturas, plug-ins para MAX 3 y el mejor software relacionado.

COLECCIÓN: MANUALES USERS
$24,90 / ISBN 987-526-039-8
387 págs. / Peso: 618 grs.

Linux avanzado
Conviértase en un super-usuario del sistema Linux. Un libro que le explica todo lo necesario para ser un eficaz administrador del sistema operativo que revolucionó la industria del software. **En el CD:** Linux Slackware 7 –versión no oficial–.

COLECCIÓN: COMPUMAGAZINE
$19,90 / ISBN 987-526-035-5
288 págs. / Peso: 424 grs.

Servicio de Atención al Lector **(011) 4959-5000** int. 1031   **lectores@tectimes.com**

Visite nuestro sitio en la Web
libros.tectimes.com

Guía de cocina en Internet
Todas las recetas del mundo a un solo clic de distancia. Con los sitios clave de la Web seleccionados para todos los gustos, y un glosario con más de 500 términos culinarios. **En el CD:** 1.000 sabrosas recetas con un buscador, y el mejor software de cocina y dietas.

COLECCIÓN: PC USERS GUÍAS WEB
$15,90 / ISBN 987-526-032-0
224 págs. / Peso: 360 grs.

2.000 elementos para crear un sitio web
Todo lo necesario para diseñar un sitio web fácil y rápidamente. **En el CD:** los mejores sonidos, imágenes, applets JAVA, bordes, botones, viñetas, fuentes, íconos, flechas, etc., distribuidos en diferentes categorías, y los programas más actualizados de diseño y utilitarios.

COLECCIÓN: PC USERS EN CD
$12,90 / ISBN 987-526-034-7
40 págs. / Peso: 151 grs.

Microsoft Access 2000
Optimice la información de sus bases de datos. Un libro con abundantes ejemplos prácticos y ejercicios resueltos para lograr el máximo de funcionalidad sin tener que introducirse en la programación.

COLECCIÓN: COMPUMAGAZINE
$19,90 / ISBN 987-526-033-9
384 págs. / Peso: 560 grs.

50 actividades informáticas para EGB
Una herramienta indispensable para enseñar a pensar. Actividades realizadas por coordinadoras y profesoras en Informática Educativa. **En el CD:** los mejores 50 programas para aplicar en el aula y todos los ejemplos del libro.

COLECCIÓN: PIZARRÓN
$19,90 / ISBN 987-526-031-2
338 págs. / Peso: 532 grs.

CorelDRAW 9
El programa de dibujo más utilizado, al alcance de su mano. Con explicaciones paso a paso de todas las tareas: dibujos, efectos vectoriales, escaneado y mucho más.
En el CD: la versión trial en español por 30 días y una colección de fuentes True Type.

COLECCIÓN: MANUALES PC USERS
$19,90 / ISBN 987-526-030-4
279 págs. / Peso: 411 grs.

Microsoft Windows 2000
Todo lo necesario para instalar y administrar exitosamente el más nuevo de los sistemas operativos de Microsoft. **En el CD:** kit de evaluación, una guía interactiva y documentación original.

COLECCIÓN: COMPUMAGAZINE
$19,90 / ISBN 987-526-029-0
304 págs. / Peso: 550 grs.

ENCUESTA LIBROS

Nos interesa conocer su opinión para poder ofrecerle cada vez mejores libros. Complete esta encuesta y envíela por alguno de los siguientes medios para obtener importantes descuentos y participar en el sorteo.

Correo: MP Ediciones, Moreno 2062 (C1094ABF) Buenos Aires, Argentina.
Fax: (011) 4954-1791 **E-mail:** lectores@tectimes.com

Responda a esta encuesta y obtenga un descuento del 35% en la compra de libros y revistas de MP Ediciones a través de nuestro sitio Bookshow. Para hacerlo, diríjase a **libros.tectimes.com** e ingrese como clave de descuento su número telefónico (si éste es (011) 4954-1884, su clave será 1149541884). Promoción válida hasta el 31 de diciembre de 2000.
Y además, entre todas las encuestas recibidas sortearemos 20 juegos de tres libros de nuestra editorial.

Datos personales

Nombre y Apellido ....Fecha de nac.............Sexo ....

Dirección ....

Localidad ....Provincia ....CP ....

Teléfono ....E-mail ....

Ocupación

Estudiante	⬭	Jubilado	⬭
Empleado	⬭	Autónomo	⬭
Dueño / Socio	⬭	Docente	⬭
Otros (especifique)	....		

Máximo nivel de estudios alcanzado

	Completos	Incompletos
Primarios	⬭	⬭
Secundarios	⬭	⬭
Terciarios	⬭	⬭
Universitarios	⬭	⬭
Otros	⬭	⬭

¿Compró algún otro libro de MP Ediciones? ¿Cuál?

....
....
....
....
....

¿Cuántos libros de computación compra al año?

Cinco o más	⬭	Tres	⬭
Cuatro	⬭	Menos de tres	⬭

CONTINÚA AL DORSO

Se enteró de la publicación del libro por...

(Coloque 1 a la opción que más recuerda, 2 a la siguiente...)

- Verlo en el kiosco ○
- Publicidad en diarios ○
- Verlo en librerías ○
- Publicidad en radio ○
- Publicidad en revistas ○
- Recomendación de otra persona ○
- Otros (especifique)

....
....

¿Dónde compró el libro?

- Kiosco ○
- Librería ○
- Casa de computación ○
- Supermercado ○
- Internet ○

El CD-ROM de este libro le pareció...

- Excelente ○
- Muy bueno ○
- Bueno ○
- Regular ○
- Malo ○
- Este libro no incluye CD-ROM ○

En general, el libro le pareció...

- Excelente ○
- Muy bueno ○
- Bueno ○
- Regular ○
- Malo ○

El diseño del libro le pareció...

- Excelente ○
- Muy bueno ○
- Bueno ○
- Regular ○
- Malo ○

Idioma

¿Sobre qué versión de los programas preferiría que estén basados nuestros libros?

- Español ○
- Inglés ○

Escriba sus sugerencias para la próxima edición

....
....
....
....
....

Otros temas en los que le gustaría profundizar

....
....
....
....
....